DR. OETKER BACKBUCH

Backen macht Freude

Bearbeitet von der Versuchsküche der Firma

Dr. August Oetker Nährmittelfabrik G. m. b. H., Bielefeld

PREIS 1,80 DM

CERES-VERLAG GMBH · BIELEFELD

Inhaltsübersicht

Seite

Allgemeine Backregeln

Rezeptteil

Seite

Vorwort

Seit Dr. August Oetker im Jahre 1890 sein Backpulver „Backin" erfunden hat und damit den Hausfrauen das Kuchenbacken so sehr erleichterte, ist bis heute in immer steigendem Maße die Firma Dr. August Oetker um die Pflege der Hausbäckerei bemüht gewesen. Sie stellte den Hausfrauen nicht nur das unbedingt sichere Triebmittel „Backin" zur Verfügung, nicht nur andere Backzutaten wie Dr. Oetker Vanillin-Zucker, Backaromen, „Gustin" und — für Füllungen aller Art — die bekannten Dr. Oetker Pudding-Pulver, sondern weckte auch neues Verständnis und neue Freude an diesem liebenswerten Zweig der Hauswirtschaft. Denn die oben genannten Backzutaten sind gewissermaßen nur das Handwerkszeug, mit dem allein noch kein Meisterwerk geschaffen wird. Es muß etwas anderes hinzukommen, was erst den Meister macht: Die Kenntnis des Backvorganges, all die Kniffe und Pfiffe, die nötig sind, um aus der Fülle der guten Dinge den wohlgeratenen Kuchen zu zaubern.

Ja, und natürlich die Rezepte! Diese Vielzahl an Möglichkeiten, diese Auswahl an Vorschlägen kann keine Hausfrau entbehren. Denn die wirkliche Liebe zum Backen und die Freude daran kommen erst mit der Abwechslung. Darum wurde es seit jeher als eine der wichtigsten Aufgaben angesehen, neben den praktischen Hilfsmitteln wie Dr. Oetker Backpulver „Backin", den Hausfrauen auch immer wieder neue Rezepte in die Hand zu geben. Es versteht sich von selbst, daß diese Rezepte ebenso gewissenhaft und vielfach erprobt sind wie alle Dr. Oetker Backzutaten.

So entstand dieses Buch, dessen Titel Tausenden von Hausfrauen abgelauscht ist. Es bringt neben der Vielfalt seiner vorzüglichen Rezepte aus der Dr. Oetker Versuchsküche auch alle jene Hinweise und Backregeln, die man beachten muß, wenn der Kuchen geraten soll. Da es besonders wichtig ist, was man bei der Verwendung von Dr. Oetker Backpulver „Backin" wissen muß, sei es an dieser Stelle gleich hervorgehoben: Man gibt das „Backin" von Anfang an ins Mehl, mit dem es gemischt und gesiebt wird. Hierdurch tritt eine gleichmäßige Verteilung und damit Lockerung ein. Da neben der Feuchtigkeit die Wärme die Triebkraft des „Backin" auslöst, verwendet man bei der Herstellung der Teige niemals heiße, sondern stets kalte Flüssigkeit. Wenn im Rezept vorgeschrieben ist, daß Honig und Fett oder Mehl und Wasser (bei Brandteig) erhitzt werden sollen, müssen sie auf Handwärme abkühlen, bevor man sie mit dem Mehl-„Backin"-Gemisch oder mit dem „Backin" zusammenbringt. Im übrigen richte man sich genau nach den Angaben der Dr. Oetker Backrezepte, die auf die besonders gute Triebwirkung des „Backin" eingestellt und vielfach erprobt sind.

So schicken wir unser Backbuch „Backen macht Freude" hinaus mit dem Wunsch, daß unsere Zusammenstellung nicht nur den Hausfrauen Freude macht beim Backen, sondern auch der ganzen Familie, die das Backwerk fröhlich verzehrt, Freude und gute Laune bringt!

Dr. August Oetker

Allgemeine Backregeln

Zweckmäßige Geräte

Neben einer Waage sollte in jedem Haushalt ein Litermaß vorhanden sein. Die Zutaten für Gebäcke dürfen nicht geschätzt, sondern müssen genau gewogen bzw. gemessen werden, andernfalls sind Mißerfolge nicht ausgeschlossen.

Teige sollen in Ton-, Steingut- oder Porzellanschüsseln mit innen abgerundetem Boden hergestellt werden. Emaille- und Aluminiumschüsseln sind dafür ungeeignet, da Emaille absplittern kann und Aluminium die Teige grau färbt. Damit sich die Schüssel beim Rühren nicht verschiebt, nimmt man einen Schüsselhalter oder stellt sie auf ein feuchtes Tuch.

Zur Herstellung von Biskuitteigen ist ein Schneebesen unbedingt erforderlich.

Ein Schüttelsieb darf zum Sieben von Mehl und Puderzucker nicht fehlen.

Bei den in diesem Buch angegebenen Springform-Gebäcken reichen die Teige für Formen mit einem Durchmesser von etwa 26 cm, bei Blechgebäcken sind im allgemeinen Bleche in einer Größe von 32×46 cm geeignet. Alle Backformen, Bleche und Ausstechformen sollen nach jedem Gebrauch gewaschen und sorgfältig getrocknet werden.

Backhitze, Backzeit und das richtige Einschieben des Backgutes

Die nachfolgenden Angaben können nur als Anhaltspunkte dienen und sind auf Grund eigener Erfahrungen gegebenenfalls abzuändern.

Bei den Rezepten dieses Buches werden, wenn in Herden ohne Temperaturregler gebacken wird, vier Backhitzen unterschieden, und zwar „Leichte Hitze", „Schwache Mittelhitze", „Gute Mittelhitze" und „Starke Hitze". Die nachfolgende Tabelle gibt darüber Aufschluß.

Backtabelle für Backöfen ohne Temperaturregler

Backhitze	Schaltung im Elektroherd		Flammeneinstellung im Gasherd
	Vorheizen	Backzeit	
Leichte Hitze......	5 Minuten O 3–U 3	O 1–U 2	perlgroß
Schwache Mittelhitze...........	—	O 1–U 3*)	eindrittel groß*)
Gute Mittelhitze ...	10 Minuten O 3–U 3	O 2–U 3	einhalb groß
Starke Hitze	10 Minuten O 3–U 3	O 3–U 3**)	einhalb groß 5 Minuten vorheizen mit großer Flamme

O = Oberhitze, U = Unterhitze.

*) Bei Stollen und ähnlichen Gebäcken bei schwacher Mittelhitze 10 Minuten bei O 3—U 3 vorheizen, dann auf O 2—U 2 umschalten. Beim Gasherd heizt man 5 Minuten mit großer Flamme vor und stellt sie dann eindrittel groß.
Beim Sandkuchen und Englischen Kuchen den Elektroherd bei schwacher Mittelhitze O 0—U 3 schalten, bzw. O 1 — U 2.

**) Bei Kleingebäck beim 2. Blech auf O 2—U 2 umschalten.

Durch das schnelle Aufheizen von Elektro- und Gasherden kann eine Anzahl von Gebäcken in den kalten Ofen gesetzt werden. Darunter fallen besonders Gebäcke in hohen und mittelhohen Formen wie Napf-, Topf-, Königskuchen. Flach-, Klein- und stollenähnliche Gebäcke werden zweckmäßig im vorgeheizten Ofen gebacken, damit sie ihre Form nicht verlieren.

Da die unter den Rezepten angegebene Backzeit länger oder kürzer sein kann, empfiehlt es sich, gegen Ende der Backzeit öfter nach den Gebäcken zu sehen.

Beim Einstellen des Backgutes ist darauf zu achten, daß es waagerecht steht. Formen werden stets auf einen Backrost und niemals auf das Blech oder auf den Backofenboden gesetzt.

Die Höhe des Einschiebens richtet sich nach der Höhe des Gebäcks. Je höher ein Gebäck oder die betreffende Backform ist, desto tiefer wird es eingeschoben. Deswegen werden Napfkuchenformen auf einen Rost gesetzt, der auf die untersten Schiebeleisten gelegt wurde. Bei mittelhohen Formen wie Springformen, Kranzkuchenformen oder halbhohen Gebäcken (Stollen, Kranzkuchen usw.) schiebt man den Rost oder das Blech etwas höher ein (evtl. auch mit umgekehrtem Rost arbeiten!). Bleche mit flachen Gebäcken schiebt man bei gasbeheizten Backöfen im allgemeinen auf die obersten (Kleingebäck) bzw. auf die zweitobersten (Blechkuchen) Schiebeleisten. Bei Elektroherden kommen derartige Bleche in die Mitte des Backofens.

Elektro- oder Gasbacköfen mit Temperaturregler

Solche Backöfen können mit Hilfe eines Wählers auf bestimmte Temperaturen eingestellt werden.

Die Temperaturbereiche sind entweder durch einfache Zahlen oder durch Gradzahlen gekennzeichnet. Bei Gasherden liegen die Temperaturbereiche zwischen den Zahlen 0—8 und bei Elektroherden zwischen 0–300° C. Elektroherde mit Temperaturregler weisen eine Kontroll-Lampe auf, die aufflammt, wenn der Wähler betätigt wird, und erlischt, sobald die gewünschte Temperatur im Backofen erreicht ist. Das Backgut wird bei diesen Elektroherden grundsätzlich in den heißen Backofen gestellt, und zwar dann, wenn die Lampe erloschen ist. Während des Backprozesses leuchtet die Lampe wieder solange auf, wie der Backofen zur Erhaltung der eingestellten Temperatur von Zeit zu Zeit nachgeheizt wird. Für den weiteren Ablauf des Garvorganges ist dieses Aufleuchten und Erlöschen ohne jede Bedeutung.

Bei Gasherden mit Temperaturregler empfiehlt es sich, bei allen Einstellungen, die in der folgenden Tabelle mit Sternchen versehen sind, 5 Minuten (Quarkblätterteig 10 Minuten) bei angegebener Stellung vorzuheizen.

Beim Elektrobackofen werden hohe und halbhohe Formen mit dem Rost so tief wie möglich eingeschoben. Bei einem gekröpften Rost muß die Wölbung nach unten liegen. Handelt es sich jedoch um einen Füßchenrost, wird er direkt auf den Backofenboden gelegt. Blechkuchen, Stollen, Windbeutel, Kleingebäck und Eiweißgebäck werden mit dem Blech auf die mittleren Schiebeleisten geschoben. Kleingebäck kann aber auch noch höher eingesetzt werden, falls die Hitze von unten zu stark sein sollte.

Das Einsetzen des Backgutes in den Gasbackofen mit Temperaturregler richtet sich nach den Angaben für den Gasbackofen ohne Temperaturregler (s. oben).

Backtabelle für Backöfen mit Temperaturregler

Teigart	Gebäckart	Elektroherd-Einstellung	Gasherd-Einstellung
Rührteig	in hohen Formen, z. B. Napfkuchen[1])	175–195	2½–3½
	in Spring-, Kranzkuchen- oder Kastenformen ohne Belag[2])	175–195	2½–3½
	in flachen Formen, z. B. Tortenböden	175–195	3 — 4
	in Springformen mit Belag oder Obst im Teig	175–195	3 — 4
	Blechkuchen ohne Obstbelag	200–220	3½–4½
	Blechkuchen mit Obstbelag	200–220	3½–4½*)
	Dünnes Kleingebäck, z. B. Spritzgebäck, Heidesand	175–195	3 — 4 *)
	Dickeres Kleingebäck, z. B. Amerikaner, Thomabrötchen (über ½ cm dick)	190–210	3 — 4 *)
Knetteig	in mittelhohen Formen m. Obst gefüllt[3]), z. B. Apfeltorte, gedeckt	190–210	3 — 4 *)
	Blechkuchen (Quark-Ölteig) ohne Obst	175–195	3 — 4
	Blechkuchen (Quark-Ölteig) mit Obst	200–220	3 — 4 *)
	Gefüllte Blechkuchen, z. B. gedeckter Apfelkuchen, Prasselschnitten, Apfelsinenschnitten	200–220	3 — 4 *)
	Tortenböden und Torteletts	200–220	3 — 4 *)
	Kranzkuchen, z. B. Haselnußkranz	175–195	3 — 4
	Strudel, Obstrollen	200–220	3½–4½
	Gefüllte Gebäckstücke, z. B. Apfeltaschen, Apfel im Schlafrock	190–210	3½–4½
	Ausgerolltes Kleingebäck	175–195	3 — 4 *)
	Dickes Kleingebäck, z. B. Spitzkuchen, Weihnachtsschnitten	175–195	3 — 4
	Quarkblätterteig, z. B. Kaffeegebäck, Wurst im Teig	200–220	4 — 5 *)
	Stollen, Osterzopf, Quarktorte[4]) (backen bei 160) vorheizen auf	250 backen bei 160–180	2 — 3½
Biskuitteig	in Formen[5]), z. B. Tortenböden, Obstbiskuitkuchen, Rumbiskuitkuchen	175–195	3 — 4
	auf Blechen, z. B. Rollen, Schnitten, Platten	200–220	3½–4½*)
	Kleingebäck, z. B. Mohrenköpfe, Gustinplätzchen	175–195	2½–3½*)
Brandteig	Windbeutel, Eclairs	200–220	4 — 5 *)
Honigteig	Honiggebäcke aus Rührteig in Formen und auf Blechen	175–195	2½–3½
	Gefüllte Blechkuchen, z. B. gefüllter Honigkuchen	200–220	3 — 4 *)
	Ausgerolltes Kleingebäck	175–195	3 — 4 *)
Eiweißteig	Baiser, Baiserböden	100–110	knapp 1 — 1½
	Makronen, Wespennester	130–150	knapp 1 — 2
Teig m. schaumig geschlagenen Eiern	z. B. Springerle, Anisplätzchen, Elisenlebkuchen	130–150	knapp 1 — 2
Hefeteig	Hefenapfkuchen	175–195	2½–3½
	Blechkuchen mit und ohne Obst	200–220	3½–4½*)
	Hefekranz	175–195	3 — 4
	Stollen, Zöpfe vorheizen auf	250 backen bei 160–180	3 — 4

[1]) Schwere Teige, Strom: 165–175, Gas: 2–3.

[2]) Kaiserin Friedrich-Torte, Strom: 165–175, Gas: 2–3½.
Ottilienkuchen, Strom: 165–175, Gas: 1½–3.
Königskuchen, Strom: 175–185, Gas: 2¼–3¼.

[3]) Schwäbischer Obstkuchen 175–185.

[4]) Quarktorte, Gas: 30 Min. 2½–3½, etwa 30 Min. 1–2.

[5]) Kaiserkuchen 175–185.

*) 5 Minuten (Quarkblätterteig 10 Minuten) bei angegebener Stellung vorheizen.

Ausnahmen:

Schichttorte, Strom: 175–195, Gas: 3–4.
Linzer Torte, Mohnkuchen in einer Springform, Reiskuchen, Mailänder Apfelkuchen, Strom: 175–195, Gas: 3–4.
Käsekremtorte-Belag, Strom: 130–140, Gas: 1–1½.

A · RÜHRTEIG

Die Herstellung des Teiges und das Backen

Die im Rezept angegebenen Zutaten wie:

Butter (Margarine, Schweine- oder Butterschmalz),
Zucker,
Dr. Oetker Vanillin-Zucker,
Eier,
Gewürze (Dr. Oetker Aromen und Backöle, Nelken, Zimt, geriebene Schokolade usw.),
Weizenmehl (ebenso Dr. Oetker „Gustin", Kakao, Dr. Oetker Pudding-Pulver oder Soßen-Pulver),
Dr. Oetker Backpulver „Backin",
Milch,
Früchte (Korinthen, Rosinen, Haselnußkerne, Mandeln, Orangeat, Zitronat-Sukkade usw.)

werden in der angegebenen Reihenfolge und in der vorgeschriebenen Menge bereitgestellt.

Notwendige Vorarbeiten

1. **Mehl und „Backin" werden gemischt.** Ist „Gustin" oder Kakao vorgeschrieben, so wird es ebenfalls mit dem Mehl gemischt. (Ausnahme: Marmorkuchen.) Pudding- und Soßen-Pulver werden mit Milch glattgerührt und so zum Teig gegeben.
2. **Mehl und „Backin" werden gesiebt.** Das Sieben lockert das Mehl auf und verteilt das „Backin" gleichmäßig im Mehl. Das Gebäck wird dadurch besser und gleichmäßiger gelockert.
3. **Die Früchte werden folgendermaßen vorbereitet:**
   a) *Korinthen* und *Rosinen* gründlich in lauwarmem Wasser waschen. Man läßt sie dann abtropfen oder trocknet sie in einem Tuch.
   b) *Haselnußkerne* werden, je nach Rezept, gehackt oder gemahlen.
   c) *Mandeln* werden, falls nicht anders angegeben, von den Schalen befreit. Man gibt sie in kochendes Wasser und läßt sie 2—3 Minuten darin ziehen (Topf von der Kochstelle nehmen!). Nachdem sie abgetropft sind, zieht man die Schalen ab und zerkleinert die Mandeln.
   d) *Orangeat* oder *Zitronat* in Streifen oder Würfel schneiden.
4. **Für Rührteige werden die Kuchenformen mit streichfähiger Butter oder Margarine gut und gleichmäßig mit einem Pinsel ausgefettet.**

   Man kann sie noch mit geriebener Semmel ausstreuen. (Bei Springformen nur den Boden fetten!)

   Kastenformen kann man nach dem Fetten mit *Papier* auslegen, dadurch läßt sich das Gebäck besser aus der Form nehmen und bleibt länger frisch. Man stellt es so her: Der Boden der Form wird auf weißes Papier aufgezeichnet, man kippt die Form und zeichnet die Seitenlinien auf. So verfährt man mit allen vier Seiten. Die Ecken werden ausgeschnitten und die Bodenlinien geknifft.

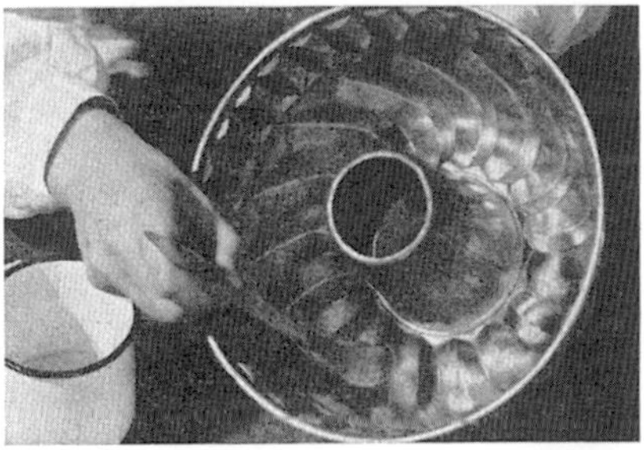

Die Verarbeitung des Teiges

Man rührt die Butter (Margarine, Schweine- oder Butterschmalz) schaumig und gibt nach und nach Zucker, Vanillin-Zucker, Eier und Gewürze hinzu. Das mit „Backin" gemischte und gesiebte Mehl wird abwechselnd mit der Milch untergerührt. Man verwendet nur so viel Milch, daß der Teig schwer (reißend) vom Löffel fällt. Die vorbereiteten Früchte werden zuletzt unter den Teig gehoben. Man füllt ihn in die vorbereitete Form.

Die einzelnen Arbeitsgänge

1. **„Man rührt die Butter (Margarine, Schweine- oder Butterschmalz) schaumig . ."**

   Wichtig dabei ist, daß das Fett weder zu flüssig noch zu fest ist. Flüssiges Fett kann überhaupt nicht schaumig gerührt werden, und zu festes Fett muß vorher geschmeidig gemacht werden. Bei zu hartem Fett wird die Rührschüssel mit heißem Wasser ausgespült und das Fett mit einem Rührlöffel tüchtig durchgearbeitet. Zum Rühren nimmt man am besten einen durchlochten Löffel. Man faßt ihn möglichst tief, hält ihn senkrecht zum Boden der Rührschüssel (am besten Ton-, Steingut- oder Porzellanschüssel mit abgerundetem Boden) und rührt nach links herum (entgegengesetzt der Kaffeemühle). Man zieht den Rührlöffel aus dem Fett; wenn es in kleinen Spitzen daran hängenbleibt, ist das Fett schaumig.

2. **„. . und gibt nach und nach Zucker, Vanillin-Zucker, . ."**

   Zucker und Vanillin-Zucker werden löffelweise zum schaumig gerührten Fett gegeben. Man rührt so lange, bis eine gebundene Masse entstanden ist. Feinkörniger Zucker ist grobkörnigem vorzuziehen, da er sich leichter löst.

3. **„. . Eier . ."**

   Jedes Ei wird über einer Tasse aufgeschlagen und geprüft, ob es frisch ist. Die Eier werden niemals auf einmal in das mit Zucker schaumig gerührte Fett gegeben, da sie sich dann schlecht unterrühren lassen. Jedes Ei wird jeweils gut untergerührt, bevor das nächste folgt. Wichtig ist, daß die Fett-, Zucker-, Eiermasse so lange gerührt wird, bis sie glatt ist und beim Rühren keine Zuckerkörner mehr zu spüren sind.

4. **„ . . und Gewürze hinzu . .“**

Nach den Eiern werden die Gewürze (Aromen, Backöle usw.) untergerührt.

5. **„ . . Das mit „Backin“ gemischte und gesiebte Mehl wird abwechselnd mit der Milch untergerührt . .“**

Man rührt jeweils 2–3 gehäufte Eßlöffel Mehl unter und gibt, wenn der Teig zu fest ist, etwas Milch hinzu. Das Mehl - „Backin“ - Gemisch muß vollständig untergerührt sein, bevor Milch zugegeben wird, denn „Backin“ darf nicht unmittelbar mit Flüssigkeit in Berührung kommen, sonst würde seine Triebkraft vorzeitig ausgelöst und ginge verloren. Sobald Mehl und Milch zum Teig gegeben werden, möglichst kurz rühren, andernfalls tritt eine unregelmäßige Lockerung des Gebäcks ein (Wirkblasen!).

6. **„ . . Man verwendet nur so viel Milch, daß der Teig schwer (reißend) vom Löffel fällt . .“**

Die notwendige Milchmenge kann nie genau angegeben werden, da sie von der Aufnahmefähigkeit des Mehls und der Größe der Eier abhängt. Der Teig hat die richtige Beschaffenheit, wenn er schwer (reißend) vom Löffel fällt. Bei Zugabe von zu viel Milch besteht die Gefahr, daß das Gebäck mißrät und Wasserstreifen erhält. Deswegen darf der Teig niemals so dünn sein, daß er vom Löffel läuft. Eine Ausnahme bilden Rührteige, die sehr viel Fett und Eier und wenig oder gar keine Flüssigkeit enthalten. Sie können weicher sein, da die rohen Eier wohl im Teig als Flüssigkeit auftreten, aber im Laufe des Backprozesses durch die Hitze fest werden und das Gebäck trocken machen.

7. **„ . . Die vorbereiteten Früchte werden zuletzt unter den Teig gehoben.“**

Die Früchte sollen unter den Teig g e h o b e n und n i c h t g e r ü h r t werden, denn Korinthen und Rosinen

werden durch Rühren zerquetscht und färben den Teig schmutzig grau.

8. „ .. Man füllt ihn in die vorbereitete Form."

Der fertige Teig wird (am besten mit einem Teigschaber) in die vorbereitete Form gefüllt und mit einer Gabel glattgestrichen.

Die Formen müssen etwa $2/3$ mit Teig gefüllt sein.

Das Backen von Rührteigen

Rührteig stellt man in einen kalten oder schwach vorgeheizten Backofen. Er wird im allgemeinen bei schwacher Mittelhitze gebacken. (Siehe Tabellen für Backhitze S. 5 u. 7.) Bevor das Gebäck aus dem Backofen genommen wird, muß auf alle Fälle die Garprobe gemacht werden. Man sticht mit einem spitzen Hölzchen möglichst in die Mitte des Gebäcks. Wenn kein Teig daran hängenbleibt, ist der Kuchen gar. Man nimmt ihn aus dem Ofen, läßt ihn etwa 5—10 Minuten stehen und stürzt oder hebt ihn auf einen Drahtrost, damit er besser ausdünsten kann. Bei einer Springform löst man das Gebäck vor dem Herausnehmen mit einem Messer vom Rand. (Siehe Biskuitteig S. 74.)

Gebäcke in Formen

Kaffeekuchen

65 g Butter, Margarine oder Schweineschmalz, 175–200 g Zucker, 1 Päckchen Dr. Oetker Vanillin-Zucker, 1 Ei, 1 Fläschchen Dr. Oetker Rum-Aroma, etwas Salz, 500 g Weizenmehl, 1 Päckchen Dr. Oetker Backpulver „Backin", etwa $3/8$ l Milch.

Man rührt das Fett schaumig und gibt nach und nach Zucker, Vanillin-Zucker, Ei und Gewürze hinzu. Das mit „Backin" gemischte und gesiebte Mehl wird abwechselnd mit der Milch untergerührt. Man verwendet nur so viel Milch, daß der Teig schwer (reißend) vom Löffel fällt. Er wird in eine gefettete, mit geriebener Semmel ausgestreute Napfkuchenform gefüllt.

Backzeit: Etwa 60 Minuten bei schwacher Mittelhitze.

Topfkuchen

125 g Butter, Margarine oder Schweineschmalz, 150–200 g Zucker, 1 Päckchen Dr. Oetker Vanillin-Zucker, 2 Eier, 1 Fläschchen Dr. Oetker Rum-Aroma oder $1/2$ bis 1 Fläschchen Backöl Zitrone, etwas Salz, 500 g Weizenmehl, 1 Päckchen Dr. Oetker Backpulver „Backin", etwa $1/4$ l Milch, 150–200 g Rosinen oder getrocknetes Mischobst (nach Belieben).

Man rührt das Fett schaumig und gibt nach und nach Zucker, Vanillin-Zucker, Eier und Gewürze hinzu. Das mit „Backin" gemischte und gesiebte Mehl wird abwechselnd mit der Milch untergerührt. Man verwendet nur so viel Milch, daß der Teig schwer (reißend) vom Löffel fällt. Die gewaschenen, gut abgetropften Rosinen oder das gereinigte, entsteinte, in Würfel geschnittene Mischobst werden gegebenenfalls zuletzt unter den Teig gehoben. Man füllt ihn in eine gefettete, mit geriebener Semmel ausgestreute Napfkuchenform.

Backzeit: Etwa 65 Minuten bei schwacher Mittelhitze.

Napfkuchen mit Quark (Topfen)

125 g Butter, Margarine, Schweineschmalz oder 6–7 Eßlöffel Öl, 150–200 g Zucker, 2 Päckchen Dr. Oetker Vanillin-Zucker, 2 Eier, 250 g trockener Quark, etwas Salz, 375 g Weizenmehl, 1 Päckchen Dr. Oetker Backpulver „Backin", 3–5 Eßlöffel Milch, 150–200 g Rosinen oder getrocknetes Mischobst.

Man rührt das Fett schaumig und gibt nach und nach den Zucker (Öl sofort mit dem Zucker verrühren!), den Vanillin-Zucker, die Eier, den durch ein Sieb gestrichenen Quark und das Salz hinzu. Das mit „Backin" gemischte und gesiebte Mehl wird nach und nach untergerührt. Man gibt nur so viel Milch hinzu, daß der Teig sehr fest ist. Die gewaschenen, gut abgetropften Rosinen oder das gereinigte, entsteinte, in Würfel geschnittene Mischobst werden zuletzt unter den Teig gehoben. Man füllt ihn in eine **gut** gefettete, mit geriebener Semmel ausgestreute Napfkuchenform.

Backzeit: Etwa 75 Minuten bei schwacher Mittelhitze.

Backin- oder Gesundheitskuchen

200 g Butter oder Margarine, 200 g Zucker, 1 Päckchen Dr. Oetker Vanillin-Zucker, 4–5 Eier, 1 Fläschchen Dr. Oetker Rum-Aroma, etwas Salz, 500 g Weizenmehl, 1 Päckchen Dr. Oetker Backpulver „Backin", etwa ⅛ l Milch.

Man rührt das Fett schaumig und gibt nach und nach Zucker, Vanillin-Zucker, Eier und Gewürze hinzu. Das mit „Backin" gemischte und gesiebte Mehl wird abwechselnd mit der Milch untergerührt. Man verwendet nur so viel Milch, daß der Teig schwer (reißend) vom Löffel fällt. Er wird in eine gefettete, mit geriebener Semmel ausgestreute Napfkuchenform gefüllt.

Backzeit: Etwa 65 Minuten bei schwacher Mittelhitze.

Gustinkuchen

250 g Butter oder Margarine, 200 g Zucker, 1 Päckchen Dr. Oetker Vanillin-Zucker, 3 Eier, ½ Fläschchen Dr. Oetker Backöl Zitrone, etwas Salz, 375 g Weizenmehl, 125 g Dr. Oetker „Gustin", 1 Päckchen Dr. Oetker Backpulver „Backin", gut ⅛ l Milch.

Man rührt das Fett schaumig und gibt nach und nach Zucker, Vanillin-Zucker, Eier und Gewürze hinzu. Das mit „Gustin" und „Backin" gemischte und gesiebte Mehl wird abwechselnd mit der Milch untergerührt. Man verwendet nur so viel Milch, daß der Teig schwer (reißend) vom Löffel fällt. Er wird in eine gefettete, mit geriebener Semmel ausgestreute Napfkuchenform gefüllt.

Backzeit: Etwa 70 Minuten bei schwacher Mittelhitze.

▶ *Beachten Sie bitte die Backtabellen auf den Seiten 5 und 7*

Rodonkuchen

200 g Butter oder Margarine, 200 g Zucker, 1 Päckchen Dr. Oetker Vanillin-Zucker, 4 Eier, etwas Salz, 500 g Weizenmehl, 1 Päckchen Dr. Oetker Backpulver „Backin", gut 1/8 l Milch, 150 g Korinthen, 150 g Rosinen.

Man rührt das Fett schaumig und gibt nach und nach Zucker, Vanillin-Zucker, Eier und Salz hinzu. Das mit „Backin" gemischte und gesiebte Mehl wird abwechselnd mit der Milch untergerührt. Man verwendet nur so viel Milch, daß der Teig schwer (reißend) vom Löffel fällt. Die gewaschenen, gut abgetropften Früchte werden zuletzt unter den Teig gehoben. Er wird in eine gefettete, mit geriebener Semmel ausgestreute Napfkuchenform gefüllt.

Backzeit: Etwa 70 Minuten bei schwacher Mittelhitze.

Topfkuchen mit Guß (Abb. nach S. 32)

Teig: 200 g Butter oder Margarine, 200 g Zucker, 1 Päckchen Dr. Oetker Vanillin-Zucker, 3–4 Eier, 1/2 Fläschchen Dr. Oetker Backöl Zitrone oder 1 Fläschchen Dr. Oetker Rum-Aroma, etwas Salz, 500 g Weizenmehl, 1 Päckchen Dr. Oetker Backpulver „Backin", gut 1/8 l Milch, 100 g Korinthen, 100 g Rosinen, 50 g Zitronat (Sukkade).

Guß: 200 g Puderzucker, 25 g Kakao, etwa 3 Eßl. heißes Wasser.

Man rührt das Fett schaumig und gibt nach und nach Zucker, Vanillin-Zucker, Eier und Gewürze hinzu. Das mit „Backin" gemischte und gesiebte Mehl wird abwechselnd mit der Milch untergerührt. Man verwendet nur so viel Milch, daß der Teig schwer (reißend) vom Löffel fällt. Die gewaschenen, gut abgetropften Korinthen und Rosinen sowie das in kleine Würfel geschnittene Zitronat werden zuletzt unter den Teig gehoben. Man füllt ihn in eine gefettete, mit geriebener Semmel ausgestreute Napfkuchenform.

Backzeit: Etwa 70 Minuten bei schwacher Mittelhitze.

Für den Guß rührt man den mit Kakao gesiebten Puderzucker mit so viel heißem Wasser glatt, daß eine dickflüssige Masse entsteht. Man bestreicht den gut ausgekühlten Kuchen damit.

Festtagsnapfkuchen

250 g Butter oder Margarine, 300 g Zucker, 6 Eier, 3 Tropfen Dr. Oetker Backöl Bittermandel, 4 Tropfen Dr. Oetker Backöl Zitrone, etwas Salz, 300 g Weizenmehl, 100 g Dr. Oetker „Gustin", 9 g (3 gestrichene Teel.) Dr. Oetker Backpulver „Backin", 200 g gemahlene, abgezogene Mandeln.

Man rührt das Fett schaumig und gibt nach und nach Zucker, Eier und Gewürze hinzu. Das mit „Gustin" und „Backin" gemischte und gesiebte Mehl wird eßlöffelweise untergerührt. Die gemahlenen Mandeln hebt man zuletzt unter den Teig. Er wird in eine gefettete, mit geriebener Semmel ausgestreute Napfkuchenform gefüllt.

Backzeit: Etwa 70 Minuten bei schwacher Mittelhitze.

Marmorkuchen (Abb. zwischen S. 32 und 33)

250 g Butter oder Margarine, 250 g Zucker, 1 Päckchen Dr. Oetker Vanillin-Zucker, 3–4 Eier, 1 Fläschchen Dr. Oetker Rum-Aroma, etwas Salz, 500 g Weizenmehl, 1 Päckchen Dr. Oetker Backpulver „Backin", etwa 1/8 l Milch; 30 g Kakao, 25 g Zucker, 2–3 Eßl. Milch.

 Beachten Sie bitte die Backtabellen auf den Seiten 5 und 7 ◀

Man rührt das Fett schaumig und gibt nach und nach Zucker, Vanillin-Zucker, Eier und Gewürze hinzu. Das mit „Backin" gemischte und gesiebte Mehl wird abwechselnd mit der Milch untergerührt. Man verwendet nur so viel Milch, daß der Teig schwer (reißend) vom Löffel fällt. Etwa ⅔ des Teiges werden in eine gefettete, mit geriebener Semmel ausgestreute Napfkuchen- oder Kastenform gefüllt. Unter den Rest des Teiges mengt man Kakao, Zucker und so viel Milch, daß er wieder schwer vom Löffel fällt. Man verteilt den dunklen Teig auf dem hellen. Um ein Marmormuster zu erzielen, zieht man eine Gabel spiralenförmig durch die beiden Teigschichten.

Backzeit: Etwa 75 Minuten bei schwacher Mittelhitze.

Mohnkuchen

Teig: 125 g Mohn; – 150 g Butter oder Margarine, 150 g Zucker, 1 Päckchen Dr. Oetker Vanillin-Zucker, 2–3 Eier, etwas Salz, 1 Fläschchen Dr. Oetker Rum-Aroma, 500 g Weizenmehl, 1 Päckchen Dr. Oetker Backpulver „Backin", etwa ¼ l Milch; 25 g (1 gut gehäufter Eßl.) Zucker, 75 g Rosinen.

Der Mohn wird gemahlen.

Man rührt das Fett schaumig und gibt nach und nach Zucker, Vanillin-Zucker, Eier und Gewürze hinzu. Das mit „Backin" gemischte und gesiebte Mehl wird abwechselnd mit der Milch untergerührt. Man verwendet nur so viel Milch, daß der Teig schwer (reißend) vom Löffel fällt. Gut die Hälfte des Teiges wird in eine gefettete, mit geriebener Semmel ausgestreute Napfkuchenform gefüllt. Unter den Rest des Teiges mengt man den gemahlenen Mohn, den Zucker, die gewaschenen Rosinen und so viel Milch, daß er wieder schwer vom Löffel fällt. Man verteilt den dunklen Teig auf dem hellen. Um eine bessere Verteilung der Mohnmasse zu erreichen, zieht man eine Gabel spiralenförmig durch die beiden Teigschichten.

Backzeit: Etwa 65 Minuten bei schwacher Mittelhitze.

Königskuchen (Abb. zwischen S. 32 und 33)

Teig I: 250 g Butter oder Margarine, 200 g Zucker, 1 Päckchen Dr. Oetker Vanillin-Zucker, 4 Eier, ½ Fläschchen Dr. Oetker Backöl Zitrone oder 1 Fläschchen Dr. Oetker Rum-Aroma, etwas Salz, 500 g Weizenmehl, 12 g (4 gestrichene Teel.) Dr. Oetker Backpulver „Backin", knapp ⅛ l Milch, 250 g Korinthen, 100 g Rosinen, 50 g Zitronat (Sukkade).

oder

Teig II: 250 g Butter oder Margarine, 200 g Zucker, 1 Päckchen Dr. Oetker Vanillin-Zucker, 5 Eier, ½ Fläschchen Dr. Oetker Backöl Zitrone oder 1 Fläschchen Dr. Oetker Rum-Aroma, etwas Salz, 500 g Weizenmehl, 12 g (4 gestrichene Teel.) Dr. Oetker Backpulver „Backin", knapp ⅛ l Milch, 250 g Korinthen, 150 g Rosinen, 125 g Zitronat.

Man rührt das Fett schaumig und gibt nach und nach Zucker, Vanillin-Zucker, Eier und Gewürze hinzu. Das mit „Backin" gemischte und gesiebte Mehl wird abwechselnd mit der Milch untergerührt. Man verwendet nur so viel Milch, daß der Teig schwer (reißend) vom Löffel fällt. Die gewaschenen, gut abgetropften Korinthen und Rosinen sowie das in kleine Würfel geschnittene Zitronat werden zuletzt unter den Teig gehoben. Man füllt ihn in eine gefettete, mit Papier ausgelegte Kastenform.

Backzeit: Etwa 75 Minuten bei schwacher Mittelhitze.

▶ *Beachten Sie bitte die Backtabellen auf den Seiten 5 und 7*

Sandkuchen

Teig I: 150–175 g Butter oder Margarine, 150 g feinkörniger Zucker, 1 Päckchen Dr. Oetker Vanillin-Zucker, 4 Eier, einige Tropfen Dr. Oetker Backöl Zitrone oder Rum-Aroma, etwas Salz, 125 g Weizenmehl, 125 g Dr. Oetker „Gustin", 3 g (1 gestrichener Teel.) Dr. Oetker Backpulver „Backin".

oder

Teig II: 250 g Butter oder Margarine, 200 g feinkörniger Zucker, 1 Päckchen Dr. Oetker Vanillin-Zucker, 4 Eier, ½ Fläschchen Dr. Oetker Rum-Aroma, etwas Salz, 125 g Weizenmehl, 125 g Dr. Oetker „Gustin", 1½ g (½ gestrichener Teel.) Dr. Oetker Backpulver „Backin".

Guß (nach Belieben): 125 g Puderzucker, 25 g Kakao, 1–2 Eßl. heißes Wasser, 25 g Kokosfett (nach Belieben).

In das zerlassene, abgekühlte Fett gibt man den Zucker und den Vanillin-Zucker und rührt so lange, bis Fett und Zucker weißschaumig geworden sind. Dann gibt man die Eier und die Gewürze nach und nach hinzu. Das mit „Gustin" und „Backin" gemischte und gesiebte Mehl wird eßlöffelweise untergerührt. Man füllt den Teig in eine gefettete, mit Papier ausgelegte Kastenform.

Backzeit: Etwa 75 Minuten bei schwacher Mittelhitze.

Für den Guß rührt man den mit Kakao gesiebten Puderzucker mit so viel heißem Wasser und dem gelösten Kokosfett glatt, daß eine dickflüssige Masse entsteht. Man bestreicht den gut ausgekühlten Kuchen damit.

Gewürzkuchen

Teig I: 125 g Butter oder Margarine, 250 g Zucker, 1 Päckchen Dr. Oetker Vanillin-Zucker, 3–4 Eier, 3 Tropfen Dr. Oetker Backöl Bittermandel, etwas Salz, etwas geriebene Muskatnuß, 1 Messerspitze gemahlene Nelken, 1 gestrichener Teel. Zimt, 350 g Weizenmehl, 50 g Kakao, 12 g (4 gestrichene Teel.) Dr. Oetker Backpulver „Backin", etwa ⅛ l Milch.

oder

Teig II: 150 g Butter, Margarine oder Schweineschmalz, 200 g Zucker, 1 Päckchen Dr. Oetker Vanillin-Zucker, 2 Eier, 3 Tropfen Dr. Oetker Backöl Bittermandel, ½ Fläschchen Dr. Oetker Rum-Aroma, etwas Salz, 1 Messerspitze Muskatnuß, ½ Teel. gemahlene Nelken, 2 gestrichene Teel. gemahlener Zimt, 375 g Weizenmehl, 125 g Dr. Oetker „Gustin", 25–40 g Kakao, 1 Päckchen Dr. Oetker Backpulver „Backin", etwa ¼ l Milch.

Zum Bestäuben: Etwas Puderzucker.

Man rührt das Fett schaumig und gibt nach und nach Zucker, Vanillin-Zucker, Eier und Gewürze hinzu. Das mit Kakao und „Backin" oder mit „Gustin", Kakao und „Backin" gemischte und gesiebte Mehl wird abwechselnd mit der Milch untergerührt. Man verwendet nur so viel Milch, daß der Teig schwer (reißend) vom Löffel fällt. Er wird in eine gefettete, mit geriebener Semmel ausgestreute Kasten- oder Springform gefüllt.

Backzeit: Etwa 60 Minuten bei schwacher Mittelhitze.

Man überstäubt den erkalteten Kuchen mit gesiebtem Puderzucker. Das erkaltete Gebäck kann auch mit herber Marmelade gefüllt und dann mit Puderzucker bestäubt werden.

 Beachten Sie bitte die Backtabellen auf den Seiten 5 und 7 ◀

Haselnußkuchen

250 g Haselnußkerne, 200 g Zucker, 1 Päckchen Dr. Oetker Vanillin-Zucker, 2–3 Tropfen Dr. Oetker Backöl Bittermandel, 250 g Weizenmehl, 12 g (4 gestrichene Teel.) Dr. Oetker Backpulver „Backin", etwa ¼ l Milch.

Die gemahlenen Haselnußkerne, der Zucker, die Gewürze sowie das mit „Backin" gemischte und gesiebte Mehl werden in eine Schüssel gegeben und miteinander vermengt. Dann rührt man nach und nach die Milch darunter. Man verwendet nur so viel Milch, daß der Teig schwer (reißend) vom Löffel fällt. Er wird in eine gefettete, mit geriebener Semmel ausgestreute Napfkuchenform gefüllt.

Backzeit: Etwa 55 Minuten bei schwacher Mittelhitze.

Rehrücken I

Teig: 50 g Butter, Margarine oder Schweineschmalz, 100–125 g Zucker, 1 Päckchen Dr. Oetker Vanillin-Zucker, 1 Ei, ½ Fläschchen Dr. Oetker Rum-Aroma, 2 Tropfen Dr. Oetker Backöl Bittermandel, etwas Salz, 250 g Weizenmehl, 25 g Kakao, 9 g (3 gestrichene Teel.) Dr. Oetker Backpulver „Backin", etwa ⅛ l Milch.

Zum Bestreuen: Etwas Puderzucker.

Man rührt das Fett schaumig und gibt nach und nach etwas von dem Zucker, den Vanillin-Zucker, das Ei, den Rest des Zuckers und die Gewürze hinzu. Das mit Kakao und „Backin" gemischte und gesiebte Mehl wird abwechselnd mit der Milch untergerührt. Man verwendet nur so viel Milch, daß der Teig schwer (reißend) vom Löffel fällt. Man füllt ihn in eine gefettete Rehrückenform.

Backzeit: Etwa 55 Minuten bei schwacher Mittelhitze.

Nach dem Backen bestreut man den Kuchen mit Puderzucker.

Rehrücken II

Teig: 100 g Butter oder Margarine, 150 g Zucker, 4 Eier, 100 g geriebene Schokolade, 50 g Weizenmehl, 2 Päckchen Dr. Oetker Schokoladen-Pudding-Pulver, 4 g (etwa 1½ gestrichene Teel.) Dr. Oetker Backpulver „Backin", evtl. 2 Eßl. Milch, 75 g Mandeln oder Haselnußkerne.

Guß: 125 g Puderzucker, 25 g Kakao, etwa 1½ Eßl. heißes Wasser, 25 g Kokosfett (nach Belieben).

Verzierung: 50 g abgezogene, in Stifte geschnittene Mandeln.

Man rührt das Fett schaumig und gibt nach und nach Zucker, Eier und geriebene Schokolade hinzu. Das mit Schokoladen-Pudding-Pulver und „Backin" gemischte und gesiebte Mehl wird abwechselnd mit der Milch untergerührt. Man verwendet nur so viel Milch, daß der Teig schwer vom Löffel fällt. Die abgezogenen, gemahlenen Mandeln (Haselnußkerne) werden zuletzt unter den Teig gegeben. Man füllt ihn in eine gefettete Rehrückenform.

Backzeit: Etwa 55 Minuten bei schwacher Mittelhitze.

Für den Guß rührt man den mit Kakao gesiebten Puderzucker mit so viel heißem Wasser und dem gelösten Kokosfett glatt, daß eine dickflüssige Masse entsteht. Man bestreicht den gut ausgekühlten Kuchen damit und spickt ihn mit Mandelstiften.

▶ *Beachten Sie bitte die Backtabellen auf den Seiten 5 und 7*

Frankfurter Kranz I

Teig: 75 g Butter oder Margarine, 150 g Zucker, 2 Eier, 4 Tropfen Dr. Oetker Backöl Zitrone oder ½ Fläschchen Rum-Aroma, etwas Salz, 150 g Weizenmehl, 100 g Dr. Oetker „Gustin", 9 g (3 gestrichene Teel.) Dr. Oetker Backpulver „Backin", etwa 3 Eßl. Milch.

Verzierung: 1 Teel. Butter, 50 g Haferflocken, 25 g (1 gehäufter Eßl.) Zucker.

Füllung: 1 Päckchen Dr. Oetker Pudding-Pulver Vanille-Geschmack, 100 g Zucker, ½ l Milch, 75–100 g Butter oder Margarine.

Man rührt das Fett schaumig und gibt nach und nach Zucker, Eier und Gewürze hinzu. Das mit „Gustin" und „Backin" gemischte und gesiebte Mehl wird abwechselnd mit der Milch untergerührt. Man verwendet nur so viel Milch, daß der Teig schwer (reißend) vom Löffel fällt. Man füllt ihn in eine gefettete Kranzform.

Backzeit: Etwa 45 Minuten bei schwacher Mittelhitze.

Die Haferflocken werden mit dem Fett unter ständigem Rühren leicht gebräunt. Zum Schluß rührt man den Zucker darunter und läßt noch etwas damit bräunen.

Für die Füllung werden das Pudding-Pulver und der Zucker mit 6 Eßlöffel von der Milch angerührt. Die übrige Milch bringt man zum Kochen, nimmt sie von der Kochstelle, gibt das angerührte Pudding-Pulver unter Rühren hinein und läßt noch einmal kurz aufkochen. Damit sich keine Haut bildet, rührt man den Pudding während des Erkaltens häufig um.

Der gut ausgekühlte Kuchen wird zweimal durchgeschnitten und mit Pudding gefüllt (knapp ⅓ zurücklassen!).

Die Butter wird schaumig gerührt. Man gibt den restlichen Pudding löffelweise darunter (darauf achten, daß weder Butter noch Pudding zu kalt sind, da dann die sogenannte Gerinnung eintritt!).

Der Kranz wird mit Butterkrem bestrichen, mit gebräunten Haferflocken bestreut und mit Butterkrem verziert.

Das Gebäck schmeckt am besten, wenn es einen Tag vor dem Verzehr gefüllt wird.

Frankfurter Kranz II (Abb. zwischen S. 32 und 33)

Teig: 100 g Butter oder Margarine, 150 g Zucker, 3 Eier, 4 Tropfen Dr. Oetker Backöl Zitrone oder ½ Fläschchen Rum-Aroma, etwas Salz, 150 g Weizenmehl, 50 g Dr. Oetker „Gustin", 6 g (2 gestrichene Teel.) Dr. Oetker Backpulver „Backin".

Butterkrem: 1 Päckchen Dr. Oetker Pudding-Pulver Vanille-Geschmack, 100 g Zucker, ½ l Milch, 200 g Butter oder Margarine.

Krokant: 1 Messerspitze Butter, 50 g (2 gehäufte Eßl.) Zucker, 100 g abgezogene, in kleine Stücke geschnittene Mandeln oder Haselnußkerne.

Man rührt das Fett schaumig und gibt nach und nach Zucker, Eier und Gewürze hinzu. Das mit „Gustin" und „Backin" gemischte und gesiebte Mehl wird eßlöffelweise untergerührt. Man füllt den Teig in eine gefettete Kranzform.

Backzeit: Etwa 60 Minuten bei schwacher Mittelhitze.

Für den Butterkrem werden das Pudding-Pulver und der Zucker mit 6 Eßlöffel von der Milch angerührt. Die übrige Milch bringt man zum Kochen, nimmt sie von der Kochstelle, gibt das angerührte Pudding-Pulver unter Rühren hinein und läßt noch einmal kurz aufkochen. Damit sich keine Haut bildet, rührt man den Pudding während des Erkaltens häufig um.

Beachten Sie bitte die Backtabellen auf den Seiten 5 und 7 ◀

Die Butter wird schaumig gerührt. Man gibt den erkalteten Pudding löffelweise darunter (darauf achten, daß weder Butter noch Pudding zu kalt sind, da dann die sogenannte Gerinnung eintritt!).

Für den Krokant werden Butter und Zucker zerlassen und unter Rühren so lange erhitzt, bis der Zucker schwach gebräunt ist. Man rührt die Mandeln darunter, erhitzt unter ständigem Rühren, bis der Krokant genug gebräunt ist, und gibt dann die Masse auf eine geölte Platte. Nach dem Erkalten wird die Masse, wenn erforderlich, in kleine Stücke zerstoßen.

Man schneidet den erkalteten Kuchen zweimal durch und füllt ihn mit Butterkrem. Der Kranz wird mit Butterkrem bestrichen (etwas zurücklassen!), mit Krokant bestreut und mit zurückgelassenem Krem verziert.

Das Gebäck schmeckt am besten, wenn es einen Tag vor dem Verzehr gefüllt wird.

Obsttorte

Teig I: 50 g Butter oder Margarine, 75 g Zucker, 1 Päckchen Dr. Oetker Vanillin-Zucker, 1 Ei, etwas Salz, 200 g Weizenmehl, 6 g (2 gestrichene Teel.) Dr. Oetker Backpulver „Backin", knapp $1/8$ l Milch.

oder

Teig II: 75 g Butter oder Margarine, 75 g Zucker, 1 Päckchen Dr. Oetker Vanillin-Zucker, 2 Eier, etwas Salz, 150 g Weizenmehl, 3 g (1 gestrichener Teel.) Dr. Oetker Backpulver „Backin", etwa 2 Eßl. Milch.

Belag: 500–750 g rohes, gedünstetes oder eingemachtes Obst (z. B. Äpfel, Aprikosen, Erdbeeren, Heidelbeeren, Kirschen, Pfirsiche, Stachelbeeren usw.).

Guß: 1 Päckchen Dr. Oetker Tortenguß, Wasser oder Fruchtsaft und Zucker nach Angabe auf dem Tortenguß-Beutel.

Verzierung: Einige in Scheiben geschnittene, gebräunte Mandeln oder Haselnußkerne.

Man rührt das Fett schaumig und gibt nach und nach den Zucker, den Vanillin-Zucker, das Ei oder die Eier und das Salz hinzu. Das mit „Backin" gemischte und gesiebte Mehl wird abwechselnd mit der Milch untergerührt. Man verwendet nur so viel Milch, daß der Teig schwer (reißend) vom Löffel fällt. Er wird in eine gefettete, mit geriebener Semmel ausgestreute Tortenbodenform mit vertieftem Rand (Durchmesser 28 cm) gefüllt und glattgestrichen. Man stellt die Form auf einen Rost in den Backofen.

Backzeit: Etwa 20 Minuten bei guter Mittelhitze.

Für den Belag kann man **weiches** Obst roh verwenden. Man bereitet es folgendermaßen vor: Aprikosen, Erdbeeren, Heidelbeeren oder Pfirsiche werden gewaschen, gut abgetropft und entsteint, entstielt oder verlesen.

Gedünstetes oder **eingemachtes** Obst läßt man auf einem Sieb gut abtropfen. (Äpfel schälen, in Viertel oder Achtel schneiden und in Zuckerwasser vorsichtig gar kochen. Für die „Falsche Ananastorte" Äpfel schälen, mit einem Apfelbohrer das Kerngehäuse ausstechen, etwa 1 cm dicke Apfelringe schneiden, diese in kochendes Zuckerwasser geben und fast gar kochen!).

Die vorbereiteten Früchte werden dann auf den Tortenboden gelegt. Den Guß stellt man nach der Gebrauchsanweisung auf der Packung her.

Zur Verzierung kann man die in Scheiben geschnittenen Mandeln oder Haselnußkerne am Rand auf die Torte streuen.

Obstkuchen in einer Springform

Teig: 50–75 g Butter, Margarine oder Schweineschmalz, 125 g Zucker, 1 Päckchen Dr. Oetker Vanillin-Zucker, 1 Ei, 3 Tropfen Dr. Oetker Backöl Zitrone, etwas Salz, 250 g Weizenmehl, 9 g (3 gestrichene Teel.) Dr. Oetker Backpulver „Backin", etwa $1/8$ l Milch.

Belag: 500–750 g Äpfel, Pflaumen oder 375–500 g gut abgetropftes, gezuckertes, eingemachtes Obst.

Zum Bestreuen: Etwas Puderzucker.

Man rührt das Fett schaumig und gibt nach und nach Zucker, Vanillin-Zucker, Ei und Gewürze hinzu. Das mit „Backin" gemischte und gesiebte Mehl wird abwechselnd mit der Milch untergerührt. Man verwendet nur so viel Milch, daß der Teig schwer (reißend) vom Löffel fällt. Er wird in eine gefettete Springform (Durchmesser etwa 26 cm) gefüllt und mit einem Eßlöffel, den man häufig in Wasser taucht, glattgestrichen.

Für den Belag schält man die Äpfel, schneidet sie in Viertel und ritzt sie mehrmals der Länge nach ein. Die Äpfel, die gewaschenen, entsteinten Pflaumen oder das gut abgetropfte Obst werden gleichmäßig auf den Teig gelegt.

Backzeit: Etwa 45 Minuten bei guter Mittelhitze.

Nach dem Backen kann man den Kuchen mit Puderzucker bestäuben.

Apfelkuchen mit Streuseln

Teig: 100 g Butter oder Margarine, 100 g Zucker, 1 Päckchen Dr. Oetker Vanillin-Zucker, 2 Eier, 1 Prise Salz, 4 Tropfen Dr. Oetker Backöl Zitrone, 150 g Weizenmehl, 50 g Dr. Oetker „Gustin", 6 g (2 gestrichene Teel.) Dr. Oetker Backpulver „Backin", etwa 4 Eßl. Milch.

Belag: 500 g Äpfel.

Streusel: 100 g Weizenmehl, 75 g Zucker, 1 Päckchen Dr. Oetker Vanillin-Zucker, 75 g Butter oder Margarine.

Zum Bestreuen: Etwas Puderzucker.

Man rührt das Fett schaumig und gibt nach und nach Zucker, Vanillin-Zucker, Eier und Gewürze hinzu. Das mit „Gustin" und „Backin" gemischte und gesiebte Mehl wird abwechselnd mit der Milch untergerührt. Man verwendet nur so viel Milch, daß der Teig schwer (reißend) vom Löffel fällt. Er wird in eine gefettete Springform (Durchmesser etwa 26 cm) gefüllt und mit einem Eßlöffel, den man häufig in Wasser taucht, glattgestrichen.

Für den Belag schält man die Äpfel und schneidet sie in Scheiben. Sie werden kranzförmig auf den Teig gelegt. Man achtet darauf, daß ein Rand von 1 cm Teig frei bleibt.

Für die Streusel wird das Mehl in eine Schüssel gesiebt und mit Zucker und Vanillin-Zucker vermischt. Man gibt das Fett in kleinen Flöckchen hinzu und vermengt alle Zutaten mit den Händen oder mit 2 Gabeln zu Streuseln. Sie werden gleichmäßig auf den mit Äpfeln belegten Teig gestreut.

Backzeit: Etwa 45 Minuten bei guter Mittelhitze.

Nach dem Backen wird der Kuchen mit Puderzucker bestäubt.

 Beachten Sie bitte die Backtabellen auf den Seiten 5 und 7 ◀

Apfel- oder Kirschkuchen, sehr fein

Teig: 100–125 g Butter oder Margarine, 125 g Zucker, 2–3 Eier, 4 Tropfen Dr. Oetker Backöl Zitrone, etwas Salz, 200 g Weizenmehl, 6 g (2 gestrichene Teel.) Dr. Oetker Backpulver „Backin“, 1–4 Eßl. Milch.

Belag: 500–750 g Äpfel oder 750 g Sauerkirschen.

Aprikosenglasur (bei Äpfeln): 1 Teel. Dr. Oetker „Regina“-Gelatine gemahlen, weiß, 2 Eßlöffel Wasser, 1–2 Eßl. Aprikosenmarmelade.

oder

Zum Bestreuen: Etwas Puderzucker oder feiner Zucker.

Man rührt das Fett schaumig und gibt nach und nach Zucker, Eier und Gewürze hinzu. Das mit „Backin“ gemischte und gesiebte Mehl wird nach und nach untergerührt. Wenn der Teig fester wird, gibt man so viel Milch hinzu, daß er schwer (reißend) vom Löffel fällt. Er wird in eine gefettete Springform (Durchmesser etwa 26 cm) gefüllt und mit einem Eßlöffel, den man häufig in Wasser taucht, glattgestrichen.

Für den Belag schält man die Äpfel, schneidet sie in Viertel, ritzt sie mehrmals der Länge nach ein und legt sie kranzförmig auf den Teig. Die gewaschenen Kirschen werden entsteint und auf den Teig gelegt.

Backzeit: Etwa 45 Minuten bei guter Mittelhitze.

Für die Glasur rührt man die „Regina“-Gelatine in dem kalten Wasser an, läßt sie darin etwa 10 Minuten quellen, erwärmt sie vorsichtig, bis sie vollkommen gelöst ist, und rührt dann die Aprikosenmarmelade darunter. Der noch heiße Apfelkuchen wird damit bestrichen.

Man bestäubt den erkalteten Kirschkuchen mit Zucker.

Buchteln

Teig: 40–70 g Butter oder Margarine, 40 g Zucker, 1 Päckchen Dr. Oetker Vanillin-Zucker, 1 Ei, 4 Tropfen Dr. Oetker Backöl Zitrone, 1 Messerspitze Salz, 250 g Weizenmehl, 12 g (4 gestrichene Teel.) Dr. Oetker Backpulver „Backin“, etwa ⅛ l Milch.

Füllung: Etwa 2 Eßl. Marmelade oder Pflaumenmus.

Zum Bestreichen: Etwa 20 g Butter oder Margarine.

Zum Bestreuen: Etwas Puderzucker.

Man rührt das Fett schaumig und gibt nach und nach Zucker, Vanillin-Zucker, Ei und Gewürze hinzu. Das mit „Backin“ gemischte und gesiebte Mehl wird abwechselnd mit der Milch untergerührt. Man verwendet nur so viel Milch, daß der Teig schwer (reißend) vom Löffel fällt. Mit einem häufig in Mehl getauchten Eßlöffel sticht man vom Teig Stücke ab (etwa 22), legt diese auf ein gut bemehltes Backbrett und drückt sie mit bemehlten Händen flach. Die Mitte jedes Teigstückes wird mit einem halben Teelöffel der Füllung belegt, darüber drückt man die Teigränder beutelartig zusammen. Dann legt man die Buchteln dicht nebeneinander (vorher jede Buchtel ringsherum mit zerlassenem Fett bestreichen!) in eine gefettete Spring- oder Kastenform.

Backzeit: 30–35 Minuten bei guter Mittelhitze.

Sogleich nach dem Backen bestreicht man die Buchteln mit zerlassenem Fett und bestäubt sie mit Puderzucker.

Besonders gut schmecken sie mit Soße, bereitet mit Dr. Oetker Soßen-Pulver Vanille-Geschmack.

► *Beachten Sie bitte die Backtabellen auf den Seiten 5 und 7*

Bienenstich in einer Springform

Teig: 75 g Butter oder Margarine, 75 g Zucker, 1 Ei, etwas Salz, 250 g Weizenmehl, 6 g (2 gestrichene Teel.) Dr. Oetker Backpulver „Backin", 4–5 Eßl. Milch.

Belag: 50–75 g Butter, 100 g Zucker, 1 Päckchen Dr. Oetker Vanillin-Zucker, 1 Eßl. Milch, 100 g Mandeln, Haselnußkerne oder 75 g Haferflocken.

Füllung (nach Belieben): ½ Päckchen Dr. Oetker Pudding-Pulver Vanille-, Mandel- oder Sahne-Geschmack, 50 g Zucker, ¼ l Milch, 100 g Butter oder Margarine.

Man rührt das Fett schaumig und gibt nach und nach Zucker, Ei und Salz hinzu. Das mit „Backin" gemischte und gesiebte Mehl wird abwechselnd mit der Milch untergerührt. Man verwendet nur so viel Milch, daß der Teig schwer (reißend) vom Löffel fällt. Er wird in eine gefettete Springform (Durchmesser etwa 26 cm) gefüllt und mit einem Teigschaber, den man häufig in Wasser taucht, glattgestrichen.

Für den Belag zerläßt man die Butter mit Zucker, Vanillin-Zucker und Milch, mengt die abgezogenen, gehackten Mandeln (Haselnußkerne) oder die Haferflocken darunter und stellt alles kalt. Die gut abgekühlte Masse wird gleichmäßig auf dem Teig verteilt. (Sollte sie zu fest sein, gibt man etwas Milch hinzu!)

Backzeit: Etwa 35 Minuten bei guter Mittelhitze.

Wenn der Bienenstich gefüllt werden soll, dann werden das Pudding-Pulver und der Zucker mit 4 Eßlöffel von der Milch angerührt. Die übrige Milch bringt man zum Kochen, nimmt sie von der Kochstelle, gibt das angerührte Pudding-Pulver unter Rühren hinein und läßt noch einmal kurz aufkochen. Damit sich keine Haut bildet, rührt man den Pudding während des Erkaltens häufig um. Die Butter wird schaumig gerührt. Man gibt den ausgekühlten Pudding eßlöffelweise darunter (darauf achten, daß weder Butter noch Pudding zu kalt sind, da dann die sogenannte Gerinnung eintritt!).

Der ausgekühlte Bienenstich wird durchgeschnitten und mit Butterkrem gefüllt.

Gefüllter Streuselkuchen

Teig: 75 g Butter oder Margarine, 200 g Zucker, 1 Päckchen Dr. Oetker Vanillin-Zucker, 1 Ei, 1 Teel. gemahlener Zimt, etwas Salz, 4 Eßl. lauwarmes Wasser, 500 g Weizenmehl, 1 Päckchen Dr. Oetker Backpulver „Backin".

Füllung: 250–500 g Äpfel, Pflaumen, Sauerkirschen oder gut abgetropftes, eingemachtes Obst, 2 Eßl. Marmelade (nach Belieben).

Zum Bestäuben: Etwas Puderzucker.

Man rührt das Fett schaumig und gibt nach und nach Zucker, Vanillin-Zucker, Ei, Gewürze und Wasser hinzu. Das mit „Backin" gemischte Mehl wird darauf gesiebt. Man rührt es so lange darunter, bis die Masse leicht krümelt. Dann zerbröselt man alles mit den Händen oder mit 2 Gabeln zu Streuseln.

Für die Füllung werden die Äpfel geschält und in kleine Stücke geschnitten, die Pflaumen oder die Sauerkirschen gewaschen und entsteint. ⅔ der Streusel füllt man in eine gefettete Springform (Durchmesser etwa 26 cm), drückt die Streusel gut an und gibt das vorbereitete Obst und dann die Marmelade darauf (am Rand muß etwa 1 cm Teig frei bleiben!).

 Beachten Sie bitte die Backtabellen auf den Seiten 5 und 7

Über die Füllung streut man den Rest der Streusel; am Rand drückt man sie leicht an.

Backzeit: Etwa 45 Minuten bei guter Mittelhitze.

Nach dem Backen bestäubt man den Kuchen mit Puderzucker.

Krümeltorte (Abb. zwischen S. 64 und 65)

Teig: 200–250 g Butter oder Margarine, 200 g Zucker, 1 Päckchen Dr. Oetker Vanillin-Zucker, 1 Ei, etwas Salz, 500 g Weizenmehl, 1 Päckchen Dr. Oetker Backpulver „Backin", 25 g Semmelmehl.

Füllung: 750 g rohes oder eingemachtes Obst (Äpfel, Kirschen, Pflaumen), 1 Päckchen Dr. Oetker Vanillin-Zucker, Zucker nach Geschmack, ¼ l Saft und 30 g Dr. Oetker „Gustin" für eingemachtes Obst.

Man rührt das Fett schaumig und gibt nach und nach Zucker, Vanillin-Zucker, Ei und Salz hinzu. Die Hälfte des mit „Backin" gemischten und gesiebten Mehls wird eßlöffelweise untergerührt. Den Rest des Mehls schüttet man auf den Teig und arbeitet ihn so mit den Händen darunter, daß eine krümelige Masse entsteht.

Für die Füllung werden die Äpfel geschält und in Scheiben geschnitten. Härtere Äpfel dünstet man mit wenig Wasser, Vanillin-Zucker und Zucker halb gar und stellt sie kalt. Kirschen oder Pflaumen werden gewaschen und entsteint (Pflaumen zweimal durchschneiden!). Eingemachtes Obst gibt man auf ein Sieb und läßt es gut abtropfen, dickt den Obstsaft mit „Gustin" und rührt das Obst darunter. Das so vorbereitete Obst wird mit Vanillin-Zucker vermischt und mit Zucker abgeschmeckt. Die Hälfte des Teiges füllt man in eine gefettete Springform (Durchmesser etwa 26 cm), drückt den Teig am Boden gut an und am Rand hoch, bestreut ihn mit Semmelmehl und gibt das Obst so darauf, daß ein Rand von etwa 1 cm frei bleibt. Über die Füllung streut man den Rest der Streusel; am Rand drückt man sie an.

Backzeit: Etwa 40 Minuten bei guter Mittelhitze.

Kaiserin Friedrich-Torte

Teig: 250 g Kokosfett oder 300 g Margarine, 300 g Zucker, 1 Päckchen Dr. Oetker Vanillin-Zucker, 5 Eier, 1 Eigelb, ½ Eiweiß, 1 Prise Salz, 3 Tropfen Dr. Oetker Backöl Bittermandel, ½ Fläschchen Dr. Oetker Rum-Aroma, 300 g Weizenmehl, 75 g Dr. Oetker „Gustin", 6 g (2 gestrichene Teel.) Dr. Oetker Backpulver „Backin", 125 g Zitronat (Sukkade).

Guß: 175 g Puderzucker, ½ Eiweiß, etwa 3 Eßl. Zitronensaft, 50 g Zitronat.

In das zerlassene, abgekühlte Fett gibt man den Zucker und den Vanillin-Zucker und rührt so lange, bis Fett und Zucker weißschaumig geworden sind. Dann gibt man die Eier, das Eigelb, das ½ Eiweiß und die Gewürze nach und nach hinzu. Das mit „Gustin" und „Backin" gemischte und gesiebte Mehl wird eßlöffelweise untergerührt. Das in kleine Würfel geschnittene Zitronat wird vorsichtig unter den Teig gehoben. Man füllt ihn in eine gefettete Springform (Durchmesser etwa 26 cm).

Backzeit: Etwa 60 Minuten bei schwacher Mittelhitze.

Man rührt den gesiebten Puderzucker mit Eiweiß und so viel Zitronensaft glatt, daß eine dickflüssige Masse entsteht. Die Torte wird damit überzogen, obenauf wird sie mit dem in kleine Würfel oder Streifen geschnittenen Zitronat bestreut.

▶ *Beachten Sie bitte die Backtabellen auf den Seiten 5 und 7*

Mohntorte

Teig: 150 g Mohn, 150 g Butter oder Margarine, 150 g Zucker, 4 Eigelb, etwas Salz, 3 Eßl. Milch, 1 Päckchen Dr. Oetker Pudding-Pulver Vanille-Geschmack, 3 g (1 gestrichener Teel.) Dr. Oetker Backpulver „Backin", 4 Eiweiß, 50 g Zitronat.

Zum Bestreuen: Etwas Puderzucker.

Der Mohn wird gemahlen.

Man rührt das Fett schaumig und gibt nach und nach Zucker, Eigelb, Salz, gemahlenen Mohn, Milch und das mit „Backin" gemischte Pudding-Pulver hinzu. Zum Schluß werden das zu steifem Schnee geschlagene Eiweiß und das in kleine Würfel geschnittene Zitronat darunter gehoben.

Man füllt den Teig in eine gefettete Springform (Durchmesser 24–26 cm).

Backzeit: 20 Minuten bei guter Mittelhitze und etwa 20 Minuten bei leichter Hitze.

Nach dem Backen wird die Torte mit Puderzucker bestäubt.

Prinzregententorte (Abb. zwischen S. 64 und 65)

Teig: 250 g Butter oder Margarine, 250 g Zucker, 1 Päckchen Dr. Oetker Vanillin-Zucker, 4 Eier, etwas Salz, 200 g Weizenmehl, 50 g Dr. Oetker „Gustin", 3 g (1 gestrichener Teel.) Dr. Oetker Backpulver „Backin".

Füllung: 1 Päckchen Dr. Oetker Gala Schokoladen-Pudding-Pulver, 1 Eßl. Kakao, 100 g Zucker, ½ l Milch, 50 g Kokosfett (nach Belieben), 200 g Butter oder Margarine.

Guß: 150 g Puderzucker, 25 g Kakao, 20 g zerlassene Butter oder Kokosfett, 2–3 Eßl. heißes Wasser.

Man rührt das Fett schaumig und gibt nacheinander Zucker, Vanillin-Zucker, Eier und Salz hinzu. Das mit „Gustin" und „Backin" gemischte und gesiebte Mehl wird nach und nach untergerührt. Man stellt aus dem Teig etwa 8 Böden her. Knapp 2 Eßlöffel des Teiges werden jeweils in eine gefettete Springform (Durchmesser 26 cm) gestrichen. (Darauf achten, daß der Teig am Rand nicht zu dünn ist, damit der Boden dort nicht zu dunkel wird!)

Man backt jeden Boden ohne Springformrand, bis er hellbraun ist.

Backzeit: Etwa 7 Minuten bei starker Hitze.

Für den Schokoladen-Butterkrem werden das Pudding-Pulver, der Kakao und der Zucker mit 6 Eßl. von der Milch angerührt. Man bringt die übrige Milch zum Kochen, nimmt sie von der Kochstelle, gibt das angerührte Pudding-Pulver unter Rühren hinein und läßt noch einmal kurz aufkochen. Falls Kokosfett verwendet werden soll, gibt man es in den heißen Pudding. Damit sich keine Haut bildet, wird der Pudding während des Erkaltens häufig umgerührt. Man rührt das Fett schaumig und gibt den erkalteten Pudding eßlöffelweise darunter (darauf achten, daß weder Fett noch Pudding zu kalt sind, da dann die sogenannte Gerinnung eintritt!).

Sobald die gebackenen Böden abgekühlt sind, bestreicht man den ersten Boden mit Schokoladen-Butterkrem, setzt den nächsten darauf, bestreicht ebenfalls mit Krem und so fort. Die letzte Schicht muß aus einem Boden bestehen.

Für den Guß rührt man den mit Kakao gesiebten Puderzucker mit dem zerlassenen Fett und mit so viel heißem Wasser glatt, daß eine dickflüssige Masse entsteht. Die Torte wird damit überzogen.

Schichttorte (Baumkuchentorte)

Teig: 250 g Butter oder Margarine, 250 g Zucker, 1 Päckchen Dr. Oetker Vanillin-Zucker, 6 Eier, 1–2 Eßl. Rum, 150 g Weizenmehl, 100 g Dr. Oetker „Gustin“, 9 g (3 gestrichene Teel.) Dr. Oetker Backpulver „Backin“.

Guß: 175 g Puderzucker, 2–3 Eßl. heißes Wasser, 1 walnußgroßes Stück Butter.

Man rührt das Fett schaumig und gibt nach und nach Zucker, Vanillin-Zucker, 2 Eier, 4 Eigelb und Rum hinzu. Das mit „Gustin“ und „Backin“ gemischte und gesiebte Mehl wird nach und nach untergerührt. Das zu steifem Schnee geschlagene Eiweiß wird auf den Teig gegeben und vorsichtig darunter gehoben. Man füllt knapp 2 Eßlöffel des Teiges in eine mit Papier ausgelegte Springform (Durchmesser etwa 26 cm), streicht ihn mit einem Eßlöffel glatt und backt diese Schicht hellbraun.

Backzeit: Etwa 12 Minuten bei guter Mittelhitze.

Danach streicht man als zweite Schicht wieder knapp 2 Eßlöffel des Teiges auf die gebackene Schicht. Bei der zweiten und den folgenden Schichten beträgt die Backzeit etwa je 8–10 Minuten. Nach der zweiten Schicht muß die Backhitze verringert werden, wenn möglich, die Unterhitze wegnehmen oder ein Backblech und eine Schüssel mit Wasser unter die Form schieben. Der fertige Kuchen soll mindestens aus 8 Schichten bestehen.

Für den Guß rührt man den gesiebten Puderzucker mit so viel Wasser und dem flüssigen Fett glatt, daß eine dickflüssige Masse entsteht. Die Torte wird damit überzogen.

Kuchen auf dem Blech

Butter- oder Zuckerkuchen auf dem Blech

Teig I: 100–150 g Butter oder Margarine, 150 g Zucker, 1–2 Eier, etwas Salz, 500 g Weizenmehl, 1 Päckchen Dr. Oetker Backpulver „Backin“, etwa ¼ l Milch.

oder

Teig II: 200 g Butter oder Margarine, 200 g Zucker, 2 Eier, etwas Salz, 500 g Weizenmehl, 1 Päckchen Dr. Oetker Backpulver „Backin“, knapp ¼ l Milch.

Belag: 50–125 g Butter oder Margarine, 75 g Zucker, 1 Päckchen Dr. Oetker Vanillin-Zucker, 50 g Mandeln oder Haselnußkerne (nach Belieben).

Man rührt das Fett schaumig und gibt nach und nach Zucker, Ei oder Eier und Salz hinzu. Das mit „Backin“ gemischte und gesiebte Mehl wird abwechselnd mit der Milch untergerührt. Man verwendet nur so viel Milch, daß der Teig schwer (reißend) vom Löffel fällt. Er wird auf ein gefettetes Backblech gegeben und mit einem Teigschaber, den man häufig in Wasser taucht, glattgestrichen. Damit der Teig an der offenen Seite des Backblechs nicht auslaufen kann, legt man ein mehrfach umgeknifftes, gefettetes Papier vor den Teig.

Man kann das Fett in kleinen Flöckchen gleichmäßig auf den Teig setzen oder zerlassen darauf streichen. Der Zucker, der Vanillin-Zucker und die feingehackten Mandeln (Haselnußkerne) werden gemischt und gleichmäßig auf den Teig gestreut.

Backzeit: Etwa 25 Minuten bei guter Mittelhitze.

▶ *Beachten Sie bitte die Backtabellen auf den Seiten 5 und 7*

Bienenstich auf dem Blech

Teig I: 100–150 g Butter oder Margarine, 150 g Zucker, 1–2 Eier, etwas Salz, 500 g Weizenmehl, 1 Päckchen Dr. Oetker Backpulver „Backin", etwa $\frac{1}{4}$ l Milch.

oder

Teig II: 200 g Butter oder Margarine, 200 g Zucker, 2 Eier, etwas Salz, 500 g Weizenmehl, 1 Päckchen Dr. Oetker Backpulver „Backin", knapp $\frac{1}{4}$ l Milch.

Belag: 100 g Butter oder Margarine*), 200 g Zucker*), 1 Päckchen Dr. Oetker Vanillin-Zucker, 2 Eßl. Milch, 200–250 g Mandeln, Haselnußkerne oder 150 g Haferflocken.

Man rührt das Fett schaumig und gibt nach und nach Zucker, Ei oder Eier und Salz hinzu. Das mit „Backin" gemischte und gesiebte Mehl wird abwechselnd mit der Milch untergerührt. Man verwendet nur so viel Milch, daß der Teig schwer (reißend) vom Löffel fällt. Er wird auf ein gefettetes Backblech gegeben und mit einem Teigschaber, den man häufig in Wasser taucht, glattgestrichen. Damit der Teig an der offenen Seite des Backblechs nicht auslaufen kann, legt man ein mehrfach umgeknifftes, gefettetes Papier vor den Teig.

Für den Belag zerläßt man die Butter mit Zucker, Vanillin-Zucker und Milch, mengt die abgezogenen, gehackten Mandeln (Haselnußkerne) oder die Haferflocken darunter und stellt alles kalt. Die gut abgekühlte Masse wird gleichmäßig auf dem Teig verteilt. Sollte sie zu fest sein, gibt man etwas Milch hinzu.

Backzeit: Etwa 35 Minuten bei guter Mittelhitze.

*) An Stelle des Fettes kann man 2 Eßlöffel Honig nehmen, braucht dann aber nur 100 g Zucker.

Streuselkuchen auf dem Blech

Teig I: 100–150 g Butter oder Margarine, 150 g Zucker, 1–2 Eier, etwas Salz, 500 g Weizenmehl, 1 Päckchen Dr. Oetker Backpulver „Backin", etwa $\frac{1}{4}$ l Milch.

oder

Teig II: 200 g Butter oder Margarine, 200 g Zucker, 2 Eier, etwas Salz, 500 g Weizenmehl, 1 Päckchen Dr. Oetker Backpulver „Backin", knapp $\frac{1}{4}$ l Milch.

Belag: 200 g Weizenmehl, 100–125 g Zucker, 1 Päckchen Dr. Oetker Vanillin-Zucker, 1 Messerspitze Zimt, 100–125 g Butter oder Margarine.

Man rührt das Fett schaumig und gibt nach und nach Zucker, Ei oder Eier und Salz hinzu. Das mit „Backin" gemischte und gesiebte Mehl wird abwechselnd mit der Milch untergerührt. Man verwendet nur so viel Milch, daß der Teig schwer (reißend) vom Löffel fällt. Er wird auf ein gefettetes Backblech gegeben und mit einem Teigschaber, den man häufig in Wasser taucht, glattgestrichen.

Damit der Teig an der offenen Seite des Backblechs nicht auslaufen kann, legt man ein mehrfach umgeknifftes, gefettetes Papier vor den Teig.

Für den Streusel wird das Mehl in eine Schüssel gesiebt und mit Zucker, Vanillin-Zucker und Zimt vermischt. Man gibt das Fett in kleinen Flöckchen dazu und vermengt alle Zutaten mit den Händen oder mit 2 Gabeln zu Streuseln. Sie werden gleichmäßig auf dem Teig verteilt.

Backzeit: Etwa 30 Minuten bei guter Mittelhitze.

 Beachten Sie bitte die Backtabellen auf den Seiten 5 und 7 ◀

Streuselkuchen mit Äpfeln

Zutaten und Herstellung wie bei Streuselkuchen (S. 26), nur gibt man 1 bis 1½ kg Äpfel, roh oder gedünstet, oder 250 g steifes Apfelmus auf den Teig, ehe man die Streusel darauf verteilt. Man kann sehr gut Fallobst verwenden.

Backzeit: Etwa 35 Minuten bei guter Mittelhitze.

Obstkuchen auf dem Blech

Teig I: 75–100 g Butter, Margarine oder Schweineschmalz, 100 g Zucker, 1 Päckchen Dr. Oetker Vanillin-Zucker, 1 Ei, etwas Salz, 375 g Weizenmehl, 12 g (4 gestrichene Teel.) Dr. Oetker Backpulver „Backin", etwa ⅛ l Milch.

oder

Teig II: 100–150 g Butter, Margarine oder Schweineschmalz, 150 g Zucker, 1 Päckchen Dr. Oetker Vanillin-Zucker, 1–2 Eier, etwas Salz, 500 g Weizenmehl, 1 Päckchen Dr. Oetker Backpulver „Backin", etwa ⅛–¼ l Milch.

Belag: 1–1½ kg Äpfel oder Pflaumen. **Zum Bestreuen:** Etwas Zucker.

Man rührt das Fett schaumig und gibt nach und nach Zucker, Vanillin-Zucker, Ei (Eier) und Salz hinzu. Das mit „Backin" gemischte und gesiebte Mehl wird abwechselnd mit der Milch untergerührt. Man verwendet nur so viel Flüssigkeit, daß der Teig schwer (reißend) vom Löffel fällt. Man streicht ihn mit einem Teigschaber, den man häufig in Wasser taucht, gleichmäßig auf ein gefettetes Backblech. Damit er an der offenen Seite des Backblechs nicht auslaufen kann, legt man ein mehrfach umgeknifftes, gefettetes Papier vor den Teig.

Für den Belag werden die Äpfel geschält und in Scheiben oder Viertel (besonders große in Achtel) geschnitten oder die Pflaumen gewaschen und entsteint. Man legt das Obst gleichmäßig auf den Teig (Pflaumen stets mit der Innenseite nach oben legen!).

Backzeit: Etwa 40 Minuten bei starker Hitze.

Nach dem Backen bestreut man den etwas ausgekühlten Kuchen mit Zucker.

Kleingebäck

Amerikaner

Teig: 100 g Butter oder Margarine, 100 g Zucker, 1 Päckchen Dr. Oetker Vanillin-Zucker, 2 Eier, etwas Salz, 1 Päckchen Dr. Oetker Pudding-Pulver Sahne- oder Mandel-Geschmack, 3 Eßl. Milch, 250 g Weizenmehl, 9 g (3 gestrichene Teel.) Dr. Oetker Backpulver „Backin".

Zum Bestreichen: Etwas Milch.

Heller Guß: 100 g Puderzucker, 1–2 Eßl. heißes Wasser.

oder

Dunkler Guß: 100 g Puderzucker, 15 g Kakao, 1–2 Eßl. heißes Wasser.

Man rührt das Fett schaumig und gibt nach und nach Zucker, Vanillin-Zucker, Eier, Salz und das mit der Milch angerührte Pudding-Pulver hinzu. Das mit „Backin" gemischte und gesiebte Mehl wird nach und nach ebenfalls darunter gerührt. Der Teig muß sehr fest sein; andernfalls rührt man noch etwas Mehl darunter, sonst läuft das Gebäck breit. Mit 2 Eßlöffeln setzt man nicht zu große Teighäufchen auf ein gefettetes Backblech und backt sie goldbraun.

Backzeit: Etwa 15 Minuten bei schwacher Mittelhitze (wie Stollen, siehe Backtabelle Seite 5).

Nach 10 Minuten Backzeit bestreicht man die Oberfläche der Amerikaner mit Milch.

Für den hellen Guß rührt man den gesiebten Puderzucker mit so viel Wasser glatt, daß eine dickflüssige Masse entsteht.

Für den dunklen Guß verfährt man ebenso, nur wird der Puderzucker mit dem Kakao gesiebt.

Man bestreicht die Unterseite der heißen Amerikaner gleichmäßig mit dem hellen oder dunklen Guß.

Margarethen-Plätzchen

100 g Butter oder Margarine, 100 g Zucker, 1 Päckchen Dr. Oetker Vanillin-Zucker, 1 Ei, 1 Prise Salz, 2 Eßl. Wasser, 150 g Weizenmehl, 50 g Dr. Oetker ,,Gustin", 3 g (1 gestrichener Teel.) Dr. Oetker Backpulver ,,Backin", 50 g Schokolade.

Man rührt das Fett schaumig und gibt nach und nach einen Teil des Zuckers, den Vanillin-Zucker, das Ei, den Rest des Zuckers, das Salz und das Wasser hinzu. Das mit ,,Gustin" und ,,Backin" gemischte und gesiebte Mehl wird eßlöffelweise untergerührt. Die in kleine Stücke geschnittene Schokolade wird zuletzt unter den Teig gehoben. Mit 2 Teelöffeln setzt man etwa walnußgroße Teighäufchen nicht zu dicht nebeneinander auf ein gefettetes Backblech und backt sie goldbraun.

Backzeit: Etwa 15 Minuten bei guter Mittelhitze. (Unter Umständen die Hitze, besonders die Unterhitze, während des Backens schwächer einstellen!).

Thoma-Brötchen

Teig: 150 g Butter oder Margarine, 250 g Zucker, 1 Päckchen Dr. Oetker Vanillin-Zucker, 3 Eier, 4 Tropfen Dr. Oetker Backöl Zitrone, 300 g Weizenmehl, 75 g Dr. Oetker ,,Gustin", 6 g (2 gestrichene Teel.) Dr. Oetker Backpulver ,,Backin", 2–4 Eßl. Milch, 50 g Mandeln, 50 g Korinthen oder Feigen, 50 g Zitronat oder Orangeat.

Man rührt das Fett schaumig und gibt nach und nach einen Teil des Zuckers, den Vanillin-Zucker, die Eier, den Rest des Zuckers und das Backöl hinzu. Das mit ,,Gustin" und ,,Backin" gemischte und gesiebte Mehl wird abwechselnd mit der Milch untergerührt. Man verwendet nur so viel Milch, daß der Teig schwer (reißend) vom Löffel fällt. Die gehackten, abgezogenen Mandeln, die gewaschenen Korinthen oder die gewaschenen, in kleine Würfel geschnittenen Feigen und das in kleine Würfel geschnittene Zitronat oder Orangeat werden zuletzt unter den Teig gehoben. Mit 2 Teelöffeln setzt man etwa walnußgroße Teighäufchen nicht zu dicht nebeneinander auf ein gefettetes Backblech und backt sie goldbraun.

Backzeit: Etwa 15 Minuten bei guter Mittelhitze. (Unter Umständen die Hitze, besonders die Unterhitze, während des Backens schwächer einstellen!).

 Beachten Sie bitte die Backtabellen auf den Seiten 5 und 7 ◀

Spritzgebäck (Abb. zwischen S. 96 und 97)

Teig I: 250 g Butter oder Margarine, 200–250 g Zucker, 1 Päckchen Dr. Oetker Vanillin-Zucker, 2 Eier, etwas Salz, 500 g Weizenmehl, 3 g (1 gestrichener Teel.) Dr. Oetker Backpulver „Backin".

oder

Teig II: 375 g Butter oder Margarine, 250 g Zucker, 2 Päckchen Dr. Oetker Vanillin-Zucker, etwas Salz, 250 g Weizenmehl, 250 g Dr. Oetker „Gustin", 125 g Mandeln.

Guß: 75 g Puderzucker, 3 gehäufte Teel. Kakao, 50 g zerlassene Butter oder Margarine, etwa ½ Eßl. heißes Wasser.

Man rührt das Fett schaumig und gibt nach und nach Zucker, Vanillin-Zucker, evtl. Eier und Salz hinzu. Das mit „Backin" oder mit „Gustin" gemischte und gesiebte Mehl wird eßlöffelweise untergerührt. Bevor das Mehl ganz unter Teig II gearbeitet ist, wird er sehr fest. Man knetet dann den Rest des Mehls und die abgezogenen, gemahlenen Mandeln leicht darunter.

Man füllt den Teig in einen Spritzbeutel oder in eine Gebäckspritze und spritzt S-Formen oder Kränze auf ein Backblech.

Backzeit: 15–20 Minuten bei starker Hitze.

Für den Guß wird der mit dem Kakao gemischte und gesiebte Puderzucker mit dem zerlassenen Fett und so viel heißem Wasser glattgerührt, daß eine dickflüssige Masse entsteht. Damit bestreicht man die Enden der S-Kuchen oder die Kränze zur Hälfte.

Heidesand

275 g Butter, 250 g feinkörniger Zucker, 1 Päckchen Dr. Oetker Vanillin-Zucker, 2 Eßl. Milch, 375 g Weizenmehl, 3 g (1 gestrichener Teel.) Dr. Oetker Backpulver „Backin".

Die Butter wird zerlassen, stark gebräunt und kalt gestellt. Man rührt das erstarrte Fett schaumig, gibt nach und nach Zucker, Vanillin-Zucker und Milch hinzu und rührt so lange, bis die Masse weiß schaumig geworden ist. ⅔ des mit „Backin" gemischten und gesiebten Mehls werden eßlöffelweise untergerührt. Den Rest des Mehls verknetet man mit dem Teigbrei zu einem glatten Teig. Man formt etwa 3 cm dicke Teigrollen daraus und stellt sie so lange kalt, bis sie hart geworden sind und schneidet dann ½ cm dicke Scheiben davon ab. Sie werden auf ein Backblech gelegt und hellgelb gebacken.

Backzeit: Etwa 15 Minuten bei schwacher Mittelhitze.

Mürbe Plätzchen

100 g Schweineschmalz, 75 g Hammelfett, 125 g Zucker, 1 Päckchen Dr. Oetker Vanillin-Zucker, 1 Ei, 1 Fläschchen Dr. Oetker Rum-Aroma, 1 Eßl. Wasser, 350 g Weizenmehl, 3 g (1 gestrichener Teel.) Dr. Oetker Backpulver „Backin".

Man rührt das Schweineschmalz und das in kleine Stücke geschnittene Hammelfett schaumig und gibt nach und nach Zucker, Vanillin-Zucker, Ei, Aroma und Wasser hinzu. ⅔ des mit „Backin" gemischten und gesiebten Mehls werden eßlöffelweise untergerührt. Den Rest des Mehls verknetet man mit dem Teigbrei zu einem glatten Teig. Er wird gut ½ cm dick ausgerollt und mit einer kleinen, runden Form ausgestochen. Die Plätzchen werden auf ein Backblech gelegt und hellgelb gebacken.

Backzeit: Etwa 10 Minuten bei starker Hitze.

▶ *Beachten Sie bitte die Backtabellen auf den Seiten 5 und 7*

Gebäcke im Waffeleisen

Waffeln

Teig: 125 g Butter oder Margarine, 25–50 g (1–2 gehäufte Eßl.) Zucker, 1 Päckchen Dr. Oetker Vanillin-Zucker, 3 Eier, ½ Fläschchen Dr. Oetker Rum-Aroma oder einige Tropfen Backöl Zitrone, 125 g Weizenmehl, 125 g Dr. Oetker „Gustin", 6 g (2 gestrichene Teel.) Dr. Oetker Backpulver „Backin", etwa ¼ l Milch.

Zum Backen: Speckschwarte oder etwas Öl.

Zum Bestreuen: Etwas Puderzucker.

Man rührt das Fett schaumig und gibt nach und nach Zucker, Vanillin-Zucker, Eier und Backöl hinzu. Das mit „Gustin" und „Backin" gemischte und gesiebte Weizenmehl wird abwechselnd mit der Milch untergerührt. Man verwendet so viel Milch, daß der Teig gerade anfängt dünnflüssig zu werden. Er wird in nicht zu großer Menge in ein gut erhitztes und gefettetes Waffeleisen gefüllt und von beiden Seiten goldbraun gebacken. Man bestreut die Waffeln mit Puderzucker und ißt sie möglichst frisch, da Waffeln im allgemeinen schnell weich werden. (Gegebenenfalls nochmals kurz im Eisen erhitzen!)

Eiserkuchen

Teig I: 25 g Butter oder Margarine, 250 g Zucker, 1 Päckchen Dr. Oetker Vanillin-Zucker, 1 Ei, 250 g Weizenmehl, gut ⅜ l Wasser.

oder

Teig II: 65 g Butter oder Margarine, 250 g Zucker, 1 Päckchen Dr. Oetker Vanillin-Zucker, 2 Eier, 250 g Weizenmehl, etwa ⅜ l Wasser.

Zum Backen: Speckschwarte oder etwas Öl.

Man rührt das Fett schaumig und gibt nach und nach etwas von dem Zucker, den Vanillin-Zucker, das Ei (die Eier) und den Rest des Zuckers hinzu. Das gesiebte Mehl wird abwechselnd mit dem Wasser untergerührt. Man verwendet so viel Wasser, daß der Teig ziemlich dünn ist. Man füllt nicht zu viel Teig in ein gut erhitztes und gut gefettetes Eiserkucheneisen und backt ihn von beiden Seiten goldbraun. Die Blättchen werden schnell aus dem Eisen gelöst und noch heiß zu Röllchen oder Tüten gewickelt.

Damit die Eiserkuchen knusprig bleiben, bewahrt man sie in gut schließenden Blechdosen auf. – Dieser Teig läßt sich nur für ein Spezial-Eiserkucheneisen verwenden.

B • KNETTEIG

Die Herstellung des Teiges und das Backen

Die im Rezept angegebenen Zutaten wie:

Weizenmehl (ebenso Kakao),
Dr. Oetker Backpulver ,,Backin",
Zucker,
Gewürze
(Dr. Oetker Vanillin-Zucker, Backöle, Aromen usw.),
Eier,
je nach Rezept **Flüssigkeit** (Milch oder Wasser),
Butter (Margarine, Schweineschmalz),
je nach Rezept **Quark oder Kartoffeln,**
je nach Rezept **Früchte**
(Korinthen, Rosinen, Haselnußkerne, Mandeln, Orangeat, Zitronat-Sukkade)

werden in der angegebenen Reihenfolge und in der vorgeschriebenen Menge bereitgestellt.

Notwendige Vorarbeiten

1. Das Fett muß bei der Verarbeitung fest sein; deswegen muß es vorher kalt gestellt werden.
2. Die Früchte werden nach der Anweisung unter Rührteig (Seite 9) vorbereitet.
3. Für Knetteig werden Backbleche und Formen im allgemeinen nicht gefettet. Eine Ausnahme bilden Tortenbodenformen (mit vertieftem Rand), Tortelettes-Formen und Bleche für Stollen und für wasser- oder milchreiche Teige.

Die Verarbeitung des Teiges

Mehl und „Backin“ werden gemischt und auf ein Backbrett (Tischplatte) gesiebt. In die Mitte wird eine Vertiefung eingedrückt, Zucker, Gewürze, Eier und, je nach Rezept, Flüssigkeit werden hineingegeben und mit einem Teil des Mehls zu einem dicken Brei verarbeitet. Darauf gibt man die in Stücke geschnittene, kalte Butter (Margarine, Schweineschmalz) und, je nach Rezept, die Früchte, bedeckt sie mit Mehl, drückt alles zu einem Kloß zusammen und verknetet von der Mitte aus alle Zutaten schnell zu einem glatten Teig. Man formt ihn zu einer Rolle. Sollte der Teig kleben, stellt man ihn eine Zeitlang kalt oder gibt noch etwas Mehl hinzu.

Die einzelnen Arbeitsgänge

1. **„Mehl und „Backin“ werden gemischt und auf ein Backbrett (Tischplatte) gesiebt..“**

Mischen und Sieben lockern das Mehl auf und verteilen das „Backin“ gleichmäßig im Mehl. Das Gebäck wird dadurch besser und gleichmäßiger gelockert. Ist außerdem Kakao angegeben, so gibt man ihn zum Mehl.

2. **„.. In die Mitte wird eine Vertiefung eingedrückt,..“**

Damit der Rand gleichmäßig dick wird, drückt man die Vertiefung mit einem Löffel in die Mitte des Mehlberges. Man achtet darauf, daß die Tischplatte auf keinen Fall sichtbar wird.

Topfkuchen mit Guß
Rezept Seite 14

Marmorkuchen
Rezept Seite 14

Quarkblätterteig
Rezept Seite 58

Frankfurter Kranz
Rezept Seite 18

Königskuchen
Rezept Seite 15

Apfelsinen-schnitten
Rezept Seite 59

3. „ .. **Zucker, Gewürze, Eier und, je nach Rezept, Flüssigkeit werden hineingegeben ..“**
Man gibt die Zutaten in der angegebenen Reihenfolge in die Vertiefung. (Dabei in den Zucker wieder eine Vertiefung drücken!) Eier werden immer vor der Zugabe einzeln über einer Tasse aufgeschlagen und geprüft, ob sie frisch sind. Falls Flüssigkeit vorgeschrieben ist, gibt man sie auf den Zucker. Sollte es sich um mehrere Eßlöffel handeln, gibt man sie langsam hinzu und arbeitet jeden einzelnen unter das Mehl und den Zucker, bevor der nächste folgt (siehe Punkt 4).

4. „ .. **und mit einem Teil des Mehls zu einem dicken Brei verarbeitet ..“**
Man nimmt eine Gabel und verarbeitet Zucker, Gewürze, Eier und Flüssigkeit zusammen mit einem Teil des Mehls zu einem dicken Brei (Mehl schnell einarbeiten!). Wichtig ist, daß der Brei dick genug wird, da sonst die Weiterverarbeitung erschwert wird.

5. „ .. **Darauf gibt man die in Stücke geschnittene, kalte Butter (Margarine, Schweineschmalz) und, je nach Rezept, die Früchte ..“**
Für das Gelingen eines einwandfreien Knetteiges ist kalte, feste Butter (Margarine, Schweineschmalz) Voraussetzung. Zu weiches Fett ergibt einen klebrigen Teig, der sich schwer verarbeiten läßt. Mehr Mehl, als im Rezept angegeben, darf bei fettreichen Teigen nicht genommen werden, da der Teig dadurch krümelig und das Gebäck hart wird. Man schneidet das f e s t e Fett in kleine Stücke, bevor es auf den Brei gelegt wird (verteilt sich gleichmäßiger). Sind Früchte vorgeschrieben, so werden sie auf das Fett gegeben.

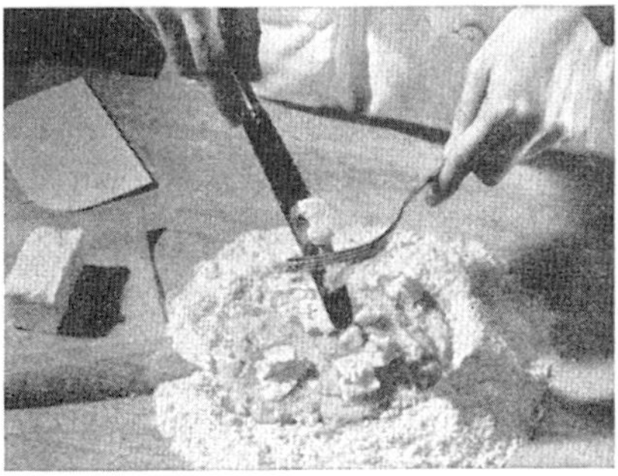

6. „ .. **bedeckt sie mit Mehl ..“**
Das Fett wird anschließend mit Mehl bedeckt, damit es beim Kneten gegen die Handwärme geschützt ist.

7. „ .. drückt alles zu einem Kloß zusammen.."

Damit schon vor dem Kneten ein größerer Zusammenhalt unter den Zutaten entsteht, drückt man sie ringsherum zu einem Kloß zusammen.

8. „ .. und verknetet von der Mitte aus alle Zutaten schnell zu einem glatten Teig.."

Das Kneten zerfällt in drei Arbeitsgänge, in: Aufheben, Andrücken und Drehen (Abs. a–c).

a) Das Aufheben des Teiges:

Man faßt mit gestreckten, geschlossenen Fingern unter den Teig, der Daumen liegt lose auf der oberen Teigseite; man hebt den Teig zur Hälfte hoch und schlägt ihn über den liegengebliebenen Teig. Wichtig ist, daß man den Teig nur lose anfaßt, um ihn nicht unnötig zu erwärmen.

b) Das Andrücken des Teiges:

Das Andrücken wird nur mit dem Handballen ausgeführt, damit der Teig nicht zu weich wird. Die ganze Handfläche oder die Finger dürfen niemals den Teig beim Andrücken berühren, deswegen hält man die Finger möglichst hoch vom Teig ab.

c) Das Drehen des Teiges:

Man legt die inneren Handflächen leicht an den Teig und bewegt ihn so, daß er eine Vierteldrehung nach rechts macht. Hierbei wird er jedesmal auf der Tischplatte bewegt, nimmt etwas Mehl auf und kann nicht festkleben.

d) Die drei Knetbewegungen werden so lange wiederholt, bis ein glatter Teig entstanden ist. Hin und wieder schiebt man das Mehl mit einem Teigschaber zusammen, damit alles Mehl aufgebraucht wird.

9. „.. Man formt ihn zu einer Rolle. Sollte der Teig kleben, stellt man ihn eine Zeitlang kalt oder gibt noch etwas Mehl hinzu."

Damit man den Teig besser ausrollen kann, formt man ihn zu einer Rolle. Das Kleben fettreicher Teige wird durch Kaltstellen beseitigt. An wasserreiche (milchreiche) Teige gibt man noch etwas Mehl. Bevor man den Teig ausrollt, reinigt man das Backbrett (Tischplatte) von Teigresten, damit er nicht kleben kann, und bemehlt es gleichmäßig.

10. Um die Teigbeschaffenheit beim Ausrollen nicht zu verderben, rollt man nicht zu große Teigstücke aus (besonders bei Kleingebäck). Beim Ausrollen muß sich das Rollholz wirklich drehen und leicht über den Teig gehen (nicht zu stark drücken!).

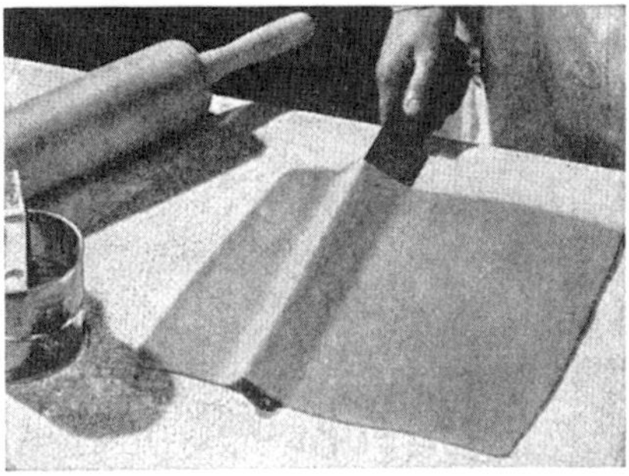

11. Während des Ausrollens geht man ab und zu mit einem Pfannenmesser unter dem Teig her, damit er sofort gelöst wird, wenn er irgendwo kleben sollte.

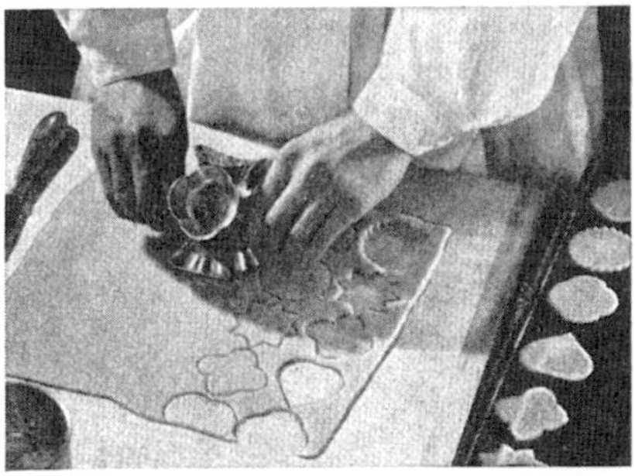

12. a) Für Kleingebäck sticht man den Teig so aus, daß möglichst wenig Abfall entsteht, denn Knetteig wird durch erneutes Zusammenkneten und Ausrollen nicht besser.

b) Knetteigböden für Obsttorten werden entweder in Springformen oder in gefetteten Tortenbodenformen gebacken. Bei einer Springform rollt man 2/3 der angegebenen Teigmenge auf dem Boden der Form aus. Der Rest des Teiges wird zu einer Rolle geformt, als Rand auf den Boden gelegt und mit 2 Fingern so an den Springformrand gedrückt, daß der Rand etwa 3 cm hoch wird. Danach sticht man den Boden mehrmals mit einer Gabel ein, damit der Boden keine Luftblasen bekommt.

Das Backen von Knetteigen

Knetteig stellt man am besten in einen vorgeheizten Backofen. Er wird im allgemeinen bei guter Mittelhitze oder starker Hitze gebacken. (Siehe Tabellen für Backhitze S. 5 u. 7.) Wenn das Gebäck gebacken ist, wird es sofort aus der Form gelöst oder vom Backblech genommen. Dann legt man es (Kleingebäck einzeln nebeneinander) auf einen Drahtrost zum Auskühlen.

Geformte Kuchen und Brot

Haselnußkranz (Abb. zwischen S. 96 und 97)

Teig I: 300 g Weizenmehl, 6 g (2 gestrichene Teel.) Dr. Oetker Backpulver „Backin", 100 g Zucker, 1 Päckchen Dr. Oetker Vanillin-Zucker, 4 Eßl. Milch, 100 g Butter oder Margarine.

oder

Teig II: 300 g Weizenmehl, 6 g (2 gestrichene Teel.) Dr. Oetker Backpulver „Backin", 100 g Zucker, 1 Päckchen Dr. Oetker Vanillin-Zucker, 1 Ei, 2 Eßl. Milch oder Wasser, 125 g Butter oder Margarine.

Füllung: 200 g Haselnußkerne, 100 g Zucker, 4–5 Tropfen Dr. Oetker Backöl Bittermandel, 1 Eiweiß, 4–5 Eßl. Wasser.

Zum Bestreichen: 1 Eigelb, 1 Eßl. Milch.

Mehl und „Backin" werden gemischt und auf ein Backbrett gesiebt. In die Mitte wird eine Vertiefung eingedrückt, Zucker, Vanillin-Zucker und Milch (Ei und Milch) werden hineingegeben und mit einem Teil des Mehls zu einem dicken Brei verarbeitet. Darauf gibt man das in Stücke geschnittene, kalte Fett, bedeckt es mit Mehl, drückt alles zu einem Kloß zusammen und verknetet von der Mitte aus alle Zutaten schnell zu einem glatten Teig. Sollte er kleben, stellt man ihn eine Zeitlang kalt. Der Teig wird zu einem Rechteck in der Größe von etwa 35 x 45 cm ausgerollt.

Für die Füllung verrührt man die gemahlenen Haselnußkerne, den Zucker, das Backöl und das Eiweiß mit so viel Wasser, daß eine geschmeidige Masse entsteht. Sie wird mit einem Teigschaber, den man häufig in Wasser taucht, auf den ausgerollten Teig gestrichen. Man rollt den Teig von der längeren Seite her auf, legt ihn als Kranz auf ein gefettetes Backblech, bestreicht ihn mit verquirltem Eigelb und schneidet den Außenrand in gleichmäßigen Abständen etwa ½ cm tief ein.

Backzeit: 30–35 Minuten bei guter Mittelhitze.

Kranzkuchen

Teig I: 300 g Weizenmehl, 6 g (2 gestrichene Teel.) Dr. Oetker Backpulver „Backin", 100 g Zucker, 1 Päckchen Dr. Oetker Vanillin-Zucker, 4 Eßl. Milch, 100 g Butter oder Margarine.

oder

Teig II: 300 g Weizenmehl, 6 g (2 gestrichene Teel.) Dr. Oetker Backpulver „Backin", 100 g Zucker, 5 Tropfen Dr. Oetker Backöl Zitrone, 1 Ei, 2 Eßl. Milch oder Wasser, 125 g Butter oder Margarine.

Füllung: 65 g Rosinen, 65 g Korinthen, 65 g feingehackte Mandeln, 2 Tropfen Dr. Oetker Backöl Bittermandel, 65 g Zucker.

Zum Bestreichen: 1 Eigelb und 1 Eßl. Milch oder etwas Milch.

Zum Bestäuben: Etwas Puderzucker.

Die Herstellung des Teiges erfolgt nach den Angaben für Haselnußkranz (S. 36).

Man rollt den Teig zu einem Rechteck in der Größe von etwa 35×45 cm aus.

Für die Füllung werden die angegebenen Zutaten vermischt und gleichmäßig auf dem Teig verteilt. Man rollt den Teig von der längeren Seite her auf, legt ihn als Kranz auf ein gefettetes Backblech, bestreicht ihn mit verquirltem Eigelb oder mit Milch und schneidet den Außenrand in gleichmäßigen Abständen etwa ½ cm tief ein.

Backzeit: 30–35 Minuten bei guter Mittelhitze.

Den ausgekühlten Kranzkuchen bestäubt man mit Puderzucker.

Osterzopf

Teig: 500 g Weizenmehl, 1 Päckchen Dr. Oetker Backpulver „Backin", 200 g Zucker, 1 Päckchen Dr. Oetker Vanillin-Zucker, etwas Salz, 4 Tropfen Dr. Oetker Backöl Bittermandel, 1 Fläschchen Dr. Oetker Rum-Aroma, 4 Tropfen Dr. Oetker Backöl Zitrone, 1 Messerspitze gemahlener Kardamom, 1 Messerspitze Muskatblüte, 2 Eier, 175 g Butter oder Margarine, 250 g trockener Quark (Topfen), 125 g Korinthen, 125 g Rosinen, 125 g Mandeln oder Haselnußkerne, 40 g Zitronat (Sukkade).

Zum Bestreichen: 1 Teel. Milch.

Zum Verzieren: Einige abgezogene, halbierte Mandeln.

Aprikosenglasur: 1 Teel. Dr. Oetker „Regina"-Gelatine gemahlen, weiß, 2 Eßl. Wasser, 1 Eßl. Aprikosenmarmelade, etwas in kleine Streifen geschnittenes Zitronat.

Mehl und „Backin" werden gemischt und auf ein Backbrett gesiebt. In die Mitte wird eine Vertiefung eingedrückt, Zucker, Gewürze und Eier werden hineingegeben und mit einem Teil des Mehls zu einem dicken Brei verarbeitet. Darauf gibt man das in Stücke geschnittene, kalte Fett, den durch ein Sieb gestrichenen Quark, die gereinigten Korinthen und Rosinen, die gemahlenen Mandeln (Haselnußkerne) und das in kleine Würfel geschnittene Zitronat. Man bedeckt die Früchte mit Mehl, drückt alles zu einem Kloß zusammen und verknetet von der Mitte aus alle Zutaten schnell zu einem glatten Teig. Sollte er kleben, gibt man noch etwas Mehl hinzu.

Aus ⅔ des Teiges formt man drei etwa 45 cm lange Rollen, legt sie als Zopf auf ein mit gefettetem Pergamentpapier belegtes Backblech, drückt der Länge nach mit einem Rollholz eine Vertiefung ein und bestreicht die Vertiefung mit Milch. Der Rest des Teiges wird in 3 gleichmäßig große Stücke geteilt und zu etwa 40 cm langen Rollen geformt. Man macht einen Zopf daraus und legt ihn auf den größeren. Der Osterzopf wird mit halbierten Mandeln verziert.

Backzeit: Etwa 75 Minuten bei schwacher Mittelhitze (s. Stollen Backtabelle S. 5).

Sogleich nach dem Backen bestreicht man den Zopf mit der Aprikosenglasur, die man folgendermaßen hergestellt hat: Die „Regina"-Gelatine wird mit dem kalten Wasser angerührt. Man läßt sie darin etwa 10 Minuten quellen, erwärmt sie vorsichtig, bis sie vollkommen gelöst ist, und rührt dann die Aprikosenmarmelade darunter. Der Zopf wird mit dem in Streifen geschnittenen Zitronat belegt.

Strudelteig

Teig I: 250 g Weizenmehl, 1 Prise Salz, 1 Ei, 5 Eßl. lauwarmes Wasser, 1 Teel. zerlassene Butter, Margarine, Schweineschmalz oder Öl.

oder

Teig II: 250 g Weizenmehl, 1 Prise Salz, 7 Eßl. lauwarmes Wasser, 50 g zerlassene Butter, Margarine, Schweineschmalz oder 3 Eßl. Öl.

Das Mehl wird auf ein Backbrett gesiebt. In die Mitte wird eine Vertiefung eingedrückt, Salz und Ei (oder nur das Salz!) werden hineingegeben und unter langsamer Zugabe des Wassers und des zerlassenen Fettes oder des Öls mit einem Teil des Mehls zu einem dicken Brei verarbeitet. Man bedeckt ihn mit Mehl, drückt alles zu einem Kloß zusammen und verknetet von der Mitte aus alle Zutaten zu einem glatten Teig. Er wird auf Pergamentpapier in einen heißen, trockenen Emaille-Kochtopf (vorher Wasser darin kochen!) gelegt. Man verschließt den Topf mit einem Deckel und läßt den Teig ½ Stunde ruhen.

Aus diesen Strudelteigen kann man die nachfolgenden Strudel herstellen:

Wiener Apfelstrudel

Teig: 1 Rezept Strudelteig II (siehe oben), 75 g zerlassene Butter oder Margarine zum Bestreichen.

Füllung: 1–1½ kg Äpfel, 1 Fläschchen Dr. Oetker Rum-Aroma, 3 Tropfen Dr. Oetker Backöl Zitrone, 50 g Semmelmehl, 100 g Zucker, 1 Päckchen Dr. Oetker Vanillin-Zucker, 50 g Rosinen, 50 g Mandeln.

Für die Füllung werden die Äpfel geschält, vom Kerngehäuse befreit und in feine Scheiben geschnitten; die Gewürze werden darunter gemischt.

Man rollt den Strudelteig etwas auf einem bemehlten, großen weißen Tuch (Tischtuch) aus, bestreicht ihn dünn mit etwas zerlassenem Fett und zieht ihn dann mit den Händen zu einem Rechteck (in einer Größe von etwa 50×70 cm) aus; er muß durchsichtig sein. Sollten die Ränder dicker als der Teig in der Mitte sein, müssen sie abgeschnitten werden. Man bestreicht den Strudelteig mit gut ⅔ des zerlassenen Fettes, dann streut man das Semmelmehl, von einer der längeren Seiten ausgehend, auf ⅔ des ausgezogenen Strudelteiges (an den kürzeren Seiten dabei etwa 3 cm Teig frei lassen!). Die Äpfel werden auf das Semmelmehl gegeben und mit Zucker, Vanillin-Zucker, gewaschenen, abgetrockneten Rosinen und abgezogenen, gehackten Mandeln bestreut. Man schlägt die etwa 3 cm breiten, freigebliebenen Teigränder auf die Füllung und rollt den Strudelteig von der längeren Seite her, mit der Füllung beginnend, auf. Der Strudelteig wird an den Enden gut angedrückt, auf ein gefettetes Backblech gelegt und mit etwas zerlassenem Fett bestrichen.

Backzeit: 50–60 Minuten bei guter Mittelhitze.

Damit der Strudel eine mürbere Kruste bekommt, bestreicht man ihn während des Backens ab und zu mit dem Rest des zerlassenen Fettes.

Veränderung: Man kann auch aus den angegebenen Zutaten an Stelle eines großen Strudels zwei kleinere herstellen. Sie werden nebeneinander auf ein Backblech gelegt und zusammen gebacken.

 Beachten Sie bitte die Backtabellen auf den Seiten 5 und 7 ◀

Wiener Mohnstrudel

Teig: 1 Rezept Strudelteig II (S. 38), 50 g zerlassene Butter oder Margarine zum Bestreichen.

Füllung: 250 g Mohn, 125 g Zucker, 1 Päckchen Dr. Oetker Vanillin-Zucker, 4 Tropfen Dr. Oetker Backöl Zitrone, ½ gestrichener Teel. Zimt, 50 g Butter oder Margarine, knapp ¼ l Milch, 50 g Rosinen.

Für die Füllung wird der Mohn gemahlen und mit Zucker und Gewürzen gemischt. Man rührt das zerlassene Fett und so viel von der heißen Milch darunter, daß die Masse gerade streichfähig, aber nicht weich ist. Danach wird die Füllung kalt gestellt.

Man rollt den Strudelteig etwas auf einem bemehlten, großen weißen Tuch (Tischtuch) aus, bestreicht ihn dünn mit etwas zerlassenem Fett und zieht ihn dann mit den Händen zu einem Rechteck (in einer Größe von etwa 50×70 cm) aus; er muß durchsichtig sein. Sollten die Ränder dicker als der Teig in der Mitte sein, müssen sie abgeschnitten werden. Man bestreicht den Strudelteig mit gut der Hälfte des zerlassenen Fettes, dann streicht man die Mohnmasse, von einer der längeren Seiten ausgehend, auf ⅔ des ausgezogenen Strudelteiges (an den kürzeren Seiten dabei etwa 3 cm Teig frei lassen!) und bestreut sie mit den gewaschenen, abgetrockneten Rosinen. Die etwa 3 cm breiten, frei gebliebenen Teigränder werden auf die Füllung geschlagen. Der Strudelteig wird von der längeren Seite her, mit der Füllung beginnend, aufgerollt. Man drückt den Strudel an den Enden gut zusammen, legt ihn auf ein gefettetes Backblech und bestreicht ihn mit etwas zerlassenem Fett.

Backzeit: Etwa 50 Minuten bei guter Mittelhitze.

Damit der Strudel eine mürbere Kruste bekommt, bestreicht man ihn während des Backens ab und zu mit dem Rest des zerlassenen Fettes.

Veränderung: Man kann auch aus den angegebenen Zutaten an Stelle eines großen Strudels zwei kleinere herstellen. Sie werden nebeneinander auf ein Backblech gelegt und zusammen gebacken.

Wiener Quarkstrudel

Teig: 1 Rezept Strudelteig I (S. 38), 50 g zerlassene Butter oder Margarine zum Bestreichen.

Füllung: 75 g Butter oder Margarine, 75 g Zucker, 2 Eier, 5 Tropfen Dr. Oetker Backöl Zitrone, 375 g Quark (Topfen), 1 Päckchen Dr. Oetker Soßen-Pulver Vanille-Geschmack, etwa 5 Eßl. Sahne oder Milch, 50 g Rosinen.

Für die Füllung rührt man das Fett schaumig und gibt nach und nach den Zucker, die Eier, das Backöl, den durch ein Sieb gestrichenen Quark und das Soßen-Pulver hinzu. Von der Sahne oder Milch wird so viel darunter gerührt, daß die Masse eine kartoffelbreiähnliche Beschaffenheit erhält.

Man rollt den Strudelteig etwas auf einem bemehlten, großen weißen Tuch (Tischtuch) aus, bestreicht ihn dünn mit etwas zerlassenem Fett und zieht ihn dann mit den Händen zu einem Rechteck (in einer Größe von etwa 50×70 cm) aus; er muß durchsichtig sein. Sollten die Ränder dicker als der Teig in der Mitte sein, müssen sie abgeschnitten werden. Man bestreicht den Strudelteig mit gut der Hälfte des zerlassenen Fettes, dann streicht man die Quarkmasse, von einer der längeren Seiten ausgehend, auf ⅔ des ausgezogenen Strudelteiges (an den kürzeren Seiten dabei etwa 3 cm Teig

▶ *Beachten Sie bitte die Backtabellen auf den Seiten 5 und 7*

frei lassen!) und bestreut sie mit den gewaschenen Rosinen. Die etwa 3 cm breiten, frei gebliebenen Teigränder werden auf die Füllung geschlagen. Der Strudelteig wird von der längeren Seite her, mit der Füllung beginnend, aufgerollt. Man drückt den Strudel an den Enden gut zusammen, legt ihn auf ein gefettetes Backblech und bestreicht ihn mit etwas zerlassenem Fett.

Backzeit: Etwa 50 Minuten bei guter Mittelhitze.

Damit der Strudel eine mürbere Kruste bekommt, bestreicht man ihn während des Backens ab und zu mit dem Rest des zerlassenen Fettes.

Veränderung: Man kann auch aus den angegebenen Zutaten an Stelle eines großen Strudels zwei kleinere herstellen. Sie werden nebeneinander auf ein Backblech gelegt und zusammen gebacken.

Apfel- oder Kirschrollen

Teig: 300 g Weizenmehl, 1 Päckchen Dr. Oetker Backpulver „Backin", 75 g Zucker, 3 Tropfen Dr. Oetker Backöl Bittermandel, etwas Salz, 1 Ei, 100 g Butter oder Margarine, 125 g **trockener** Quark.

Apfelfüllung: 1½ kg Äpfel, 75 g (3 gut gehäufte Eßl.) Zucker, 50 g Rosinen, 3–4 Tropfen Dr. Oetker Backöl Zitrone.

oder

Kirschfüllung: 1½ kg Sauerkirschen, 125 g Zucker, 50 g Dr. Oetker „Gustin".

Zum Bestreichen: Etwas gezuckerte Milch.

Zum Bestreuen: Etwas Hagelzucker.

Mehl und „Backin" werden gemischt und auf ein Backbrett gesiebt. In die Mitte wird eine Vertiefung eingedrückt, Zucker, Gewürze und Ei werden hineingegeben und mit einem Teil des Mehls zu einem dicken Brei verarbeitet. Darauf gibt man das in Stücke geschnittene, kalte Fett und den durch ein Sieb gestrichenen Quark, bedeckt ihn mit Mehl, drückt alles zu einem Kloß zusammen und verknetet von der Mitte aus alle Zutaten schnell zu einem glatten Teig. Sollte er kleben, gibt man noch etwas Mehl hinzu.

Für die Apfelfüllung werden die Äpfel geschält, vom Kerngehäuse befreit, in Stücke geschnitten und mit dem Zucker und den gewaschenen Rosinen bei schwacher Hitze unter Rühren leicht gedünstet. Dann werden die Äpfel mit dem Backöl abgeschmeckt und kalt gestellt.

Für die Kirschfüllung wäscht man die Kirschen, entsteint sie, vermischt sie mit dem Zucker und läßt sie kurze Zeit zum Saftziehen stehen. Danach werden sie nur eben zum Kochen gebracht und auf ein Sieb zum Abtropfen gegeben. Wenn Saft und Kirschen kalt sind, mißt man ¼ l von dem Kirschsaft ab (gegebenenfalls mit Wasser ergänzen!) und rührt mit 4 Eßl. davon das „Gustin" an. Danach wird der Kirschsaft erhitzt, sobald er kocht, gibt man das angerührte „Gustin" unter Rühren hinein, läßt einmal kurz aufkochen, rührt die Kirschen darunter und stellt sie kalt.

Der Teig wird in 2 gleiche Teile geteilt, jedes Stück wird zu einem Rechteck in der Größe von etwa 40×30 cm ausgerollt. Man streicht auf jedes Teigrechteck in der Breite von etwa 4 cm der Länge nach bergförmig die Hälfte der Füllung, läßt dabei zum Rand hin 1 Teigstreifen von gut 5 cm frei, schlägt diesen auf die Füllung und rollt sie in Teig ein. Die Teigrollen werden an den Enden zusammengedrückt, etwas platt

 Beachten Sie bitte die Backtabellen auf den Seiten 5 und 7 ◀

gedrückt, mit Milch bestrichen, mit Hagelzucker bestreut und mit einem kleinen, scharfen Messer nur obenauf der Breite nach in Abständen von knapp 3 cm etwa ½ cm tief eingeschnitten. Sie werden auf ein gefettetes Backblech gelegt.

Backzeit: Etwa 20 Minuten bei starker Hitze.

Die erkalteten Rollen werden in gleichmäßig breite Stücke von 1 ½–2 cm geschnitten.

Weißbrot

450 g Weizenmehl, 50 g Dr. Oetker „Gustin", 1 Päckchen Dr. Oetker Backpulver „Backin", 25 g (1 gut gehäufter Eßl.) Zucker, 1 Teel. Salz, 25 g Butter oder Margarine, knapp ⅜ l Milch, nach Belieben 75–125 g Korinthen.

¾ des mit „Gustin" und „Backin" gemischten und gesiebten Mehls und die Gewürze werden in eine Schüssel gegeben und nach und nach mit dem flüssigen, abgekühlten Fett und der Milch verrührt. Darunter knetet man den Rest des Mehls und evtl. die gereinigten Korinthen. Sollte der Teig kleben, gibt man noch etwas Mehl hinzu. Der Teig wird in eine Kastenform gefüllt, der Länge nach etwa 1 cm tief eingeschnitten und mit Milch bepinselt.

Backzeit: Etwa 60 Minuten bei schwacher Mittelhitze.

Quarkweißbrot

Teig: 50g Butter oder Margarine, 50g Zucker, etwas Salz, 250g trockener Quark*) (Topfen), 500 g Weizenmehl, 2 Päckchen Dr. Oetker Backpulver „Backin", 7 Eßl. Milch oder Milch, gemischt mit Quarkmolke*).

Zum Bestreichen: Etwas Milch.

*) Der Quark muß in einem festen Tuch gut ausgedrückt werden; erst dann wird er gewogen (deswegen bei feuchtem Quark mehr kaufen). Die ausgepreßte Flüssigkeit, die Quarkmolke, kann mit zum Teig verwendet werden.

Man rührt das Fett schaumig und gibt nach und nach den Zucker, das Salz und den durch ein Sieb gestrichenen Quark hinzu. ⅔ des mit „Backin" gemischten und gesiebten Mehls werden abwechselnd mit der Flüssigkeit untergerührt. Den Rest des Mehls schüttet man auf ein Backbrett, gibt darauf den Teigbrei und verknetet ihn mit dem Mehl zu einem festen Teig. (Zum Schluß läßt sich das Mehl schwer unterarbeiten, jedoch keine Flüssigkeit mehr zusetzen. Mehl muß so unter den Teig geknetet werden!). Man füllt den Teig in eine gefettete Kastenform, schneidet ihn der Länge nach etwa 1 cm tief ein und bepinselt ihn mit Milch.

Backzeit: Etwa 60 Minuten bei schwacher Mittelhitze.

Zwieback

Teig: 1 Rezept Quarkweißbrot (siehe oben).

Zum Bepinseln: Etwas Milch.

Man füllt den Teig in eine gefettete Kastenform und bepinselt ihn mit Milch.

Backzeit: Etwa 60 Minuten bei schwacher Mittelhitze.

Am nächsten Tag wird das Weißbrot in zwiebackdicke Scheiben geschnitten, auf ein Backblech gelegt und bei leichter Hitze in 30–40 Minuten knusprig braun geröstet. Die Hitze darf auf keinen Fall zu stark sein, da die Zwiebäcke dann von außen sehr schnell bräunen, aber innen nicht durchrösten. Damit die Zwiebäcke nicht weich werden, muß man sie in einer gut schließenden Dose aufbewahren.

Gebäcke in Springformen

Obsttorte

Teig I: 200 g Weizenmehl, 3 g (1 gestrichener Teel.) Dr. Oetker Backpulver „Backin", 65 g Zucker, 1 Päckchen Dr. Oetker Vanillin-Zucker, 3 Eßl. Milch, 50 g Butter oder Margarine.

oder

Teig II: 150 g Weizenmehl, 1½ g (½ gestrichener Teel.) Dr. Oetker Backpulver „Backin", 65 g Zucker, 1 Päckchen Dr. Oetker Vanillin-Zucker, 1 kleines Ei, 65 g Butter oder Margarine; 1 gestrichener Eßl. Mehl für den Teigrand.

Belag: 500–750 g rohes, gedünstetes oder eingemachtes Obst (z. B. Äpfel, Aprikosen, Erdbeeren, Heidelbeeren, Kirschen, Pfirsiche, Stachelbeeren usw.).

Guß: 1 Päckchen Dr. Oetker Tortenguß, Wasser oder Fruchtsaft und Zucker nach Angabe auf dem Tortenguß-Beutel.

Verzierung: Einige in Scheiben geschnittene, gebräunte Mandeln oder Haselnußkerne.

Mehl und „Backin" werden gemischt und auf ein Backbrett gesiebt. In die Mitte wird eine Vertiefung eingedrückt, Zucker, Vanillin-Zucker und Milch oder Ei werden hineingegeben und mit einem Teil des Mehls zu einem dicken Brei verarbeitet. Darauf gibt man das in Stücke geschnittene, kalte Fett, bedeckt es mit Mehl, drückt alles zu einem Kloß zusammen und verknetet von der Mitte aus alle Zutaten schnell zu einem glatten Teig. Sollte er kleben, stellt man ihn eine Zeitlang kalt. ²/₃ des Teiges rollt man auf dem Boden einer Springform (Durchmesser etwa 26 cm) aus. Den Rest formt man zu einer Rolle (unter den Rest des 2. Teiges vorher einen gestrichenen Eßl. Mehl kneten!), legt sie als Rand auf den Boden und drückt sie so an die Form, daß der Rand knapp 3 cm hoch wird. Der Teigboden wird mehrmals mit einer Gabel eingestochen. Man backt den Boden goldgelb.

Backzeit: 20–25 Minuten bei guter Mittelhitze.

Für den Belag kann man **weiches** Obst roh verwenden. Man bereitet es folgendermaßen vor: Aprikosen, Erdbeeren, Heidelbeeren oder Pfirsiche werden gewaschen, gut abgetropft und entsteint, entstielt oder verlesen.

Gedünstetes oder **eingemachtes** Obst läßt man auf einem Sieb gut abtropfen. (Äpfel schälen, in Viertel oder Achtel schneiden und in Zuckerwasser vorsichtig gar kochen! Für die „Falsche Ananastorte" Äpfel schälen, mit einem Apfelbohrer das Kerngehäuse ausstechen, etwa 1 cm dicke Apfelringe schneiden, diese in kochendes Zuckerwasser geben und fast gar kochen!).

Die vorbereiteten Früchte werden dann auf den Tortenboden gelegt.

Den Guß stellt man nach der Gebrauchsanweisung auf der Packung her.

Zur Verzierung kann man die in Scheiben geschnittenen Mandeln oder Haselnußkerne am Rand auf die Torte streuen.

Beachten Sie bitte die Backtabellen auf den Seiten 5 und 7 ◀

Apfeltorte mit Weinkrem

Boden: 1 Rührteig- (S. 19) oder 1 Knetteigboden (S. 42).

Füllung: 750 g Äpfel, 50 g Zucker, 1 gehäufter Eßl. Rosinen.

Weinkrem: ¼ l Weißwein, etwa 50 g (2 gut gehäufte Eßl.) Zucker, ½ Päckchen Dr. Oetker Fruttina-Pudding-Pulver Zitrone-Geschmack, 2 Eier.

Zum Bestreuen: Gehackte Mandeln.

Für die Füllung werden die Äpfel geschält, vom Kerngehäuse befreit, in Stücke geschnitten und mit dem Zucker und den gereinigten Rosinen bei schwacher Hitze unter Rühren leicht gedünstet (Äpfel dürfen nicht zerfallen!). Die erkalteten Äpfel werden auf den Tortenboden gegeben und glattgestrichen.

Für den Weinkrem schmeckt man den Wein mit Zucker ab. Pudding-Pulver und Eigelb werden mit 4 Eßl. von dem Wein verquirlt. Den übrigen Wein erhitzt man. Sobald er kocht, nimmt man ihn von der Kochstelle, gibt das verquirlte Pudding-Pulver unter Rühren hinein und läßt noch einmal kurz aufkochen. Das zu steifem Schnee geschlagene Eiweiß hebt man nach dem Kochen darunter. Der heiße Weinkrem wird auf den mit Äpfeln belegten Tortenboden gegeben und glattgestrichen.

Man bestreut die erkaltete Torte am Rand mit gehackten Mandeln.

Obsttorte mit Streusel

Teig I: 200 g Weizenmehl, 3 g (1 gestrichener Teel.) Dr. Oetker Backpulver „Backin", 65 g Zucker, 1 Päckchen Dr. Oetker Vanillin-Zucker, 3 Eßl. Milch oder Wasser, 50 g Butter, Margarine oder Schweineschmalz.

oder

Teig II: 150 g Weizenmehl, 1½ g (½ gestrichener Teel.) Dr. Oetker Backpulver „Backin", 65 g Zucker, 1 Päckchen Dr. Oetker Vanillin-Zucker, 1 kleines Ei, 65 g Butter oder Margarine, 1 Eßl. Mehl für den Teigrand.

Füllung: 500–750 g Äpfel oder Pflaumen.

Streusel: 150 g Weizenmehl, 75–100 g Zucker, 1 Päckchen Dr. Oetker Vanillin-Zucker, 1 Messerspitze Zimt, 75–100 g Butter oder Margarine.

Mehl und „Backin" werden gemischt und auf ein Backbrett gesiebt. In die Mitte wird eine Vertiefung eingedrückt, Zucker, Vanillin-Zucker und Milch oder Ei werden hineingegeben und mit einem Teil des Mehls zu einem dicken Brei verarbeitet. Darauf gibt man das in Stücke geschnittene, kalte Fett, bedeckt es mit Mehl, drückt alles zu einem Kloß zusammen und verknetet von der Mitte aus alle Zutaten schnell zu einem glatten Teig. Sollte er kleben, stellt man ihn eine Zeitlang kalt. ⅔ des Teiges rollt man auf dem Boden einer Springform (Durchmesser etwa 26 cm) aus. Den Rest formt man zu einer Rolle (unter Teig II einen gestr. Eßl. Mehl kneten), legt sie als Rand auf den Boden und drückt sie so an die Form, daß der Rand etwa 3 cm hoch wird (s. Abb. S. 35). Der Teigboden wird mehrmals mit einer Gabel eingestochen. Man backt ihn hellgelb.

Backzeit: Etwa 15 Minuten bei guter Mittelhitze.

Für die Füllung schält man die Äpfel und schneidet sie in kleine Stücke. Die Pflaumen werden gewaschen, entsteint und in Viertel geschnitten. Man gibt die Äpfel oder die Pflaumen gleichmäßig auf den Boden.

Für den Streusel wird das Mehl in eine Schüssel gesiebt und mit Zucker, Vanillin-Zucker und Zimt vermischt. Man gibt das Fett in kleinen Flöckchen dazu und vermengt alle Zutaten mit den Händen oder mit 2 Gabeln zu Streuseln. Sie werden gleichmäßig auf den mit Obst belegten Tortenboden gegeben.

Backzeit: Noch 20–30 Minuten bei guter Mittelhitze (vorwiegend Oberhitze).

Schwäbischer Obstkuchen

Teig: 200 g Weizenmehl, 3 g (1 gestrichener Teel.) Dr. Oetker Backpulver „Backin", 75 g Zucker, 1 Päckchen Dr. Oetker Vanillin-Zucker, 1 Eigelb, 2 Eßl. Milch, 75 g Butter oder Margarine, 1 Eßl. Mehl für den Teigrand.

Zum Bestreuen: 30 g Semmelmehl.

Belag: 500 g Obst (Äpfel, Heidelbeeren, Johannisbeeren, Sauerkirschen usw.); 2 Eigelb, 1 Eßl. warmes Wasser, 75 g Zucker, 3 Eiweiß, 50 g Dr. Oetker „Gustin", 50 g gemahlene Mandeln.

Mehl und „Backin" werden gemischt und auf ein Backbrett gesiebt. In die Mitte wird eine Vertiefung eingedrückt, Zucker, Vanillin-Zucker, Eigelb und Milch werden hineingegeben und mit einem Teil des Mehls zu einem dicken Brei verarbeitet. Darauf gibt man das in Stücke geschnittene, kalte Fett, bedeckt es mit Mehl, drückt alles zu einem Kloß zusammen und verknetet von der Mitte aus alle Zutaten schnell zu einem glatten Teig. Sollte er kleben, stellt man ihn eine Zeitlang kalt. ⅔ des Teiges rollt man auf dem Boden einer Springform (Durchmesser etwa 26 cm) aus. Unter den Teigrest wird 1 Eßl. Mehl geknetet; er wird zu einer Rolle geformt, als Rand auf den Boden gelegt und so an die Form gedrückt, daß der Rand etwa 3 cm hoch wird. Man bestreut den Boden mit dem Semmelmehl.

Die Äpfel werden geschält und in kleine Scheiben geschnitten, die Heidelbeeren verlesen, gewaschen und gut abgetropft, die Johannisbeeren gewaschen und von den Stielen abgestreift, die Kirschen gewaschen und entsteint. Man gibt das vorbereitete Obst auf den mit Semmelmehl bestreuten Tortenboden und verteilt es gleichmäßig darauf.

Man schlägt Eigelb und Wasser mit einem Schneebesen schaumig und gibt nach und nach ⅔ des Zuckers dazu. Danach schlägt man so lange, bis eine kremartige Masse entstanden ist. Das Eiweiß wird zu steifem Schnee geschlagen. Dann gibt man unter ständigem Schlagen nach und nach den Rest des Zuckers dazu. Der Schnee muß so fest sein, daß ein Schnitt mit einem Messer sichtbar bleibt. Er wird auf den Eigelbkrem gegeben. Darüber werden das „Gustin" und die gemahlenen Mandeln gegeben. Man zieht alles vorsichtig (nicht rühren!) unter den Eigelbkrem. Der Teig wird auf den mit Obst belegten Tortenboden gestrichen.

Backzeit: 30–40 Minuten bei guter Mittelhitze (evtl. Hitze nach 10 Minuten schwächer einstellen, besonders die Oberhitze).

Apfeltorte, gedeckt (Abb. zwischen S. 64 und 65)

Teig I: 300 g Weizenmehl, 6 g (2 gestrichene Teel.) Dr. Oetker Backpulver „Backin", 100 g Zucker, 1 Päckchen Dr. Oetker Vanillin-Zucker, etwas Salz, 5 Eßl. Milch oder 2 Eßl. Milch und 1 Ei, 50 g Butter, Margarine oder Schweineschmalz.

oder

Teig II: 300 g Weizenmehl, 6 g (2 gestrichene Teel.) Dr. Oetker Backpulver „Backin", 100 g Zucker, 1 Päckchen Dr. Oetker Vanillin-Zucker, etwas Salz, 1 Eiweiß, ½ Eigelb, 1 Eßl. Milch, 150 g Butter oder Margarine.

 Beachten Sie bitte die Backtabellen auf den Seiten 5 und 7 ◀

Füllung: 1–1½ kg Äpfel, 1 Eßl. Wasser, 50–75 g (2–3 gehäufte Eßl.) Zucker, ½ Teel. gemahlener Zimt, 1–2 Eßl. Rosinen, einige Tropfen Dr. Oetker Rum-Aroma **oder** Backöl Zitrone.

Zum Bestreichen: Etwas gezuckerte Milch oder ½ Eigelb und 1 Eßl. Milch.

Mehl und „Backin" werden gemischt und auf ein Backbrett gesiebt. In die Mitte wird eine Vertiefung eingedrückt, Zucker, Vanillin-Zucker, Salz und Milch (Ei und Milch) werden hineingegeben und mit einem Teil des Mehls zu einem dicken Brei verarbeitet. Darauf gibt man das in Stücke geschnittene, kalte Fett, bedeckt es mit Mehl, drückt alles zu einem Kloß zusammen und verknetet von der Mitte aus alle Zutaten schnell zu einem glatten Teig. Sollte er kleben, knetet man unter Teig I noch etwas Mehl, Teig II stellt man eine Zeitlang kalt. Gut die Hälfte des Teiges rollt man auf dem Boden einer gefetteten Springform (Durchmesser etwa 26 cm) aus. Der Teigboden wird mehrmals mit einer Gabel eingestochen und hellgelb gebacken.

Backzeit: 10–15 Minuten bei guter Mittelhitze.

Für die Füllung werden die Äpfel geschält, vom Kerngehäuse befreit, in Stücke geschnitten und mit Wasser, 50 g Zucker, Zimt und den gewaschenen Rosinen bei schwacher Hitze unter Rühren leicht gedünstet. Danach stellt man die Füllung kalt. Die erkalteten Äpfel werden mit Zucker und Aroma oder Backöl abgeschmeckt.

Aus dem übrigen Teig rollt man eine Platte in der Größe der Springform, außerdem formt man aus den Teigresten eine fingerdicke Rolle. Sie wird als Rand auf den vorgebackenen Boden gelegt und so an die Form gedrückt, daß der Rand etwa 3 cm hoch wird. Man streicht die kalte Füllung auf den Boden. Die Teigplatte wird darauf gelegt, mit der gezuckerten Milch oder der verquirlten Eigelbmilch bestrichen und mit einer Gabel mehrmals eingestochen oder mit einem Backrädchen leicht eingerädert.

Backzeit: Noch 20–25 Minuten bei guter Mittelhitze.

Kirschtorte, gedeckt

Teig I: 300 g Weizenmehl, 6 g (2 gestrichene Teel.) Dr. Oetker Backpulver „Backin", 100 g Zucker, 1 Päckchen Dr. Oetker Vanillin-Zucker, etwas Salz, 5 Eßl. Milch oder 2 Eßl. Milch und 1 Ei, 50 g Butter, Margarine oder Schweineschmalz.

oder

Teig II: 300 g Weizenmehl, 6 g (2 gestrichene Teel.) Dr. Oetker Backpulver „Backin", 100 g Zucker, 1 Päckchen Dr. Oetker Vanillin-Zucker, etwas Salz, 1 Eiweiß, ½ Eigelb, 1 Eßl. Milch, 150 g Butter oder Margarine.

Füllung: 1 kg Sauerkirschen, 100–125 g Zucker, einige Tropfen Dr. Oetker Backöl Zitrone, 25 g Dr. Oetker „Gustin".

Zum Bestreichen: Etwas gezuckerte Milch oder ½ Eigelb und 1 Eßl. Milch.

Die Herstellung des Teiges richtet sich nach „Apfeltorte, gedeckt" (S. 44). Gut die Hälfte des Teiges rollt man auf dem Boden einer gefetteten Springform (Durchmesser etwa 26 cm) aus. Der Teigboden wird mehrmals mit einer Gabel eingestochen und hellgelb gebacken.

Backzeit: 10–15 Minuten bei guter Mittelhitze.

Für die Füllung werden die Kirschen entsteint, gezuckert und einige Zeit zum Saftziehen stehengelassen. Danach bringt man sie nur eben zum Kochen, gibt sie auf ein Sieb zum Abtropfen und läßt Saft und Kirschen kalt werden. Man mißt ¼ Liter von dem abgelaufenen, kalten Kirschsaft ab (gegebenenfalls mit Wasser ergänzen!), schmeckt mit Backöl Zitrone ab und rührt mit 4 Eßlöffel von dem Saft das „Gustin" an. Danach wird der Kirschsaft zum Kochen gebracht, sobald er kocht, nimmt man ihn von der Kochstelle, gibt das angerührte „Gustin" unter Rühren hinein und läßt noch einmal kurz aufkochen. Man gibt die gut abgetropften Kirschen darunter und stellt die Masse kalt.

Aus dem übrigen Teig rollt man eine Platte in der Größe der Springform, außerdem formt man aus den Teigresten eine fingerdicke Rolle. Sie wird als Rand auf den vorgebackenen Boden gelegt und so an die Form gedrückt, daß der Rand etwa 3 cm hoch wird. Man streicht die kalte Füllung auf den Boden. Die Teigplatte wird darauf gelegt, mit der gezuckerten Milch oder der verquirlten Eigelbmilch bestrichen und mit einer Gabel mehrmals eingestochen oder mit einem Backrädchen leicht eingerädert.

Backzeit: Noch 20–25 Minuten bei guter Mittelhitze.

Falsche Linzer Torte

Teig: 150 g Weizenmehl, 9 g (3 gestrichene Teel.) Dr. Oetker Backpulver „Backin", 150 g Haferflocken (zwischen den Händen zerrieben), 150 g Zucker, 4–6 Tropfen Dr. Oetker Backöl Bittermandel, 1 gestrichener Teel. gemahlener Zimt, etwas Salz, 1 Päckchen Dr. Oetker Soßen-Pulver Vanille-Geschmack oder ⅓ Päckchen Dr. Oetker Pudding-Pulver Vanille-Geschmack, 5 Eßl. Milch oder 2 Eßl. Milch und 1 Ei, 50 g Butter oder Margarine.

Füllung: Etwa 125 g Marmelade.

Mehl und „Backin" werden gemischt, auf ein Backbrett gesiebt und mit den Haferflocken vermengt. In die Mitte wird eine Vertiefung eingedrückt, Zucker, Gewürze, das mit der Milch angerührte Soßen- oder Pudding-Pulver und das Ei werden hineingegeben und mit einem Teil des Mehls und der Haferflocken zu einem dicken Brei verarbeitet. Darauf gibt man das in Stücke geschnittene, kalte Fett, bedeckt es mit Mehl, drückt alles zu einem Kloß zusammen und verknetet von der Mitte aus alle Zutaten schnell zu einem glatten Teig. Sollte er kleben, gibt man noch etwas Mehl hinzu.

Knapp die Hälfte des Teiges wird zu einer Platte in der Größe der Springform (Durchmesser etwa 26 cm) ausgerollt und in 16–20 gleichmäßig breite Streifen gerädert. Man rollt den übrigen Teig auf dem gefetteten Springformboden aus, bestreicht ihn mit der Marmelade, wobei man ringsherum am Rand etwa 1 cm Teig frei läßt, und legt die Teigstreifen gitterförmig über die Marmelade.

Backzeit: Etwa 20 Minuten bei starker Hitze.

Linzer Torte

Teig: 200 g Weizenmehl, 3 g (1 gestrichener Teel.) Dr. Oetker Backpulver „Backin", 125 g Zucker, 1 Päckchen Dr. Oetker Vanillin-Zucker, 2 Tropfen Dr. Oetker Backöl Bittermandel, 1 Messerspitze gemahlene Nelken, 1 gestrichener Teel. Zimt, 1 Eiweiß, ½ Eigelb, 125 g Butter oder Margarine, 125 g gemahlene, nicht abgezogene Mandeln oder Haselnußkerne.

Füllung: Etwa 125 g nicht zu süße Marmelade.

Zum Bestreichen: ½ Eigelb, 1 Teel. Milch.

Mehl und „Backin" werden gemischt und auf ein Backbrett gesiebt. In die Mitte wird eine Vertiefung eingedrückt. Zucker, Gewürze, Eiweiß und Eigelb werden hineingegeben und mit einem Teil des Mehls zu einem dicken Brei verarbeitet. Darauf

 Beachten Sie bitte die Backtabellen auf den Seiten 5 und 7 ◀

gibt man das in Stücke geschnittene, kalte Fett und die gemahlenen Mandeln (Haselnußkerne), bedeckt sie mit Mehl, drückt alles zu einem Kloß zusammen und verknetet von der Mitte aus alle Zutaten schnell zu einem glatten Teig. Sollte er kleben, stellt man ihn eine Zeitlang kalt.

Knapp die Hälfte des Teiges wird zu einer Platte in der Größe der Springform (Durchmesser etwa 26 cm) ausgerollt und in 16–20 gleichmäßig breite Streifen gerädert. Man rollt den übrigen Teig auf dem Springformboden aus und bestreicht ihn mit der Marmelade, wobei man ringsherum am Rand etwa 1 cm Teig frei läßt. Die Teigstreifen werden gitterförmig über die Marmelade gelegt und mit der verquirlten Eigelbmilch bestrichen.

Backzeit: Etwa 25 Minuten bei guter Mittelhitze.

Käsekremtorte (Abb. zwischen S. 96 und 97)

Teig: 150 g Weizenmehl, 3 g (1 gestrichener Teel.) Dr. Oetker Backpulver „Backin", 65 g Zucker, 2 Eigelb, 1 Eßl. Wasser oder Milch, 50 g Butter oder Margarine.

Belag: 2 Päckchen Dr. Oetker Pudding-Pulver Vanille-Geschmack, ½ l Milch oder ¼ l Milch und ¼ l Quarkmolke*), 200 g Zucker, ½ Fläschchen Dr. Oetker Backöl Zitrone, 750 g trockener Quark (Topfen)*), 30 g Korinthen oder Rosinen, 3 Eiweiß.

Zum Bestreichen: 1 Eigelb, 1 Eßl. Milch.

*) Der Quark muß in einem Tuch gut ausgedrückt werden, erst dann wird er gewogen (deswegen mehr kaufen, bei sehr feuchtem Quark etwa die doppelte Menge!). Die ausgepreßte Flüssigkeit, die Quarkmolke, kann mit zum Belag verwendet werden.

Mehl und „Backin" werden gemischt und auf ein Backbrett gesiebt. In die Mitte wird eine Vertiefung eingedrückt, Zucker, Eigelb und Flüssigkeit werden hineingegeben und mit einem Teil des Mehls zu einem dicken Brei verarbeitet. Darauf gibt man das in Stücke geschnittene, kalte Fett, bedeckt es mit Mehl und verknetet von der Mitte aus alle Zutaten schnell zu einem glatten Teig. ⅔ des Teiges rollt man auf dem Boden einer Springform aus. Den übrigen Teig formt man zu einer Rolle und legt sie als Rand auf den Boden. Man drückt sie so an die Form, daß der Rand gut 3 cm hoch wird. Der Teigboden wird mehrmals mit einer Gabel eingestochen. Man backt den Boden goldgelb.

Backzeit: 20–25 Minuten bei guter Mittelhitze.

Für den Belag werden die Pudding-Pulver und ⅔ des Zuckers mit ¼ Liter Milch angerührt. Die übrige Milch oder die Molke bringt man zum Kochen, nimmt den Topf von der Kochstelle, rührt (am besten mit einem Schneebesen) das angerührte Pudding-Pulver hinein und läßt unter ständigem Rühren noch einmal kurz aufkochen. Darauf nimmt man den Topf wieder von der Kochstelle, gibt das Backöl und den durch ein Sieb gestrichenen Quark unter den Pudding und läßt ihn unter ständigem Rühren noch einmal aufkochen. Man füllt die heiße Masse in eine Schüssel, gibt sofort die gereinigten Korinthen (Rosinen) hinein und zieht das mit dem Rest des Zuckers zu sehr steifem Schnee geschlagene Eiweiß darunter. Die Quarkmasse wird auf den Boden gegeben und glattgestrichen. Eigelb und Milch werden verquirlt; damit bestreicht man vorsichtig die Oberfläche des Kuchens. Man stellt den Kuchen in einen schwach vorgeheizten Backofen.

Backzeit: 50–60 Minuten bei leichter Hitze (etwa 140° C).

Das Gebäck darf während des Backens kaum aufgehen (der Belag fällt sonst wieder zusammen), wenn erforderlich, stellt man die Hitze geringer ein. Nach dem Backen löst man den Kuchen sofort mit einem Messer vom Springformrand. Man läßt ihn jedoch in der Form erkalten.

Quarktorte

Teig: 150 g Weizenmehl, 3 g (1 gestrichener Teel.) Dr. Oetker Backpulver „Backin", 65 g Zucker, 1 Eigelb, 1 Eßl. Milch oder Wasser, 65 g Butter oder Margarine.

Belag: 750 g Quark (Topfen), 1 Päckchen Dr. Oetker Soßen-Pulver Vanille-Geschmack, 60 g Dr. Oetker „Gustin", 2 Eigelb, 200 g Zucker, ½ Fläschchen Dr. Oetker Backöl Zitrone, ⅛–⅜ l Milch, 50–75 g Korinthen, 3 Eiweiß.

Mehl und „Backin" werden gemischt und auf ein Backbrett gesiebt. In die Mitte wird eine Vertiefung eingedrückt, Zucker, Eigelb und Milch werden hineingegeben und mit einem Teil des Mehls zu einem dicken Brei verarbeitet. Darauf gibt man das in Stücke geschnittene, kalte Fett, bedeckt es mit Mehl, drückt alles zu einem Kloß zusammen und verknetet von der Mitte aus alle Zutaten schnell zu einem glatten Teig. Sollte er kleben, stellt man ihn eine Zeitlang kalt. ⅔ des Teiges rollt man auf dem Boden einer Springform (Durchmesser etwa 26 cm) aus. Den Rest formt man zu einer Rolle, legt sie als Rand auf den Boden und drückt sie so an die Form, daß der Rand etwa 3 cm hoch wird. Der Teigboden wird mehrmals mit einer Gabel eingestochen.

Für den Belag wird der gut abgelaufene Quark durch ein Sieb gestrichen. Man rührt nacheinander das Soßen-Pulver, das „Gustin", das Eigelb, ⅔ des Zuckers und das Backöl darunter. Es wird so viel Milch hinzugegeben, daß eine kremartige Masse entsteht. Man gibt die gewaschenen, abgetropften Korinthen unter den Quark. Das Eiweiß wird zu steifem Schnee geschlagen. Dann gibt man unter ständigem Schlagen nach und nach den Rest des Zuckers dazu. Der Eierschnee wird auf den Quark gegeben und darunter gehoben. Man füllt die Quarkmasse gleichmäßig auf den Tortenboden.

Backzeit: 45–60 Minuten bei guter Mittelhitze.

Das Gebäck darf während des Backens kaum aufgehen (der Belag fällt sonst wieder zusammen), wenn erforderlich, stellt man die Hitze geringer ein.

Veränderung: Ehe man den Quark auf den Tortenboden gibt, kann man ihn mit geriebener Semmel bestreuen und mit Marmelade bestreichen oder mit Obst belegen.

Mohnkuchen in einer Springform

Teig: 175 g Weizenmehl, 1 Messerspitze Dr. Oetker Backpulver „Backin", 65 g Zucker, 1 Päckchen Dr. Oetker Vanillin-Zucker, 100 g Butter oder Margarine.

Füllung: 150 g Mohn, 4 Eigelb, 1 Eßl. warmes Wasser, 150 g Zucker, 5 Tropfen Dr. Oetker Backöl Zitrone, 1 Prise Salz, 4 Eiweiß, 50 g Dr. Oetker „Gustin", 30 g Rosinen, 50 g Zitronat (Sukkade).

Mehl und „Backin" werden gemischt und auf ein Backbrett gesiebt. In die Mitte wird eine Vertiefung eingedrückt, Zucker und Vanillin-Zucker werden hineingegeben. Darauf gibt man das in Stücke geschnittene, kalte Fett, bedeckt es mit Mehl und verknetet von der Mitte aus alle Zutaten schnell zu einem glatten Teig. Sollte er kleben,

 Beachten Sie bitte die Backtabellen auf den Seiten 5 und 7 ◀

stellt man ihn eine Zeitlang kalt. ⅔ des Teiges rollt man auf dem Boden einer Springform (Durchmesser etwa 26 cm) aus. Der Teigboden wird mehrmals mit einer Gabel eingestochen und hellgelb gebacken.

Backzeit: 10–15 Minuten bei guter Mittelhitze.

Man läßt den vorgebackenen Boden erkalten, formt den Rest des Teiges zu einer fingerdicken Rolle, legt sie als Rand auf den Boden und drückt sie so an die Form, daß der Rand knapp 3 cm hoch wird.

Für die Füllung wird der Mohn gemahlen. Man schlägt Eigelb und Wasser mit einem Schneebesen schaumig und gibt nach und nach ⅔ des Zuckers dazu. Danach schlägt man so lange, bis eine kremartige Masse entstanden ist. Unter den Eigelbkrem mischt man die Gewürze. Das Eiweiß wird zu steifem Schnee geschlagen. Dann gibt man unter ständigem Schlagen nach und nach den Rest des Zuckers dazu. Der Schnee muß so fest sein, daß ein Schnitt mit einem Messer sichtbar bleibt. Der Schnee wird auf den Eigelbkrem gegeben, darüber wird das ,,Gustin" gesiebt; der gemahlene Mohn, die gewaschenen Rosinen und das in kleine Würfel geschnittene Zitronat werden auf den Eierschnee gestreut. Man zieht alles vorsichtig unter den Eigelbkrem und füllt den Teig auf den vorgebackenen Boden.

Backzeit: Etwa 35 Minuten bei guter Mittelhitze.

Reiskuchen

Teig: 150 g Weizenmehl, 3 g (1 gestrichener Teel.) Dr. Oetker Backpulver ,,Backin", 50 g Zucker, 1 Eigelb, 1 Eßl. Milch oder Wasser, 65 g Butter oder Margarine, 1 Eßl. Mehl für den Teigrand.

Belag: ½ l Milch, etwas Salz, 125 g Reis, 3 Eier, 1 Eiweiß, 100 g Zucker, 1 Päckchen Dr. Oetker Vanillin-Zucker, 4 Tropfen Dr. Oetker Backöl Zitrone, 15 g Dr. Oetker ,,Gustin".

Mehl und ,,Backin" werden gemischt und auf ein Backbrett gesiebt. In die Mitte wird eine Vertiefung eingedrückt, Zucker, Eigelb und Flüssigkeit werden hineingegeben und mit einem Teil des Mehls zu einem dicken Brei verarbeitet. Darauf gibt man das in Stücke geschnittene, kalte Fett, bedeckt es mit Mehl, drückt alles zu einem Kloß zusammen und verknetet von der Mitte aus alle Zutaten schnell zu einem glatten Teig. Sollte er kleben, stellt man ihn eine Zeitlang kalt. Zwei Drittel des Teiges werden auf dem Boden einer Springform (Durchmesser etwa 26 cm) ausgerollt. Unter den Rest knetet man einen Eßl. Mehl, formt den Teig zu einer Rolle, legt sie als Rand auf den Boden und drückt sie so an die Form, daß der Rand etwa 3 cm hoch wird. Der Teigboden wird mehrmals mit einer Gabel eingestochen.

Für den Belag bringt man die Milch mit dem Salz zum Kochen, gibt den gewaschenen Reis hinein, läßt ihn bei schwacher Hitze in etwa 30 Minuten ausquellen (er muß noch körnig sein!) und stellt ihn kalt.

Das Eigelb wird leicht angeschlagen, zwei Drittel des Zuckers und der Vanillin-Zucker werden nach und nach hinzugegeben. Man schlägt so lange, bis eine kremartige Masse entstanden ist. Unter den Eigelbkrem gibt man das Backöl und das ,,Gustin". Das Eiweiß von den 4 Eiern wird zu steifem Schnee geschlagen. Dann gibt man unter ständigem Schlagen nach und nach den Rest des Zuckers dazu. Der lauwarme Reis wird unter den Eigelbkrem gerührt, dann hebt man den steifen Eierschnee darunter. Die Reismasse wird auf den Teigboden gegeben und glattgestrichen.

Backzeit: Etwa 30 Minuten bei guter Mittelhitze.

▶ *Beachten Sie bitte die Backtabellen auf den Seiten 5 und 7*

Kuchen auf dem Blech

Gedeckter Apfelkuchen

Teig: 375 g Weizenmehl, 12 g (4 gestrichene Teel.) Dr. Oetker Backpulver „Backin", 75 g Zucker, 1 Päckchen Dr. Oetker Vanillin-Zucker, 1 Eiweiß, ½ Eigelb, 5 Eßl. Milch oder Wasser, 100 g Butter oder Margarine.

Füllung: 1500 g Äpfel, 50–125 g Zucker, 50 g Rosinen oder Korinthen, einige Tropfen Dr. Oetker Rum-Aroma.

Zum Bestreichen: ½ Eigelb, 1 Eßl. Milch.

Mehl und „Backin" werden gemischt und auf ein Backbrett gesiebt. In die Mitte wird eine Vertiefung eingedrückt, Zucker, Vanillin-Zucker, Eiweiß, Eigelb und Flüssigkeit werden hineingegeben und mit einem Teil des Mehls zu einem dicken Brei verarbeitet. Darauf gibt man das in Stücke geschnittene, kalte Fett, bedeckt es mit Mehl und verknetet von der Mitte aus alle Zutaten schnell zu einem glatten Teig. Sollte er kleben, gibt man noch etwas Mehl hinzu. Knapp die Hälfte des Teiges rollt man dünn aus und rädert für die Decke eine Teigplatte in der Größe des Backblechs (etwa 30×40 cm) aus. Der Rest des Teiges wird ausgerollt. Man legt das Backblech darauf und rädert die Teigplatte so aus, daß sie an den hochstehenden Seiten des Bleches je 5 cm übersteht. Damit belegt man vorsichtig das gefettete Backblech. (Der ausgerollte Teig wird am besten locker auf einen Holzstab oder auf Papier gewickelt und dann auf das Backblech gerollt. Siehe „Gedeckter Quarkkuchen" S. 52.)

Für die Füllung werden die Äpfel geschält, vom Kerngehäuse befreit, in Stücke geschnitten und mit 50 g Zucker und den gereinigten Rosinen (Korinthen) bei schwacher Hitze unter Rühren leicht gedünstet. Man läßt sie etwas abkühlen und schmeckt mit dem Rest des Zuckers und dem Rum-Aroma ab.

Die erkaltete Füllung wird auf das mit Teig belegte Backblech gestrichen, wobei an der offenen Seite des Blechs etwa 2 cm Teig frei gelassen werden. Man verquirlt Eigelb und Milch und bestreicht damit die über die Füllung geschlagenen Teigränder. Die Teigdecke wird darauf gelegt, mit der verquirlten Eigelbmilch bestrichen und mit einer Gabel mehrmals eingestochen.

Backzeit: Etwa 30 Minuten bei starker Hitze.

Gedeckter Kirschkuchen

Teig: 375 g Weizenmehl, 12 g (4 gestrichene Teel.) Dr. Oetker Backpulver „Backin", 75 g Zucker, 1 Päckchen Dr. Oetker Vanillin-Zucker, 1 Eiweiß, ½ Eigelb, 5 Eßl. Milch oder Wasser, 100 g Butter oder Margarine.

Füllung: 1500 g Sauerkirschen, 175 g Zucker, 50 g Dr. Oetker „Gustin" oder 1 Päckchen Dr. Oetker Pudding-Pulver Vanille-Geschmack.

Zum Bestreichen: ½ Eigelb, 1 Eßl. Milch.

Die Herstellung und die weitere Verarbeitung des Teiges erfolgen nach den Angaben für „Gedeckter Apfelkuchen" (s. oben).

Für die Füllung werden die Kirschen gewaschen, entsteint, gezuckert und einige Zeit zum Saftziehen stehengelassen. Danach bringt man sie nur eben zum Kochen, gibt sie auf ein Sieb zum Abtropfen und läßt Saft und Kirschen kalt werden. Man mißt ½ Liter von dem abgelaufenen, kalten Kirschsaft ab (gegebenenfalls mit Wasser ergänzen!) und rührt mit 4 Eßlöffel davon das „Gustin“ oder das Pudding-Pulver an. Danach wird der Kirschsaft zum Kochen gebracht, sobald er kocht, gibt man das angerührte „Gustin“ (Pudding-Pulver) unter Rühren hinein und läßt noch einmal kurz aufkochen. Die gut abgetropften Kirschen werden hineingegeben, die Masse wird kalt gestellt. Man streicht die erkaltete Kirschfüllung gleichmäßig auf das mit Teig belegte Backblech, wobei man an der offenen Seite des Backblechs etwa 2 cm Teig frei läßt. Eigelb und Milch werden verquirlt, damit werden die über die Füllung geschlagenen Teigränder bestrichen. Man legt die Teigdecke darauf, bestreicht sie mit verquirlter Eigelbmilch und sticht sie mehrmals mit einer Gabel ein.

Backzeit: Etwa 30 Minuten bei starker Hitze.

Gedeckter Rhabarberkuchen

Teig: 375 g Weizenmehl, 12 g (4 gestrichene Teel.) Dr. Oetker Backpulver „Backin“, 75 g Zucker, 1 Päckchen Dr. Oetker Vanillin-Zucker, 1 Eiweiß, ½ Eigelb, 5 Eßl. Milch oder Wasser, 100 g Butter oder Margarine.

Füllung: 1000 g Rhabarber (vorbereitet gewogen), 300 g Zucker, 1 Päckchen Dr. Oetker Pudding-Pulver Vanille-Geschmack oder 50 g Dr. Oetker „Gustin“.

Zum Bestreichen: ½ Eigelb, 1 Eßl. Milch.

Die Herstellung und die weitere Verarbeitung des Teiges erfolgen nach den Angaben für „Gedeckter Apfelkuchen“ (S. 50).

Für die Füllung wird der gewaschene, abgetrocknete Rhabarber (nicht abziehen!) in etwa 1 cm dicke Stücke geschnitten, gezuckert und einige Zeit zum Saftziehen stehengelassen. Danach läßt man ihn unter ständigem Umrühren bei starker Hitze etwas glasig werden. (Er darf auf keinen Fall zerfallen!) Anschließend gibt man ihn auf ein Sieb zum Abtropfen und läßt Saft und Rhabarber kalt werden.

Man mißt ¼ Liter von dem abgelaufenen, kalten Rhabarbersaft ab (gegebenenfalls mit Wasser ergänzen!) und rührt mit 4 Eßlöffel davon das Pudding-Pulver („Gustin“) an. Danach wird der Rhabarbersaft zum Kochen gebracht, sobald er kocht, nimmt man ihn von der Kochstelle, gibt das angerührte Pudding-Pulver („Gustin“) unter Rühren hinein und läßt noch einmal kurz aufkochen. Man gibt den gut abgetropften Rhabarber darunter und stellt die Masse kalt. Die kalte Rhabarberfüllung wird gleichmäßig auf den Teig gestrichen, wobei man an der offenen Seite des Backblechs etwa 2 cm Teig frei läßt. Die Teigränder werden über die Füllung geschlagen, mit verquirlter Eigelbmilch bestrichen und die Teigdecke darauf gelegt. Sie wird ebenfalls bestrichen und mit einer Gabel mehrmals eingestochen.

Backzeit: Etwa 30 Minuten bei starker Hitze.

▶ *Beachten Sie bitte die Backtabellen auf den Seiten 5 und 7*

Gedeckter Quarkkuchen

Teig: 375 g Weizenmehl, 12 g (4 gestrichene Teel.) Dr. Oetker Backpulver „Backin", 75 g Zucker, 1 Päckchen Dr. Oetker Vanillin-Zucker, 1 Eiweiß, ½ Eigelb, 5 Eßl. Milch oder Wasser, 100 g Butter oder Margarine.

Füllung: 1000 g trockener Quark, 1 Päckchen Dr. Oetker Soßen-Pulver Vanille-Geschmack oder ½ Päckchen Dr. Oetker Pudding-Pulver Vanille-Geschmack, 1 Ei, 200 g Zucker, 5 Tropfen Dr. Oetker Backöl Zitrone, 50 g Rosinen.

Zum Bestreichen: ½ Eigelb, 1 Eßl. Milch.

Die Herstellung und die weitere Verarbeitung des Teiges erfolgen nach den Angaben für „Gedeckter Apfelkuchen" (S. 50).

Für die Füllung wird der durch ein feines Sieb gestrichene Quark mit Soßen-Pulver (Pudding-Pulver), Ei, Zucker, Backöl und gewaschenen Rosinen vermischt. Man streicht die Füllung auf das mit Teig belegte Backblech (an der offenen Seite des Backblechs etwa 2 cm Teig frei lassen!). Eigelb und Milch werden verquirlt, damit werden die über die Füllung geschlagenen Teigränder bestrichen. Man legt die Teigdecke darauf, bestreicht sie mit verquirltem Eigelb und sticht sie mehrmals mit einer Gabel ein (siehe Abb.).

Backzeit: Etwa 30 Minuten bei starker Hitze.

Mailänder Apfelkuchen

Teig: 300 g Weizenmehl, 6 g (2 gestrichene Teel.) Dr. Oetker Backpulver „Backin", 100 g Zucker, 1 Ei, 2 Eßl. Milch oder Wasser, 125 g Butter oder Margarine.

Zum Bestreuen: 25 g geriebene Semmel.

Belag: 1 kg Quark (Topfen), 200 g Zucker, ½ Fläschchen Dr. Oetker Backöl Zitrone, 1 Ei, 40 g Dr. Oetker „Gustin", 50 g Rosinen; 1½ kg Äpfel, 100–125 g Zucker, 1 Messerspitze Zimt.

Verzierung: 50 g Mandeln oder Haselnußkerne.

Mehl und „Backin" werden gemischt und auf ein Backbrett gesiebt. In die Mitte wird eine Vertiefung eingedrückt, Zucker, Ei und Milch werden hineingegeben und mit einem Teil des Mehls zu einem dicken Brei verarbeitet. Darauf gibt man das in Stücke geschnittene, kalte Fett, bedeckt es mit Mehl, drückt alles zu einem Kloß zusammen und verknetet von der Mitte aus alle Zutaten schnell zu einem glatten Teig. Sollte er kleben, stellt man ihn eine Zeitlang kalt. Der Teig wird auf einem gefetteten Backblech ausgerollt und mit den geriebenen Semmeln bestreut.

Für den Belag wird der durch ein Sieb gestrichene Quark mit dem Zucker, dem Backöl, dem Ei, dem „Gustin" und den gereinigten Rosinen vermengt.

Man schält die Äpfel, raspelt oder reibt sie fein und schmeckt sie mit Zucker und Zimt ab.

Die Quark- und die Apfelmasse werden mit zwei Teelöffeln schachbrettartig auf den Teig gesetzt. Man verteilt die abgezogenen, gehackten Mandeln oder die gehackten Nußkerne über das ganze Blech.

Backzeit: Etwa 45 Minuten bei guter Mittelhitze.

Der Kuchen muß frisch gegessen werden.

Prasselkuchen

Teig: 375 g Weizenmehl, 6 g (2 gestrichene Teel.) Dr. Oetker Backpulver „Backin", 125 g Zucker, 1 Fläschchen Dr. Oetker Rum-Aroma, etwas Salz, 1 Ei, 200 g Butter oder Margarine.

Belag: Etwa 200 g beliebige Marmelade; 350 g Weizenmehl, 175 g Zucker, 1 Päckchen Dr. Oetker Vanillin-Zucker, 1 Messerspitze Zimt, 175–200 g Butter oder Margarine, evtl. 1–2 Eßl. Wasser.

Mehl und „Backin" werden gemischt und auf ein Backbrett gesiebt. In die Mitte wird eine Vertiefung eingedrückt, Zucker, Gewürze und Ei werden hineingegeben und mit einem Teil des Mehls zu einem dicken Brei verarbeitet. Darauf gibt man das in Stücke geschnittene, kalte Fett, bedeckt es mit Mehl, drückt alles zu einem Kloß zusammen und verknetet von der Mitte aus alle Zutaten schnell zu einem glatten Teig. Sollte er kleben, stellt man ihn eine Zeitlang kalt.

Der Teig wird auf einem gefetteten Backblech ausgerollt und gleichmäßig mit der Marmelade bestrichen.

Für den Belag siebt man das Mehl in eine Schüssel und vermischt es mit Zucker, Vanillin-Zucker und Zimt. Das Fett wird in kleinen Flöckchen dazugegeben, alle Zutaten werden mit den Händen oder mit 2 Gabeln zu Streuseln vermengt. Sollte die Masse zu wenig krümeln, gibt man noch 1–2 Eßlöffel Wasser hinzu. Sie wird gleichmäßig auf dem mit Marmelade bestrichenen Teig verteilt.

Backzeit: Etwa 25 Minuten bei starker Hitze.

Veränderung: Der Prasselkuchen schmeckt noch besser, wenn man zum Teig nur die Hälfte der Zutaten nimmt, den Belag aber so läßt.

Kleingebäck

Kartoffel- oder Quarkhörnchen

Teig: 300 g Weizenmehl, 1 Päckchen Dr. Oetker Backpulver „Backin", 75–100 g Zucker, 3 Tropfen Dr. Oetker Backöl Bittermandel, etwas Salz, 1 Ei, 1 Eßl. Wasser, 50 g Butter, Margarine oder Schweineschmalz, 250 g gekochte Kartoffeln (vom Tage vorher) oder 125 g trockener Quark (Topfen).

Füllung: Etwa 2 gehäufte Eßl. Marmelade.

Zum Bestreichen: Etwas Ei (bei der Teigherstellung zurücklassen!).

Mehl und „Backin" werden gemischt und auf ein Backbrett gesiebt. In die Mitte wird eine Vertiefung eingedrückt, Zucker, Gewürze, Ei (etwas zum Bestreichen zurücklassen!) und Wasser werden hineingegeben und mit einem Teil des Mehls zu einem dicken Brei verarbeitet. Darauf gibt man das in Stücke geschnittene, kalte Fett und die durchgepreßten Kartoffeln*) oder den Quark, bedeckt sie oder ihn mit Mehl, drückt alles zu einem Kloß zusammen und verknetet von der Mitte aus alle Zutaten schnell zu einem glatten Teig. Sollte er kleben, gibt man noch etwas Mehl hinzu.

Man rollt den Teig dünn aus und rädert Platten in der Größe eines Springformbodens oder eines flachen Eßtellers daraus. Die Platten werden viermal durchgeschnitten, und zwar so, daß zunächst Hälften, dann Viertel und dann Achtel entstehen. Die Achtel werden an den zur Mitte hin liegenden Spitzen mit verquirltem Ei bestrichen, zur kürzeren Seite hin mit etwas Marmelade belegt, von dieser Seite her aufgerollt und zu Hörnchen geformt. Man bestreicht die Hörnchen mit Ei und legt sie auf ein gefettetes Backblech.

Backzeit: Etwa 20 Minuten bei starker Hitze.

Die Hörnchen schmecken am besten, wenn sie frisch gegessen werden.

*) Der Teig wird glatter und feiner, wenn man die Kartoffeln zweimal durch ein Sieb streicht oder durchpreßt.

Butterkrem- oder Sahneplätzchen

Teig: 250 g Weizenmehl, 1 Messerspitze Dr. Oetker Backpulver „Backin", 100 g Zucker, 1 Päckchen Dr. Oetker Vanillin-Zucker, 1 Eigelb, 175 g Butter oder Margarine.

Zum Verzieren: 1 Eiweiß, mit 1 Teel. Wasser verquirlt; etwas Hagelzucker.

Butterkrem: ½ Päckchen Dr. Oetker Gala Schokoladen-Pudding-Pulver, 50 g Zucker, ¼ l Milch, 100 g Butter oder Margarine; 2 Eßl. Apfelsinen- oder Aprikosenmarmelade.

oder

Sahne: 2 Teel. Dr. Oetker „Regina"-Gelatine gemahlen, weiß, 3 Eßl. Wasser, ¼ l süße Sahne, 25 g (1 gut gehäufter Eßl.) Zucker, 1 Päckchen Dr. Oetker Vanillin-Zucker, 2 Eßl. gekochte Sauerkirschen.

Mehl und „Backin" werden gemischt und auf ein Backbrett gesiebt. In die Mitte wird eine Vertiefung eingedrückt, Zucker, Vanillin-Zucker und Eigelb werden hineingegeben und mit einem Teil des Mehls zu einem dicken Brei verarbeitet. Darauf gibt man das in Stücke geschnittene, kalte Fett, bedeckt es mit Mehl, drückt alles zu einem Kloß zusammen und verknetet von der Mitte aus alle Zutaten schnell zu einem glatten Teig. Sollte er kleben, stellt man ihn eine Zeitlang kalt. Der Teig wird etwa 3 mm dick ausgerollt, mit einer runden Form (Durchmesser 6 cm) ausgestochen und auf ein Backblech gelegt.

Die Hälfte der Plätzchen wird dünn mit verquirltem Eiweiß bestrichen und mit Hagelzucker bestreut.

Backzeit: Etwa 15 Minuten bei guter Mittelhitze.

Für den Butterkrem werden das Pudding-Pulver und der Zucker mit 3 Eßl. von der Milch angerührt. Man erhitzt die übrige Milch. Sobald sie kocht, nimmt man sie von der Kochstelle, gibt das angerührte Pudding-Pulver unter Rühren hinein und läßt noch einmal kurz aufkochen. Damit sich keine Haut bildet, wird der Pudding während des Erkaltens häufig umgerührt.

Man rührt das Fett schaumig und gibt den erkalteten Pudding eßlöffelweise darunter (darauf achten, daß weder Fett noch Pudding zu kalt sind, da dann die sogenannte „Gerinnung" eintritt!).

Auf die Unterseite der nicht mit Hagelzucker verzierten Plätzchen wird am Rand ein dicker Kranz von Butterkrem gespritzt. In die Mitte gibt man etwas von der Marmelade und legt dann auf jedes Plätzchen je ein mit Hagelzucker verziertes.

Für die Sahne rührt man die gemahlene „Regina"-Gelatine mit den 3 Eßl. Wasser an, läßt sie etwa 10 Minuten darin weichen und erhitzt sie dann vorsichtig unter ständigem Rühren, bis alles gelöst ist. Die vollkommen erkaltete, flüssige Gelatine wird an die fast steifgeschlagene Sahne gegeben, diese wird vollkommen steif geschlagen und mit Zucker und Vanillin-Zucker gesüßt. Zum Schluß gibt man die kleingeschnittenen Sauerkirschen dazu.

Man bestreicht die Unterseite der nicht mit Hagelzucker verzierten Plätzchen mit Sahne und legt dann auf jedes Plätzchen je ein mit Hagelzucker verziertes.

Mokka-Törtchen (Abb. nach S. 64)

Teig: 250 g Weizenmehl, 50 g Dr. Oetker „Gustin", 15 g (1 gut gehäufter Eßl.) Kakao, 3 g (1 gestrichener Teel.) Dr. Oetker Backpulver „Backin", 75 g Zucker, 1 Ei, 1 Eßl. Milch oder Wasser, 125 g Butter oder Margarine.

Mokkakrem: ¼ l Milch, 15–25 g gemahlene Kaffeebohnen; ½ Päckchen Dr. Oetker Pudding-Pulver Vanille-Geschmack, 50 g Zucker, 100 g Butter oder Margarine.

Guß: 100 g Puderzucker, 15 g (1 gut gehäufter Eßl.) Kakao, 1–2 Eßl. heißes Wasser, 2 Eßl. zerlassene Butter oder Margarine,

Zum Bestreuen: Einige gehackte Mandeln.

Mehl, „Gustin", Kakao und „Backin" werden gemischt und auf ein Backbrett gesiebt. In die Mitte wird eine Vertiefung eingedrückt, Zucker, Ei und Flüssigkeit werden hineingegeben und mit einem Teil des Mehls zu einem dicken Brei verarbeitet. Darauf gibt man das in Stücke geschnittene, kalte Fett, bedeckt es mit Mehl, drückt alles zu einem Kloß zusammen und verknetet von der Mitte aus alle Zutaten schnell zu einem glatten Teig. Sollte er kleben, stellt man ihn eine Zeitlang kalt. Der Teig wird dünn ausgerollt, mit einer runden Form (Durchmesser etwa 8 cm) ausgestochen und auf ein Backblech gelegt. Aus dem Teig kann man etwa 40 Plätzchen herstellen.

Backzeit: 10–15 Minuten bei starker Hitze.

Für den Mokkakrem gießt man die kochende Milch über den gemahlenen Kaffee, läßt kurze Zeit stehen und gibt den Aufguß durch ein Sieb. Dann wird der Milchkaffee gemessen, mit Milch oder Wasser wieder auf ¼ Liter ergänzt und kalt gestellt.

Das Pudding-Pulver und der Zucker werden mit 3 Eßl. von dem erkalteten Milchkaffee angerührt. Man bringt den übrigen Milchkaffee zum Kochen, nimmt ihn von der Kochstelle, gibt das angerührte Pudding-Pulver unter Rühren hinein und läßt noch einmal kurz aufkochen. Damit sich keine Haut bildet, wird der Pudding während des Erkaltens häufig umgerührt. Man rührt das Fett schaumig und gibt den erkalteten Pudding eßlöffelweise darunter (darauf achten, daß weder Fett noch Pudding zu kalt sind, da dann die sogenannte „Gerinnung" eintritt!).

Die Hälfte der Plätzchen wird auf der Unterseite mit Mokkakrem bestrichen, und die übrigen werden mit der Unterseite darauf gelegt.

Für den Guß rührt man den mit Kakao gesiebten Puderzucker mit so viel heißem Wasser und mit dem gelösten Fett glatt, daß eine dickflüssige Masse entsteht. Die obere Seite der Mokkatörtchen wird damit bestrichen. Zur Verzierung kann man gehackte Mandeln am Rand auf die Törtchen streuen (Guß darf noch nicht trocken sein!).

Damit der Krem besser durchziehen kann, läßt man die Mokka-Törtchen am besten einen Tag stehen.

Obst-Törtchen

Teig: 300 g Weizenmehl, 3 g (1 gestrichener Teel.) Dr. Oetker Backpulver „Backin“, 100 g Zucker, einige Tropfen Dr. Oetker Backöl Zitrone, 1 Ei*), 125 g Butter*) oder Margarine, 1 Eßl. Mehl für den Teigrand.

Zum Bestreichen: Etwas Milch.

Belag: 750–1000 g rohes, gedünstetes oder eingemachtes Obst (z. B. Aprikosen, Erdbeeren, Kirschen, Stachelbeeren usw.).

Guß: 2 Päckchen Dr. Oetker Tortenguß, Wasser oder Fruchtsaft und Zucker nach Angabe auf den Tortenguß-Beuteln.

*) An Stelle von Ei und 125 g Fett kann man auch 4 Eßlöffel Milch und 50 g Fett nehmen. Backin auf 6 g (2 Teelöffel) erhöhen.

Mehl und „Backin“ werden gemischt und auf ein Backbrett gesiebt. In die Mitte wird eine Vertiefung eingedrückt, Zucker, Backöl und Ei werden hineingegeben und mit einem Teil des Mehls zu einem dicken Brei verarbeitet. Darauf gibt man das in Stücke geschnittene, kalte Fett, bedeckt es mit Mehl, drückt alles zu einem Kloß zusammen und verknetet von der Mitte aus alle Zutaten schnell zu einem glatten Teig. Sollte er kleben, stellt man ihn eine Zeitlang kalt. Der Teig wird dünn ausgerollt, mit einem Ring oder Weinglas werden runde Platten (Durchmesser etwa 8 cm) ausgestochen. Unter den Rest des Teiges knetet man 1 Eßlöffel Mehl, formt ihn zu dünnen Röllchen und legt diese als Rand auf die mit Milch bestrichenen Teigplatten. Die Teigröllchen werden gut auf die Platten gedrückt.

Backzeit: Etwa 15 Minuten bei starker Hitze.

Die gut ausgekühlten Törtchen werden mit dem vorbereiteten Obst (siehe Obsttorte S. 42) belegt.

Man bereitet den Tortenguß nach der Gebrauchsanweisung auf dem Beutel und gibt ihn, sobald er dickflüssig ist, auf die kalten Obsttörtchen (Guß wird sonst wieder flüssig!). Damit der Guß schnittfest wird, stellt man die Törtchen noch 1–2 Stunden recht kalt.

Apfel im Schlafrock

Teig: 250 g Weizenmehl, 3 g (1 gestrichener Teel.) Dr. Oetker Backpulver „Backin“, 75 g Zucker, 1 Päckchen Dr. Oetker Vanillin-Zucker, 1 Eiweiß, 1 Eßl. Milch, 125 g Butter oder Margarine.

Füllung: 6–8 Äpfel, je nach Größe, 1 Eßl. Rosinen, 1 Eßl. Zucker.

Zum Bestreichen: 1 Eigelb, 1 Eßl. Milch.

Guß (nach Belieben): 100 g Puderzucker, 1–2 Eßl. Zitronensaft oder Wasser.

Mehl und „Backin“ werden gemischt und auf ein Backbrett gesiebt. In die Mitte wird eine Vertiefung eingedrückt, Zucker, Vanillin-Zucker, Eiweiß und Milch werden hineingegeben und mit einem Teil des Mehls zu einem dicken Brei verarbeitet. Darauf gibt man das in Stücke geschnittene, kalte Fett, bedeckt es mit Mehl, drückt alles zu einem Kloß zusammen und verknetet von der Mitte aus alle Zutaten schnell zu einem glatten Teig. Sollte er kleben, stellt man ihn eine Zeitlang kalt.

Für die Füllung schält man die Äpfel, sticht mit einem Apfelbohrer das Kerngehäuse aus und füllt sie mit den gezuckerten Rosinen.

Der Teig wird gleichmäßig dünn ausgerollt und in Vierecke, je nach Größe der Äpfel, ausgerädert. Man setzt je einen Apfel auf ein Teigviereck, bestreicht die vier Teigecken mit verquirltem Eigelb, legt sie so auf die Äpfel, daß die Teigecken gut aneinanderstoßen und drückt sie gut auf die Äpfel. Damit der Teig nicht abrutschen kann, wird ein mit Eigelb bestrichenes, kleines, rundes Teigplättchen auf jeden Apfel gelegt und gut angedrückt. Man bestreicht die Äpfel im Schlafrock mit verquirltem Eigelb und legt sie auf ein Backblech.

Backzeit: 20 Minuten bei guter Mittelhitze.

Für den Guß rührt man den gesiebten Puderzucker mit so viel Zitronensaft oder heißem Wasser glatt, daß eine dickflüssige Masse entsteht. Die noch warmen Äpfel im Schlafrock werden damit bestrichen.

Apfeltaschen I

Teig: 250 g Weizenmehl, 6 g (2 gestrichene Teel.) Dr. Oetker Backpulver „Backin", 50 g Zucker, 1 Päckchen Dr. Oetker Vanillin-Zucker, 1 Eiweiß, 2 Eßl. Milch, 100 g Butter oder Margarine.

Füllung: 500 g Äpfel, 50–75 g Zucker, 50 g Rosinen, 3–4 Tropfen Dr. Oetker Backöl Zitrone.

Zum Bestreichen: 1 Eigelb, 1 Eßl. Milch.

Guß: 100 g Puderzucker, 1–2 Eßl. Zitronensaft oder Wasser.

Mehl und „Backin" werden gemischt und auf ein Backbrett gesiebt. In die Mitte wird eine Vertiefung eingedrückt, Zucker, Vanillin-Zucker, Eiweiß und Milch werden hineingegeben und mit einem Teil des Mehls zu einem dicken Brei verarbeitet. Darauf gibt man das in Stücke geschnittene, kalte Fett, bedeckt es mit Mehl, drückt alles zu einem Kloß zusammen und verknetet von der Mitte aus alle Zutaten schnell zu einem glatten Teig. Sollte er kleben, stellt man ihn eine Zeitlang kalt.

Für die Füllung werden die Äpfel geschält, vom Kerngehäuse befreit, in Stücke geschnitten und mit 50 g Zucker und den gereinigten Rosinen bei schwacher Hitze unter Rühren leicht gedünstet. Man läßt sie etwas abkühlen und schmeckt mit dem Rest des Zuckers und dem Backöl ab.

Der Teig wird dünn ausgerollt, daraus werden runde Platten (Durchmesser etwa 10 cm) gestochen. Man belegt die eine Hälfte der Teigplatten mit abgekühlter Apfelfüllung, bestreicht die Platten am Rand mit etwas verquirltem Eigelb, klappt die andere Hälfte darüber und drückt sie an den Rändern gut an. Die Taschen werden mit verquirltem Eigelb bestrichen und auf ein Backblech gelegt.

Backzeit: Etwa 20 Minuten bei guter Mittelhitze.

Für den Guß rührt man den gesiebten Puderzucker mit so viel Flüssigkeit glatt, daß eine dickflüssige Masse entsteht. Die Apfeltaschen werden sofort nach dem Backen damit bestrichen.

Quarkblätterteig (Topfenblätterteig)

Teig: 250 g Weizenmehl, 9 g (3 gestrichene Teel.) Dr. Oetker Backpulver „Backin", 1 Päckchen Dr. Oetker Vanillin-Zucker, 250 g trockener Quark (Topfen), 200–250 g Butter oder Margarine.

Mehl und „Backin" werden gemischt und auf ein Backbrett gesiebt. In die Mitte wird eine Vertiefung eingedrückt, der Vanillin-Zucker, der durch ein Sieb gestrichene Quark und das in Stücke geschnittene, kalte Fett werden hineingegeben. Man bedeckt das Fett mit Mehl, drückt alles zu einem Kloß zusammen und verknetet von der Mitte aus alle Zutaten schnell zu einem glatten Teig. Er wird etwa ½ cm dick ausgerollt, mehrfach übereinander geschlagen und wieder ausgerollt. Das Übereinanderschlagen und das Ausrollen werden noch ein- bis zweimal wiederholt, danach stellt man ihn eine Zeitlang kalt (am besten über Nacht).

Aus diesem Quarkblätterteig macht man das nachfolgende Kleingebäck:

Kaffeegebäck (Abb. zwischen S. 32 und 33)

Teig: 1 Rezept Quarkblätterteig (siehe oben).

Füllung: Etwas Marmelade.

Guß (nach Belieben): 100 g Puderzucker, 1–2 Eßl. heißes Wasser.

Man rollt den Teig knapp ½ cm dick aus und teilt ihn mit einem Kuchenrädchen in Vierecke. Diese werden in der Mitte mit Marmelade belegt, zu beliebigen Formen, Dreiecken, Kuverts usw. (siehe Abb.) zusammengeschlagen und auf ein kalt abgespültes Backblech gelegt.

Backzeit: Etwa 20 Minuten bei starker Hitze.

Für den Guß rührt man den gesiebten Puderzucker mit so viel heißem Wasser glatt, daß eine dickflüssige Masse entsteht. Man bestreicht die noch warmen Gebäckteilchen damit.

Apfeltaschen II

Teig: 1 Rezept Quarkblätterteig (siehe oben).

Füllung: 500 g Äpfel, 50 g Rosinen und Korinthen, 75 g Zucker, einige Tropfen Dr. Oetker Rum-Aroma.

Zum Bestreichen: 1 Eigelb.

Zum Bestreuen: Etwas Puderzucker.

Man stellt den nach Rezept hergestellten Quarkblätterteig kalt.

Für die Füllung werden die Äpfel geschält, in Viertel geschnitten, vom Kernhaus befreit, gerieben oder geraspelt und mit den übrigen Zutaten vermischt. Man rollt den Quarkblätterteig etwa ½ cm dick aus und schneidet in Größe einer Untertasse

Scheiben daraus. Die eine Hälfte der Scheibe wird mit etwas Füllung belegt, die andere wird darüber geklappt und an den Rändern gut angedrückt.

Man bestreicht die Teilchen mit verquirltem Eigelb und legt sie auf ein kalt abgespültes Backblech.

Backzeit: Etwa 20 Minuten bei starker Hitze.

Nach dem Backen bestreut man sie mit Puderzucker.

Schinkenhörnchen

Teig: 1 Rezept Quarkblätterteig (siehe S. 58) (ohne Vanillin-Zucker!).

Füllung: 125 g roher oder gekochter Schinken.

Zum Bestreichen: 1 Eigelb.

Man rollt den Teig dünn aus und rädert Platten in der Größe eines Springformbodens oder eines flachen Eßtellers daraus. Die Platten werden viermal durchgeschnitten, und zwar so, daß zunächst Hälften, dann Viertel und dann Achtel entstehen. Die Achtel werden an den zur Mitte hin liegenden Spitzen mit verquirltem Eigelb bestrichen, zur kürzeren Seite hin mit etwas in Würfel geschnittenem Schinken belegt, von dieser Seite her aufgerollt und zu Hörnchen geformt. Man bestreicht die Hörnchen mit Eigelb und legt sie auf ein kalt abgespültes Backblech.

Backzeit: Etwa 20 Minuten bei starker Hitze.

Käsegebäck

Teig: 1 Rezept Quarkblätterteig (siehe S. 58) (ohne Vanillin-Zucker!).

Zum Bestreichen: 1 Eigelb.

Zum Bestreuen: Etwas geriebener Parmesan- oder Schweizer Käse, etwas Kümmel.

Man rollt den Teig knapp ½ cm dick aus, rädert Streifen und Vierecke aus, bestreicht sie mit verquirltem Eigelb, streut geriebenen Käse und etwas Kümmel darüber und legt sie auf ein mit kaltem Wasser abgespültes Backblech.

Backzeit: Etwa 20 Minuten bei starker Hitze.

Dieses feine Käsegebäck schmeckt am besten frisch. Es ist eine beliebte Beigabe zu Bier und Wein.

Apfelsinen- oder Zitronenschnitten (Abb. zwischen S. 32 und 33)

Teig: 250 g Weizenmehl, 3 g (1 gestrichener Teel.) Dr. Oetker Backpulver „Backin", 75 g Zucker, 1 Päckchen Dr. Oetker Vanillin-Zucker, 1 Ei, 125 g Butter oder Margarine.

Füllung: 125 g gemahlene Mandeln, 150 g Zucker, Saft von 1–2 Apfelsinen oder Zitronen, abgeriebene gelbe Schale von 1 Apfelsine oder Zitrone.

Guß: 50 g Puderzucker, etwa 1 Eßl. Apfelsinen- oder Zitronensaft.

Mehl und „Backin" werden gemischt und auf ein Backbrett gesiebt. In die Mitte wird eine Vertiefung eingedrückt, Zucker, Vanillin-Zucker und Ei werden hineingegeben und mit einem Teil des Mehls zu einem dicken Brei verarbeitet. Darauf gibt man das in Stücke geschnittene, kalte Fett, bedeckt es mit Mehl, drückt alles zu einem Kloß zusammen und verknetet von der Mitte aus alle Zutaten schnell zu einem glatten Teig. Sollte er kleben, stellt man ihn eine Zeitlang kalt. Der Teig wird in 2 gleich große Stücke geteilt, jedes wird zu einer Platte in der Größe von etwa 32 x 22 cm ausgerollt. Man legt eine der beiden Teigplatten auf ein Backblech.

Für die Füllung werden die gemahlenen Mandeln und der Zucker mit so viel Apfelsinen- oder Zitronensaft verrührt, daß eine gut streichfähige Masse entsteht. Zum Schluß rührt man die abgeriebene gelbe Schale darunter. Der Teig auf dem Backblech wird gleichmäßig mit der Füllung bestrichen (an den Rändern etwa ½ cm Teig frei lassen!). Man legt die andere Teighälfte darauf, drückt sie an den Rändern gut an und sticht sie mit einer Gabel mehrmals ein.

Backzeit: Etwa 25 Minuten bei guter Mittelhitze.

Für den Guß rührt man den gesiebten Puderzucker mit so viel Saft glatt, daß eine dickflüssige Masse entsteht. Sofort nach dem Backen bestreicht man das Gebäck damit und schneidet es anschließend in gleichmäßige Streifen (etwa 1 x 5 cm).

Danziger Zwieback

Teig: 250 g Weizenmehl, 3 g (1 gestrichener Teel.) Dr. Oetker Backpulver „Backin", 75 g Zucker, 1 Päckchen Dr. Oetker Vanillin-Zucker, einige Tropfen Dr. Oetker Rum-Aroma, 1 Eigelb, 125 g Butter oder Margarine.

Zum Bestreichen: 1 Eiweiß.

Mehl und „Backin" werden gemischt und auf ein Backbrett gesiebt. In die Mitte wird eine Vertiefung eingedrückt, Zucker, Gewürze und Eigelb werden hineingegeben und mit einem Teil des Mehls zu einem dicken Brei verarbeitet. Darauf gibt man das in Stücke geschnittene, kalte Fett, bedeckt es mit Mehl, drückt alles zu einem Kloß zusammen und verknetet von der Mitte aus alle Zutaten schnell zu einem glatten Teig. Sollte er kleben, stellt man ihn eine Zeitlang kalt. Man macht daumendicke Rollen daraus, schneidet sie in gleichmäßige Stücke, formt diese zu knapp walnußgroßen Kugeln, legt sie auf ein Backblech und drückt in jede mit dem Aromenfläschchen eine Vertiefung ein. Sie werden auf der Oberfläche mit Eiweiß bestrichen.

Backzeit: Etwa 10 Min. bei starker Hitze.

(Unter Umständen die Hitze, besonders die Unterhitze, während des Backens schwächer einstellen!)

Dukaten-Plätzchen

Teig: 250 g Weizenmehl, 3 g (1 gestrichener Teel.) Dr. Oetker Backpulver „Backin", 75 g Zucker, 1 Päckchen Dr. Oetker Vanillin-Zucker, 1 Ei, 1 Eßl. Milch oder Wasser, 125 g Butter oder Margarine.

Füllung: 125 g Kokosfett, 65 g Puderzucker oder feiner Zucker, 1 Päckchen Dr. Oetker Vanillin-Zucker, 25 g Kakao, einige Tropfen Dr. Oetker Rum-Aroma, 1 Ei.

 Beachten Sie bitte die Backtabellen auf den Seiten 5 und 7 ◀

Guß: 50 g Puderzucker, 15 g (1 gut gehäufter Eßl.) Kakao, 1–2 Eßl. heißes Wasser, 1 Eßl. zerlassene Butter oder Margarine.

Mehl und „Backin" werden gemischt und auf ein Backbrett gesiebt. In die Mitte wird eine Vertiefung eingedrückt, Zucker, Vanillin-Zucker, Ei und Flüssigkeit werden hineingegeben und mit einem Teil des Mehls zu einem dicken Brei verarbeitet. Darauf gibt man das in Stücke geschnittene, kalte Fett, bedeckt es mit Mehl, drückt alles zu einem Kloß zusammen und verknetet von der Mitte aus alle Zutaten schnell zu einem glatten Teig. Sollte er kleben, stellt man ihn eine Zeitlang kalt. Der Teig wird dünn ausgerollt, mit einem kleinen, runden Förmchen ausgestochen und auf ein gefettetes Backblech gelegt.

Backzeit: Etwa 10 Minuten bei starker Hitze.

Für die Füllung wird das Kokosfett zerlassen und kalt gestellt. Man gibt den Zucker (Puderzucker vorher sieben!), den Vanillin-Zucker, den gesiebten Kakao und das Rum-Aroma in eine Rührschüssel und verrührt alles nach und nach mit dem Ei und dem lauwarmen Kokosfett. Die Füllung wird kalt gestellt. Sobald sie etwas fester ist, bestreicht man die Hälfte der Plätzchen auf der Unterseite damit und legt die übrigen mit der Unterseite darauf. Bevor die obere Seite der Plätzchen zur Hälfte mit Guß bestrichen wird, muß die Füllung etwas fester sein, damit sich die Plätzchen nicht verschieben.

Den Guß stellt man folgendermaßen her: Der mit Kakao gesiebte Puderzucker wird mit so viel Wasser und dem zerlassenen Fett glattgerührt, daß eine dickflüssige Masse entsteht.

Friesenkeks

Teig: 250 g Weizenmehl, 3 g (1 gestrichener Teel.) Dr. Oetker Backpulver „Backin", 90 g Zucker, 1 Päckchen Dr. Oetker Vanillin-Zucker, 1 Fläschchen Dr. Oetker Rum-Aroma, 2 Eßl. Wasser, 100 g Butter oder Margarine.

Zum Bestreuen: Etwas Hagelzucker.

Mehl und „Backin" werden gemischt und auf ein Backbrett gesiebt. In die Mitte wird eine Vertiefung eingedrückt, Zucker, Gewürze und Wasser werden hineingegeben und mit einem Teil des Mehls zu einem dicken Brei verarbeitet. Darauf gibt man das in Stücke geschnittene, kalte Fett, bedeckt es mit Mehl, drückt alles zu einem Kloß zusammen und verknetet von der Mitte aus alle Zutaten schnell zu einem glatten Teig. Man formt 2 bis 3 etwa 3 cm dicke Teigrollen daraus, wälzt sie in Hagelzucker und stellt sie so lange kalt, bis sie hart geworden sind. Man schneidet die Rollen in knapp ½ cm dicke, gerade oder schräge Scheiben. Sie werden mit der oberen Seite in Hagelzucker gedrückt, auf ein Backblech gelegt und hellgelb gebacken.

Backzeit: Etwa 10 Minuten bei starker Hitze.

Gefüllte Kakaoplätzchen

Teig: 250 g Weizenmehl, 50 g Dr. Oetker „Gustin", 15 g (1 gut gehäufter Eßl.) Kakao, 3 g (1 gestrichener Teel.) Dr. Oetker Backpulver „Backin", 125 g Zucker, 2 Tropfen Dr. Oetker Backöl Bittermandel, 1 Ei, 1 Eßl. Milch, 125 g Butter oder Margarine.

Füllung: 125 g Kokosfett, 65 g feiner Zucker, 1 Päckchen Dr. Oetker Vanillin-Zucker, 1 Teel. Kakao, einige Tropfen Dr. Oetker Rum-Aroma, 1 Ei, 1 Eßl. starker Bohnenkaffee, 50 g gemahlene Mandeln.

Guß: 100 g Puderzucker, 1–2 Eßl. heißer starker Bohnenkaffee, 2 Eßl. zerlassene Butter.

Mehl, „Gustin", Kakao und „Backin" werden gemischt und auf ein Backbrett gesiebt. In die Mitte wird eine Vertiefung eingedrückt, Zucker, Backöl, Ei und Milch werden hineingegeben und mit einem Teil des Mehls zu einem dicken Brei verarbeitet. Darauf gibt man das in Stücke geschnittene, kalte Fett, bedeckt es mit Mehl, drückt alles zu einem Kloß zusammen und verknetet von der Mitte aus alle Zutaten schnell zu einem glatten Teig. Sollte er kleben, stellt man ihn eine Zeitlang kalt. Der Teig wird dünn ausgerollt, mit einem kleinen, runden Förmchen ausgestochen und auf ein gefettetes Backblech gelegt.

Backzeit: Etwa 10 Minuten bei starker Hitze.

Für die Füllung wird das Kokosfett zerlassen und kalt gestellt. Man gibt den Zucker, den Vanillin-Zucker, den gesiebten Kakao und das Rum-Aroma in eine Rührschüssel und verrührt alles nach und nach mit dem Ei, dem Bohnenkaffee und dem lauwarmen Kokosfett. Zum Schluß werden die gemahlenen Mandeln dazugegeben. Man stellt die Füllung kalt. Sobald sie etwas fester ist, bestreicht man die Hälfte der Plätzchen auf der Unterseite damit und legt die übrigen mit der Unterseite darauf. Bevor die obere Seite der Plätzchen mit Guß bestrichen wird, muß die Füllung etwas fester sein, damit sich die Plätzchen nicht verschieben.

Den Guß stellt man folgendermaßen her: Der gesiebte Puderzucker wird mit so viel heißem Bohnenkaffee und zerlassener Butter glattgerührt, daß eine dickflüssige Masse entsteht.

Gefüllte Plätzchen

Teig: 300 g Weizenmehl, 9 g (3 gestrichene Teel.) Dr. Oetker Backpulver „Backin", 100 g Zucker, 1 Päckchen Dr. Oetker Vanillin-Zucker, 1 Fläschchen Dr. Oetker Rum-Aroma, 4 Eßl. Milch oder Wasser, 75 g Butter oder Margarine.

Zum Bestreichen: Etwas Milch.

Füllung: Etwa 2 Eßl. feste Marmelade.

Zum Bestreuen: 1–2 gehäufte Eßl. grober Zucker.

Mehl und „Backin" werden gemischt und auf ein Backbrett gesiebt. In die Mitte wird eine Vertiefung eingedrückt, Zucker, Vanillin-Zucker und Aroma werden hineingegeben und unter langsamer Zugabe der Flüssigkeit mit einem Teil des Mehls zu einem dicken Brei verarbeitet. Darauf gibt man das in Stücke geschnittene, kalte Fett, bedeckt es mit Mehl, drückt alles zu einem Kloß zusammen und verknetet von der Mitte aus alle Zutaten schnell zu einem glatten Teig. Sollte er kleben, stellt man ihn eine Zeitlang kalt. Der Teig wird etwa ½ cm dick ausgerollt. Man deutet auf der einen Teighälfte mit einem Glas oder Metallring (Durchmesser 5 cm) Kreise leicht an, bestreicht die Ränder dieser Kreise dünn mit Milch, legt in die Mitte etwas Marmelade und klappt die leere Teighälfte darüber. Die Plätzchen werden ausgestochen und die Teigränder noch einmal zusammengedrückt. Man bestreicht sie dünn mit Milch, bestreut sie mit Zucker, legt sie auf ein gefettetes Backblech und backt sie hellgelb.

Backzeit: Etwa 10 Minuten bei starker Hitze.

 Beachten Sie bitte die Backtabellen auf den Seiten 5 und 7 ◀

Knusperchen

Teig: 300 g Weizenmehl, 6 g (2 gestrichene Teel.) Dr. Oetker Backpulver „Backin", 100–150 g Zucker, 1 Päckchen Dr. Oetker Vanillin-Zucker, 1 Fläschchen Dr. Oetker Rum-Aroma, 4 Eßl. Milch, 50 g Butter oder Margarine, 50 g Schweineschmalz.

Zum Bestreichen: Etwas kondensierte oder frische Milch.

Zum Bestreuen: Etwas Zucker.

Mehl und „Backin" werden gemischt und auf ein Backbrett gesiebt. In die Mitte wird eine Vertiefung eingedrückt, Zucker, Gewürze und Milch werden hineingegeben und mit einem Teil des Mehls zu einem dicken Brei verarbeitet. Darauf gibt man das in Stücke geschnittene, kalte Fett, bedeckt es mit Mehl, drückt alles zu einem Kloß zusammen und verknetet von der Mitte aus alle Zutaten schnell zu einem glatten Teig. Sollte er kleben, stellt man ihn eine Zeitlang kalt.

Der Teig wird dünn ausgerollt, zu beliebigen Plätzchen ausgestochen oder ausgerädert, mit Milch bestrichen und mit Zucker bestreut. Man legt die Plätzchen auf ein Backblech und backt sie goldgelb.

Backzeit: Etwa 10 Minuten bei starker Hitze.

Veränderung: Man kann die Knusperchen mit nur 50 g Fett herstellen, dann wird die Flüssigkeit auf 5 Eßlöffel erhöht.

Mandelstangen

Teig: 250 g Weizenmehl, 3 g (1 gestrichener Teel.) Dr. Oetker Backpulver „Backin", 100 g Zucker, 1 Päckchen Dr. Oetker Vanillin-Zucker, 3 Eßl. Milch, 100 g Butter oder Margarine, 100 g Mandeln.

Zum Bestreichen: 1 Eigelb.

Zum Bestreuen: Etwa 15 g abgezogene, gemahlene Mandeln.

Mehl und „Backin" werden gemischt und auf ein Backbrett gesiebt. In die Mitte wird eine Vertiefung eingedrückt, Zucker, Vanillin-Zucker und Milch werden hineingegeben und mit einem Teil des Mehls zu einem dicken Brei verarbeitet. Darauf gibt man das in Stücke geschnittene, kalte Fett und die abgezogenen, gemahlenen Mandeln, bedeckt sie mit Mehl, drückt alles zu einem Kloß zusammen und verknetet von der Mitte aus alle Zutaten schnell zu einem glatten Teig. Sollte er kleben, stellt man ihn eine Zeitlang kalt. Der Teig wird dünn ausgerollt. Man rädert ihn in fingerbreite und -lange Streifen, bestreicht diese mit verquirltem Eigelb und bestreut sie mit den gemahlenen Mandeln. Sie werden auf ein Backblech gelegt und goldgelb gebacken.

Backzeit: Etwa 15 Minuten bei starker Hitze.

Mannheimer Teegebäck

Teig: 250 g Weizenmehl, 3 g (1 gestrichener Teel.) Dr. Oetker Backpulver „Backin", 75 g Zucker, 1 Päckchen Dr. Oetker Vanillin-Zucker, 2 Eigelb, 125 g Butter oder Margarine.

▶ *Beachten Sie bitte die Backtabellen auf den Seiten 5 und 7*

Makronenmasse: 2 Eiweiß, 80 g Zucker, 4 Tropfen Dr. Oetker Backöl Bittermandel, 125 g Mandeln oder Haselnußkerne (halb gemahlen, halb gehackt).

Mehl und „Backin" werden gemischt und auf ein Backbrett gesiebt. In die Mitte wird eine Vertiefung eingedrückt, Zucker, Vanillin-Zucker und Eigelb werden hineingegeben und mit einem Teil des Mehls zu einem dicken Brei verarbeitet. Darauf gibt man das in Stücke geschnittene, kalte Fett, bedeckt es mit Mehl, drückt alles zu einem Kloß zusammen und verknetet von der Mitte aus alle Zutaten schnell zu einem glatten Teig. Sollte er kleben, stellt man ihn eine Zeitlang kalt. Der Teig wird etwa 3 mm dick ausgerollt und mit einer kleinen, runden Form ausgestochen.

Für die Makronenmasse wird das Eiweiß zu steifem Schnee geschlagen. Er muß so steif sein, daß ein Schnitt mit einem Messer sichtbar bleibt. Darunter schlägt man nach und nach eßlöffelweise den Zucker und das Backöl. Die teils gemahlenen und teils gehackten Mandeln werden unter den Eierschnee gehoben. Man bestreicht die Plätzchen mit der Makronenmasse und legt sie auf ein Backblech. Sollte die Makronenmasse nicht reichen, werden die übrigen Plätzchen dünn mit Milch bestrichen und mit Hagelzucker bestreut.

Backzeit: Etwa 10 Minuten bei starker Hitze.

Punschkränzchen

Teig: 250 g Weizenmehl, 3 g (1 gestrichener Teel.) Dr. Oetker Backpulver „Backin", 125 g feiner Zucker, 3 Tropfen Dr. Oetker Backöl Zitrone, 1 Fläschchen Dr. Oetker Rum-Aroma, 1 Ei, 125 g Butter oder Margarine, 125 g Mandeln oder Haselnußkerne.

Zum Bestreichen (nach Belieben): 1 Ei.

Guß: 100 g Puderzucker, 1 Fläschchen Dr. Oetker Rum-Aroma, 1–2 Eßl. heißes Wasser.

Mehl und „Backin" werden gemischt und auf ein Backbrett gesiebt. In die Mitte wird eine Vertiefung eingedrückt, Zucker, Gewürze und Ei werden hineingegeben und mit einem Teil des Mehls zu einem dicken Brei verarbeitet. Darauf gibt man das in Stücke geschnittene, kalte Fett und die mit der Schale gemahlenen Mandeln (Haselnußkerne), bedeckt sie mit Mehl, drückt alles zu einem Kloß zusammen und verknetet von der Mitte aus alle Zutaten schnell zu einem glatten Teig. Sollte er kleben, stellt man ihn eine Zeitlang kalt. Der Teig wird zu kleinfingerdicken Röllchen geformt. Diese werden zu Kränzen zusammengelegt, evtl. mit verquirltem Ei bestrichen, auf ein Backblech gelegt und goldgelb gebacken.

Backzeit: Etwa 10 Minuten bei starker Hitze.

Für den Guß wird der gesiebte Puderzucker mit dem Rum-Aroma und so viel heißem Wasser angerührt, daß eine dickflüssige Masse entsteht. Man bestreicht die erkalteten Kränzchen damit.

Osterkränzchen und -zöpfchen

Teig: 250 g Weizenmehl, 3 g (1 gestrichener Teel.) Dr. Oetker Backpulver „Backin", 150 g Zucker, ½ Fläschchen Dr. Oetker Rum-Aroma, 2 Tropfen Dr. Oetker Backöl Zitrone, etwas Salz, 1 Eiweiß, 125 g Butter oder Margarine.

Zum Bestreichen: 1 Eigelb, 1 Eßl. Milch.

Zum Verzieren: Etwas Hagelzucker.

 Beachten Sie bitte die Backtabellen auf den Seiten 5 und 7 ◀

Mokka-Törtchen
Rezept Seite 55

Schokoladen-Baisertorte
Rezept Seite 100

Obstschnitten mit Guß
Rezept Seite 112

Krümeltorte
Rezept Seite 23

Apfeltorte, gedeckt
Rezept Seite 44

Prinzregententorte
Rezept Seite 24

Mehl und „Backin" werden gemischt und auf ein Backbrett gesiebt. In die Mitte wird eine Vertiefung eingedrückt, Zucker, Gewürze und Eiweiß werden hineingegeben und mit einem Teil des Mehls zu einem dicken Brei verarbeitet. Darauf gibt man das in Stücke geschnittene, kalte Fett, bedeckt es mit Mehl, drückt alles zu einem Kloß zusammen und verknetet von der Mitte aus alle Zutaten schnell zu einem glatten Teig. Sollte er kleben, stellt man ihn eine Zeitlang kalt.

Aus dem Teig werden dünne Rollen (dünner als Bleistifte!) geformt und je zwei umeinander gedreht. Für Kränzchen schneidet man etwa 13 cm lange Stücke davon ab, bestreicht sie mit verquirltem Eigelb, drückt sie mit der oberen Seite in Hagelzucker und legt sie in Kränzchenform nicht zu dicht nebeneinander (laufen ziemlich breit!) auf ein Backblech. Für Zöpfchen werden etwa 8 cm lange Stücke von den umeinandergedrehten Teigrollen abgeschnitten; diese werden ebenfalls mit verquirltem Eigelb bestrichen, mit der oberen Seite in Hagelzucker gedrückt und dann auf ein Backblech gelegt.

Backzeit: 10–15 Minuten bei starker Hitze.

Rumtörtchen

Teig: 300 g Weizenmehl, 6 g (2 gestrichene Teel.) Dr. Oetker Backpulver „Backin", 100 g Zucker, 1 Päckchen Dr. Oetker Vanillin-Zucker, 1 Ei, 150 g Butter oder Margarine.

Füllung: Marmelade oder Konfitüre.

Guß: 125 g Puderzucker, 1 Fläschchen Dr. Oetker Rum-Aroma, 1–1½ Eßl. heißes Wasser.

Verzierung: Eingemachte Kirschen, Gelee oder Marmelade.

Mehl und „Backin" werden gemischt und auf ein Backbrett gesiebt. In die Mitte wird eine Vertiefung eingedrückt, Zucker, Vanillin-Zucker und Ei werden hineingegeben und mit einem Teil des Mehls zu einem dicken Brei verarbeitet. Darauf gibt man das in Stücke geschnittene, kalte Fett, bedeckt es mit Mehl, drückt alles zu einem Kloß zusammen und verknetet von der Mitte aus alle Zutaten schnell zu einem glatten Teig. Sollte er kleben, stellt man ihn eine Zeitlang kalt. Der Teig wird dünn ausgerollt. Man sticht runde Plätzchen aus, legt sie auf ein Blech und backt sie goldgelb.

Backzeit: 10–15 Minuten bei starker Hitze.

Nach dem Erkalten wird die Hälfte der Plätzchen auf der Unterseite mit Marmelade bestrichen, und die übrigen werden darauf gelegt.

Für den Guß rührt man den gesiebten Puderzucker mit dem Aroma und so viel heißem Wasser glatt, daß eine dickflüssige Masse entsteht. Die Oberfläche der zusammengesetzten Plätzchen wird damit bestrichen. In die Mitte jedes Plätzchens setzt man eine Kirsche oder ein Geleestückchen.

Sandhörnchen

Teig: 250 g Weizenmehl, 3 g (1 gestrichener Teel.) Dr. Oetker Backpulver „Backin", 75 g Zucker, 1 Päckchen Dr. Oetker Vanillin-Zucker, 1 Fläschchen Dr. Oetker Rum-Aroma, 2 Eßl. Wasser, 100 g Butter oder Margarine.

Zum Bestreuen: Etwas Hagelzucker.

Guß: 50 g (2 gut gehäufte Eßl.) Puderzucker, 2 gehäufte Teel. Kakao, 2 Eßl. zerlassene Butter oder Margarine, etwa 2 Teel. heißes Wasser.

Mehl und „Backin" werden gemischt und auf ein Backbrett gesiebt. In die Mitte wird eine Vertiefung eingedrückt, Zucker, Gewürze und Wasser werden hineingegeben und mit einem Teil des Mehls zu einem dicken Brei verarbeitet. Darauf gibt man das in Stücke geschnittene, kalte Fett, bedeckt es mit Mehl, drückt alles zu einem Kloß zusammen und verknetet von der Mitte aus alle Zutaten schnell zu einem glatten Teig. Sollte er kleben, stellt man ihn eine Zeitlang kalt. Aus dem Teig macht man daumendicke Rollen und schneidet davon gut 3 cm lange Stücke ab. Diese formt man zu etwa 6 cm langen Rollen, drückt sie mit der oberen Seite in Hagelzucker und legt sie in Hörnchenform auf ein Backblech. Sie werden goldgelb gebacken.

Backzeit: Etwa 10 Minuten bei starker Hitze.

Für den Guß wird der mit Kakao gesiebte Puderzucker mit dem gelösten Fett und mit so viel heißem Wasser glattgerührt, daß eine dickflüssige Masse entsteht. Sogleich nach dem Backen bestreicht man die Enden der Hörnchen mit dem Guß.

Schwarzweiß-Gebäck (Abb. zwischen S. 96 und 97)

Heller Teig I: 300 g Weizenmehl, 6 g (2 gestrichene Teel.) Dr. Oetker Backpulver „Backin", 125 g Zucker, 1 Päckchen Dr. Oetker Vanillin-Zucker, 1 Fläschchen Dr. Oetker Rum-Aroma, 4 Eßl. Milch, 100 g Butter oder Margarine.

oder

Heller Teig II: 250 g Weizenmehl, 3 g (1 gestrichener Teel.) Dr. Oetker Backpulver „Backin", 150 g Zucker, 1 Päckchen Dr. Oetker Vanillin-Zucker, 1 Ei, 125 g Butter oder Margarine.

Dunkler Teig: 20 g (1 gut gehäufter Eßl.) Kakao, 15 g Zucker, 1 Eßl. Milch.

Zum Bestreichen: Etwas Eiweiß oder Wasser.

Mehl und „Backin" werden gemischt und auf ein Backbrett (Tischplatte) gesiebt. In die Mitte wird eine Vertiefung eingedrückt, Zucker und Gewürze und bei Teig II noch das Ei werden hineingegeben und unter langsamer Zugabe der Flüssigkeit (bei Teig I) mit einem Teil des Mehls zu einem dicken Brei verarbeitet. Darauf gibt man das in Stücke geschnittene, kalte Fett, bedeckt es mit Mehl, drückt alles zu einem Kloß zusammen und verknetet von der Mitte aus alle Zutaten schnell zu einem glatten Teig. Sollte er kleben, gibt man noch etwas Mehl hinzu. Unter eine Teighälfte wird der mit Zucker und Milch verrührte Kakao geknetet. Die beiden Teige kann man folgendermaßen zusammensetzen:

Für ein Schneckenmuster werden der helle und der dunkle Teig zu gleichmäßig großen Rechtecken ausgerollt. Man bestreicht eines dünn mit Eiweiß oder Wasser, legt das zweite darauf, bestreicht wieder mit Eiweiß und wickelt beide fest zusammen.

Für ein Schachbrettmuster schneidet man aus dem je 1 cm dick ausgerollten hellen Teig 5 und aus dem dunklen 4 je 1 cm breite Streifen von gleicher Länge, bestreicht sie mit Eiweiß (Wasser), legt abwechselnd je drei neben- und übereinander und wickelt sie in dünn ausgerolltem Teig ein.

Folgende Plätzchen lassen sich einfacher herstellen: Aus der einen Teighälfte werden etwa 3 cm dicke Rollen geformt und mit Eiweiß (Wasser) bestrichen. Man wickelt sie in dem übrigen ausgerollten Teig ein.

Sämtliche Teigrollen werden eine Zeitlang kalt gestellt, damit sie fester werden. Man schneidet sie in gleichmäßige Scheiben und legt sie auf ein gefettetes Blech.

Backzeit: 10–15 Minuten bei starker Hitze.

Spitzbuben

Teig: 375 g Weizenmehl, 3 g (1 gestrichener Teel.) Dr. Oetker Backpulver „Backin", 200 g Zucker, 1 Päckchen Dr. Oetker Vanillin-Zucker, ½ Fläschchen Dr. Oetker Arrak-Aroma, 250 g Butter oder Margarine, 125 g gemahlene, ungeschälte Mandeln.

Zum Bestreichen: 125 g Johannisbeergelee.

Mehl und „Backin" werden gemischt und auf ein Backbrett gesiebt. In die Mitte wird eine Vertiefung eingedrückt, Zucker, Vanillin-Zucker und Aroma werden hineingegeben. Darauf gibt man das in Stücke geschnittene, kalte Fett und die gemahlenen, ungeschälten Mandeln, bedeckt sie mit Mehl, drückt alles zu einem Kloß zusammen und verknetet von der Mitte aus alle Zutaten schnell zu einem glatten Teig. Sollte er kleben, stellt man ihn eine Zeitlang kalt. Der Teig wird dünn ausgerollt, mit einem kleinen runden Förmchen ausgestochen und auf ein gefettetes Backblech gelegt.

Backzeit: Etwa 10 Minuten bei starker Hitze.

Man bestreicht die Hälfte der erkalteten Plätzchen auf der Unterseite mit Johannisbeergelee und legt die übrigen mit der Unterseite darauf.

Streifen-Keks

Teig: 150 g Weizenmehl, 3 g (1 gestrichener Teel.) Dr. Oetker Backpulver „Backin", 50 g Zucker, 1 Päckchen Dr. Oetker Vanillin-Zucker, ½ Fläschchen Dr. Oetker Rum-Aroma, 2 Eßl. Milch, 50 g Butter oder Margarine.

Füllung: 250 g Kokosfett, 125 g Puderzucker oder feiner Zucker, 1 Päckchen Dr. Oetker Vanillin-Zucker, 50 g Kakao, ½ Fläschchen Dr. Oetker Rum-Aroma, 2 Eier.

Mehl und „Backin" werden gemischt und auf ein Backbrett gesiebt. In die Mitte wird eine Vertiefung eingedrückt, Zucker, Gewürze und Milch werden hineingegeben und mit einem Teil des Mehls zu einem dicken Brei verarbeitet. Darauf gibt man das in Stücke geschnittene, kalte Fett, bedeckt es mit Mehl, drückt alles zu einem Kloß zusammen und verknetet von der Mitte aus alle Zutaten schnell zu einem glatten Teig. Sollte er kleben, stellt man ihn eine Zeitlang kalt. Der Teig wird dünn ausgerollt, zu rechteckigen Plätzchen ausgestochen, auf ein gefettetes Backblech gelegt und goldgelb gebacken.

Backzeit: Etwa 10 Minuten bei starker Hitze.

Damit die Plätzchen weicher werden, läßt man sie über Nacht offen an der Luft stehen und stellt dann erst die Füllung folgendermaßen her: Das Kokosfett wird zerlassen und kalt gestellt. Man gibt den Zucker (Puderzucker vorher sieben!), den Vanillin-Zucker, den gesiebten Kakao und das Rum-Aroma in eine Rührschüssel und verrührt alles nach und nach mit den Eiern und dem lauwarmen Kokosfett. Der Keks und die Kakaomasse werden lagenweise abwechselnd in eine mit Papier ausgelegte Kastenform (für ½ Pfund Mehl) gegeben. Die unterste und die oberste Schicht müssen aus Keks bestehen. Der Kuchen wird mehrere Stunden, am besten über Nacht, kalt gestellt. Dann schneidet man ihn in gleichmäßig dicke Scheiben.

Teegebäck

Teig: 500 g Weizenmehl, 6 g (2 gestrichene Teel.) Dr. Oetker Backpulver „Backin", 150 g Zucker, 1 Päckchen Dr. Oetker Vanillin-Zucker, 2 Eier, 250 g Butter oder Margarine.

▶ *Beachten Sie bitte die Backtabellen auf den Seiten 5 und 7*

Zum Verzieren: 1 Eigelb und 1 Eßl. Milch, etwas grobkörniger Zucker (Kristall- oder Hagelzucker), gehackte oder gemahlene Mandeln, etwas Marmelade, Gelee oder Butterkrem. (Siehe S. 151.)

Mehl und „Backin" werden gemischt und auf ein Backbrett gesiebt. In die Mitte wird eine Vertiefung eingedrückt, Zucker, Vanillin-Zucker und Eier werden hineingegeben und mit einem Teil des Mehls zu einem dicken Brei verarbeitet. Darauf gibt man das in Stücke geschnittene, kalte Fett, bedeckt es mit Mehl, drückt alles zu einem Kloß zusammen und verknetet von der Mitte aus alle Zutaten schnell zu einem glatten Teig. Sollte er kleben, stellt man ihn eine Zeitlang kalt.

Aus diesem Teig kann man verschiedenes Gebäck folgendermaßen herstellen:

Brezeln: Der Teig wird zu bleistiftstarken Rollen geformt und zu Brezeln gelegt. Man bestreicht sie mit verquirltem Eigelb, bestreut sie mit Hagelzucker und legt sie auf ein Backblech.

Fruchtplätzchen: Der Teig wird dünn ausgerollt. Man sticht Scheiben und Ringe in gleicher Größe aus und backt sie goldgelb. Die erkalteten Scheiben werden mit Marmelade bestrichen. Auf je eine Scheibe legt man einen mit Puderzucker bestäubten Ring.

Gefüllte Teeplätzchen: Der Teig wird dünn ausgerollt. Man sticht mit einer runden Form Plätzchen aus, legt sie auf ein Backblech und backt sie goldgelb. Nach dem Erkalten wird die Hälfte der Plätzchen auf der Unterseite mit Marmelade, Gelee oder Butterkrem (S. 151) bestrichen, und die anderen werden darauf gelegt. Man überzieht das Gebäck mit Zuckerguß (S. 156) oder bestäubt es mit Puderzucker.

Vanille-Plätzchen: Der Teig wird dünn ausgerollt. Man sticht mit kleinen Förmchen Plätzchen aus, bestreicht diese mit verquirltem Eigelb, bestreut sie mit Kristallzucker (Hagelzucker), gehackten oder in Scheiben geschnittenen Mandeln, legt sie auf ein Backblech und backt sie goldgelb.

Backzeit für jedes Gebäck: 10–15 Minuten bei starker Hitze.

Terrassen

Teig: 300 g Weizenmehl, 6 g (2 gestrichene Teel.) Dr. Oetker Backpulver „Backin", 100 g Zucker, 1 Päckchen Dr. Oetker Vanillin-Zucker, 1 Ei, 150 g Butter oder Margarine.

Füllung: Marmelade oder Konfitüre.

Verzierung: Puderzucker, eingemachte Kirschen, Gelee oder Marmelade.

Mehl und „Backin" werden gemischt und auf ein Backbrett gesiebt. In die Mitte wird eine Vertiefung eingedrückt, Zucker, Vanillin-Zucker und Ei werden hineingegeben und mit einem Teil des Mehls zu einem dicken Brei verarbeitet. Darauf gibt man das in Stücke geschnittene, kalte Fett, bedeckt es mit Mehl, drückt alles zu einem Kloß zusammen und verknetet von der Mitte aus alle Zutaten schnell zu einem glatten Teig. Sollte er kleben, stellt man ihn eine Zeitlang kalt. Der Teig wird dünn ausgerollt. Man sticht Plätzchen von gleicher Form, aber in drei verschiedenen Größen aus (die gleiche Anzahl von jeder Größe), legt sie auf ein Blech und backt sie goldgelb.

Backzeit: 10–15 Minuten bei starker Hitze.

 Beachten Sie bitte die Backtabellen auf den Seiten 5 und 7 ◀

Nach dem Backen werden von je drei Plätzchen verschiedener Größe die beiden kleineren auf der Unterseite mit Marmelade bestrichen und terrassenförmig auf das größte gesetzt. Dann überstäubt man die Plätzchen mit etwas Puderzucker und setzt zur Verzierung eine Kirsche oder ein Geleestückchen darauf.

Vanillehörnchen

Teig I: 250 g Weizenmehl, 3 g (1 gestrichener Teel.) Dr. Oetker Backpulver „Backin", 65 g Zucker, 1 Päckchen Dr. Oetker Vanillin-Zucker, 3 Eßl. Wasser, 100–200 g Butter oder Margarine, 65 g Mandeln oder Haselnußkerne (nach Belieben).

oder

Teig II: 250 g Weizenmehl, 1 Messerspitze Dr. Oetker Backpulver „Backin", 125 g Zucker, 1 Päckchen Dr. Oetker Vanillin-Zucker, 3 Eigelb, 200 g Butter oder Margarine, 125 g abgezogene, gemahlene Mandeln.

Verzierung: 20 g (1 schwach gehäufter Eßl.) Puderzucker, 1 Päckchen Dr. Oetker Vanillin-Zucker.

Mehl und „Backin" werden gemischt und auf ein Backbrett gesiebt. In die Mitte wird eine Vertiefung eingedrückt, Zucker, Vanillin-Zucker und Wasser oder Eigelb werden hineingegeben und mit einem Teil des Mehls zu einem dicken Brei verarbeitet. Darauf gibt man das in Stücke geschnittene, kalte Fett und die abgezogenen, gemahlenen Mandeln (Haselnußkerne), bedeckt sie mit Mehl, drückt alles zu einem Kloß zusammen und verknetet von der Mitte aus alle Zutaten schnell zu einem glatten Teig. Sollte er kleben, stellt man ihn eine Zeitlang kalt. Aus dem Teig macht man daumendicke Rollen und schneidet davon gut 2 cm lange Stücke ab. Diese formt man zu etwa 5 cm langen Rollen, die an den Enden dünner als in der Mitte sind, und legt sie in Hörnchenform auf ein Backblech. Sie werden hellgelb gebacken.

Backzeit: Etwa 10 Minuten bei starker Hitze. (Gegebenenfalls die Hitze während des Backens schwächer einstellen.)

Der gesiebte Puderzucker und der Vanillin-Zucker werden gemischt, darin wälzt man die noch heißen Hörnchen.

Salzstangen

Teig: 150 g Weizenmehl, 100 g Dr. Oetker „Gustin", 6 g (2 gestrich. Teel.) Dr. Oetker Backpulver „Backin", 1 gestrich. Teel. Salz, 1 Eiweiß, 4 Eßl. Milch, 100 g Margarine.

Zum Bestreichen: 1 Eigelb.

Zum Bestreuen: Etwas grobes Salz, etwas Kümmel.

Mehl, „Gustin" und „Backin" werden gemischt und auf ein Backbrett gesiebt. In die Mitte wird eine Vertiefung eingedrückt, Salz, Eiweiß und Milch werden hineingegeben und mit einem Teil des Mehls zu einem dicken Brei verarbeitet. Darauf gibt man die in Stücke geschnittene, kalte Margarine, bedeckt sie mit Mehl, drückt alles zu einem Kloß zusammen und verknetet von der Mitte aus alle Zutaten schnell zu einem glatten Teig. Sollte er kleben, gibt man noch etwas Mehl hinzu. Der Teig wird etwa ½ cm dick ausgerollt. Man rädert etwa 2 cm breite und 10 cm lange Streifen daraus, bestreicht sie mit dem geschlagenen Eigelb und bestreut sie mit Salz und Kümmel. Wer ein schöneres Aussehen der Stangen erzielen will, kann die Streifen vor dem Bestreichen mit Eigelb spiralenförmig drehen (das eine Ende dreht man nach rechts, das andere nach links herum). Man legt die Salzstangen auf ein Backblech und läßt sie goldgelb backen.

Backzeit: Etwa 15 Minuten bei starker Hitze.

C • BISKUITTEIG

Die Herstellung des Teiges und das Backen

Die im Rezept angegebenen Zutaten wie:

Eier,
Wasser,
Zucker,
Dr. Oetker Vanillin-Zucker,
Gewürze
(Dr. Oetker Aromen, Backöle usw.),
Weizenmehl (ebenso Kakao),
Dr. Oetker ,,Gustin"
(ebenso Dr. Oetker Pudding-Pulver oder Soßen-Pulver),
Dr. Oetker Backpulver ,,Backin",
je nach Rezept **Haselnußkerne** oder **Mandeln**

werden in der angegebenen Reihenfolge und in der vorgeschriebenen Menge bereitgestellt.

Notwendige Vorarbeiten

1. Haselnußkerne und Mandeln werden nach der Anweisung unter Rührteig (Seite 9) vorbereitet.
2. Biskuitteig wird im allgemeinen in Formen oder auf Backblechen gebacken, deren Boden gefettet und mit Papier belegt ist.

a) Das Papierfutter für eine Springform wird folgendermaßen hergestellt: Die Form wird umgedreht (Boden nach oben) und ein weißes Papier darauf gelegt. Mit einem Messer streift man das am Rand überstehende Papier ab.

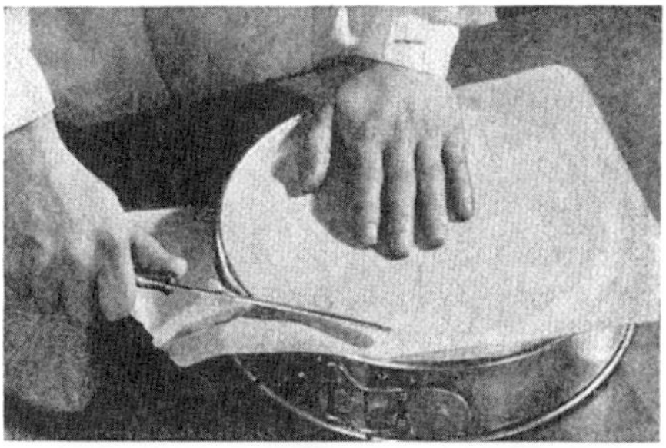

b) Das Ausfetten der Form.
Der Boden wird an etwa 4 Stellen mit zerlassener Butter oder Margarine eingefettet – am besten mit einem Pinsel. Der Rand darf nicht gefettet werden. (Eine Ausnahme macht Schokoladenbiskuit.)

c) Das Papierfutter wird auf den gefetteten Boden gelegt und gut angedrückt.

Die Verarbeitung des Teiges

Man schlägt Eigelb und Wasser mit einem Schneebesen schaumig und gibt nach und nach $\frac{2}{3}$ des Zuckers mit dem Vanillin-Zucker dazu. Danach schlägt man so lange, bis eine kremartige Masse entstanden ist. Unter den Eigelbkrem mischt man die Gewürze. Das Eiweiß wird zu steifem Schnee geschlagen. Dann gibt man unter ständigem Schlagen nach und nach den Rest des Zuckers dazu. Der Schnee muß so fest sein, daß ein Schnitt mit einem Messer sichtbar bleibt. Der Schnee wird auf den Eigelbkrem gegeben, darüber wird das mit „Gustin“ und „Backin“ gemischte Mehl gesiebt. Man zieht alles vorsichtig unter den Eigelbkrem und füllt den Teig in die mit Papier ausgelegte Form (Backblech).

Die einzelnen Arbeitsgänge

1. „Man schlägt Eigelb . ."

Jedes Ei wird über einer Tasse aufgeschlagen und geprüft, ob es frisch ist. Damit sich das Eiweiß zu recht steifem Schnee schlagen läßt, muß es sehr scharf vom Eigelb getrennt werden. Man schlägt das Eiweiß erst unmittelbar vor der Weiterverarbeitung.

2. „ . . und Wasser mit einem Schneebesen schaumig . ."

Zum Eigelb gibt man das Wasser. Ist die Wassermenge im Rezept in einer Spanne angegeben, so richtet man sich nach der Größe der Eier. Bei kleinen Eiern nimmt man die größere und bei großen Eiern die kleinere Wassermenge. Eigelb und Wasser müssen vor Zugabe des Zuckers tüchtig geschlagen werden. Biskuitteig arbeitet man am schnellsten und sichersten mit einem Schneebesen.

3. „ . . und gibt nach und nach $2/3$ des Zuckers mit dem Vanillin-Zucker dazu. Danach schlägt man so lange, bis eine kremartige Masse entstanden ist. Unter den Eigelbkrem mischt man die Gewürze . ."

Der Zucker wird nicht auf einmal zum Eigelb gegeben, sondern nach und nach. Die Beschaffenheit der Masse prüft man, indem man sie vom hochgehaltenen Schneebesen in Ringen in die Rührschüssel laufen läßt. Wenn diese Ringe nicht sofort zerfließen, sondern kurze Zeit stehenbleiben, ist die Masse kremartig. Die Gewürze werden in den fertig geschlagenen Eigelbkrem gegeben.

4. „ . . **Das Eiweiß wird zu steifem Schnee geschlagen. Dann gibt man unter ständigem Schlagen nach und nach den Rest des Zuckers dazu. Der Schnee muß so fest sein, daß ein Schnitt mit einem Messer sichtbar bleibt . .**"

Biskuitgebäck gelingt nur, wenn der Eierschnee wirklich steif ist. Das Eiweiß ohne Zucker zu festem Schnee schlagen. Zur Prüfung der Festigkeit den Schneebesen aus der Schüssel ziehen und ihn senkrecht nach oben drehen. Der Schnee ist steif genug, wenn die beim Herausziehen gebildeten Schneespitzen senkrecht stehenbleiben. Danach den Zucker eßlöffelweise unter den Schnee schlagen. Man schlägt jedoch nach jeder Zuckerzugabe so lange, bis ein Schnitt mit einem sauberen Messer sichtbar bleibt (oder Spitzenprobe), andernfalls wird er flüssig.

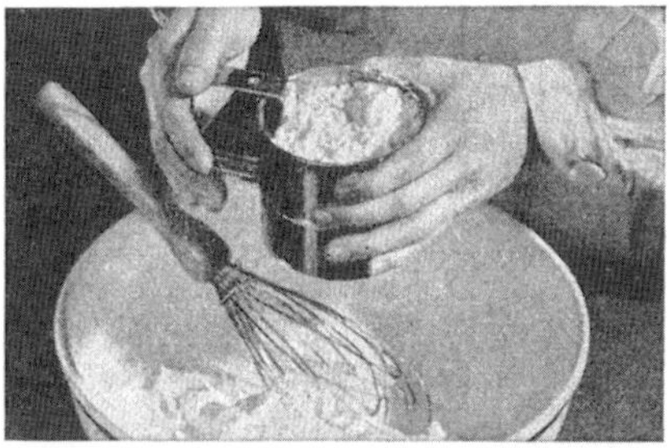

5. „ . . **Der Schnee wird auf den Eigelbkrem gegeben, darüber wird das mit „Gustin" und „Backin" gemischte Mehl gesiebt . .**"

Mischen und Sieben lockern das Mehl auf und verteilen „Gustin" (Pudding-Pulver, Kakao) und „Backin" gleichmäßig darin. Das Gebäck wird besser gelockert. Haselnußkerne oder Mandeln evtl. auf das Mehl geben.

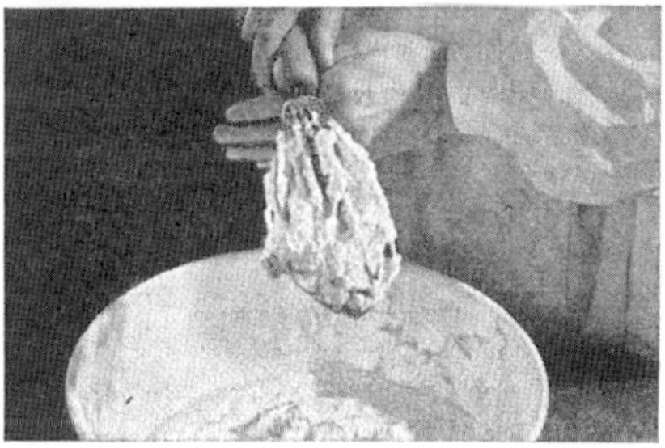

6. „ . . **Man zieht alles vorsichtig unter den Eigelbkrem . .**"

Damit der Eierschnee nicht zerstört wird, dürfen die Zutaten keinesfalls untergerührt werden. Man zieht deswegen den Schneebesen vorsichtig von einer Seite der Schüssel bis zur anderen durch den Teig – dabei über den Boden der Schüssel gehen – nimmt den Schneebesen heraus und schüttelt ihn leicht, damit der Teig herausfällt. Ist Fett angegeben, so wird es zerlassen, abgekühlt und beim Mischen der Zutaten nach und nach dazugegeben. Die Zutaten sind genügend gemischt, wenn kein Mehl mehr zu sehen ist. Diese Arbeit muß schnell erfolgen, sonst fällt der Schnee zusammen.

7. „ . . **und füllt den Teig in die mit Papier ausgelegte Form (Backblech).**

Der in eine Springform eingefüllte Teig wird mit einem Teigschaber gleichmäßig in der Form verteilt.

Das Backen von Biskuitteigen

Biskuitteig muß sofort nach Fertigstellung gebacken werden, da sonst der Eierschnee zerläuft. Man stellt ihn am besten in einen gut vorgeheizten Backofen. Er wird im allgemeinen bei guter Mittelhitze gebacken. (Siehe Tabellen für Backhitze S. 5 u. 7.) Bevor das Gebäck aus dem Ofen genommen wird, muß auf alle Fälle die Garprobe gemacht werden. Man sticht mit einem spitzen Hölzchen möglichst in die Mitte des Gebäcks. Wenn kein Teig daran hängenbleibt, ist der Kuchen gar.

Wenn der Biskuit etwas abgekühlt ist, löst man ihn mit einem Messer vom Springformrand und entfernt diesen.

Damit das Gebäck besser ausdünsten kann, stürzt oder legt man es auf einen Drahtrost. Aus demselben Grund wird das Papier sofort nach dem Stürzen vom Biskuitboden abgezogen. (Soll der Biskuitboden nicht am gleichen Tag gebraucht werden, läßt man das Papier bis zum Gebrauch des Bodens darauf.)

Kuchen

Obst-Biskuitkuchen in einer Springform

Teig: 3 Eier, 1 Eßl. warmes Wasser, 200 g Zucker, 4 Tropfen Dr. Oetker Backöl Zitrone, 200 g Weizenmehl, 9 g (3 gestrichene Teel.) Dr. Oetker Backpulver „Backin".

Belag: 375–500 g Äpfel, Pflaumen, Kirschen oder Heidelbeeren.

Man schlägt Eigelb und Wasser mit einem Schneebesen schaumig und gibt nach und nach ⅔ des Zuckers dazu. Danach schlägt man so lange, bis eine kremartige Masse entstanden ist. Unter den Eigelbkrem mischt man das Backöl. Das Eiweiß wird zu steifem Schnee geschlagen. Dann gibt man unter ständigem Schlagen nach und nach den Rest des Zuckers dazu. Der Schnee muß so fest sein, daß ein Schnitt mit einem Messer sichtbar bleibt. Er wird auf den Eigelbkrem gegeben, darüber wird das mit „Backin" gemischte Mehl gesiebt. Man zieht alles vorsichtig unter den Eigelbkrem (nicht rühren!). Der Teig wird in eine gefettete Springform (Durchmesser etwa 26 cm) gefüllt und mit einem Eßlöffel, den man häufig in Wasser taucht, glattgestrichen.

Für den Belag schält man die Äpfel, schneidet sie in Viertel und ritzt sie mehrmals der Länge nach ein. Die Pflaumen oder die Kirschen werden gewaschen und entsteint und die Heidelbeeren gewaschen. Das vorbereitete Obst wird gleichmäßig auf dem Teig verteilt.

Backzeit: Etwa 35 Minuten bei guter Mittelhitze.

Obsttorte

Teig: 1 Ei, 3 Eßl. warmes Wasser, 75 g Zucker, 1 Päckchen Dr. Oetker Vanillin-Zucker, 100 g Weizenmehl, 3 g (1 gestrichener Teel.) Dr. Oetker Backpulver „Backin".

Pudding: ½ Päckchen Dr. Oetker Pudding-Pulver Vanille-Geschmack, 25 g (1 gut gehäufter Eßl.) Zucker, ¼ l Milch.

Belag: 500–750 g rohes, gedünstetes oder eingemachtes Obst (z. B. Äpfel, Aprikosen, Erdbeeren, Kirschen, Pfirsiche, Stachelbeeren usw.).

Guß mit Gustin: ¼ l Obstsaft, evtl. etwas Zucker, 20 g Dr. Oetker „Gustin".

oder mit

Tortenguß: 1 Päckchen Dr. Oetker Tortenguß, Wasser oder Fruchtsaft und Zucker nach Angabe auf dem Tortenguß-Beutel.

Zum Verzieren: Einige in Scheiben geschnittene Mandeln (Haselnußkerne) oder gebräunte Haferflocken.

Man schlägt Eigelb und Wasser mit einem Schneebesen zu einem **starken Schaum** und gibt nach und nach ⅔ des Zuckers mit dem Vanillin-Zucker dazu. Danach schlägt man so lange, bis eine kremartige Masse entstanden ist. Das Eiweiß wird zu steifem Schnee geschlagen. Dann gibt man unter ständigem Schlagen nach und nach den Rest des Zuckers dazu. Der Schnee muß so fest sein, daß ein Schnitt mit einem Messer sichtbar bleibt. Er wird auf den Eigelbkrem gegeben, darüber wird das mit „Backin" gemischte Mehl gesiebt. Man zieht alles vorsichtig unter den Eigelbkrem (nicht rühren!). Man füllt den Teig in eine gefettete, mit Papier ausgelegte Springform (Durchmesser etwa 26 cm). Er muß sofort gebacken werden.

Backzeit: Etwa 25 Minuten bei guter Mittelhitze.

Für den Pudding werden das Pudding-Pulver und der Zucker mit der Milch angerührt. Man bringt sie unter ständigem Rühren zum Kochen und läßt noch einmal kurz aufkochen. Damit sich keine Haut bildet, wird der Pudding während des Erkaltens häufig umgerührt.

Für den Belag kann man **weiches Obst** roh verwenden. Man bereitet es folgendermaßen vor:

Aprikosen, Erdbeeren und Pfirsiche werden gewaschen, gut abgetropft und entsteint oder entstielt.

Gedünstetes Obst (Äpfel schälen, in Viertel oder Achtel schneiden und in Zuckerwasser vorsichtig gar kochen!) oder **eingemachtes Obst** läßt man auf einem Sieb gut abtropfen.

Der gut ausgekühlte Tortenboden, von dem man das Papier abgezogen hat, wird mit Pudding bestrichen und mit den vorbereiteten Früchten belegt.

Wenn der Guß mit „Gustin" hergestellt wird, schmeckt man den Obstsaft mit Zucker ab, rührt das „Gustin" damit an, bringt den Saft unter ständigem Rühren zum Kochen und läßt ihn einmal kurz aufkochen. Der etwas abgekühlte Guß wird auf die Torte gegeben.

Wenn mit Tortenguß gearbeitet werden soll, dann wird derselbe nach Vorschrift aufgelöst und kalt gestellt. Wenn der Guß anfängt steif zu werden, wird er auf die Torte gegeben, um die man den Rand der Springform gelegt hat. Um einen schnittfesten Guß zu erhalten, stellt man die Torte recht kalt.

Zur Verzierung kann man in Scheiben geschnittene Mandeln (Haselnußkerne) oder gebräunte Haferflocken am Rand auf die Torte streuen.

Kartoffelbiskuitkuchen

4 Eier, 200 g Zucker, 1 Päckchen Dr. Oetker Vanillin-Zucker, 3 Tropfen Dr. Oetker Backöl Zitrone, ½ Teel. gemahlener Zimt, 1 Prise Salz, 250 g geriebene, gekochte Kartoffeln (vom Tage vorher!), 125 g Dr. Oetker „Gustin", 1 gut gehäufter Eßl. Kakao, 65 g gemahlene Mandeln.

Man schlägt das Eigelb mit einem Schneebesen etwas an und gibt nach und nach ⅔ des Zuckers mit dem Vanillin-Zucker dazu. Danach schlägt man so lange, bis eine kremartige Masse entstanden ist. Unter den Eigelbkrem mischt man die Gewürze, dann schlägt man die durchgepreßten Kartoffeln darunter (der Teig wird glatter und feiner, wenn man die Kartoffeln zweimal durch ein Sieb streicht oder durchpreßt!). Das Eiweiß wird zu steifem Schnee geschlagen. Man gibt unter ständigem Schlagen nach und nach den Rest des Zuckers dazu. Der Schnee muß so fest sein, daß ein Schnitt mit einem Messer sichtbar bleibt. Der Schnee wird auf den Eigelbkrem gegeben, darüber wird das mit Kakao gemischte „Gustin" gesiebt und die gemahlenen Mandeln gestreut. Man zieht alles vorsichtig unter den Eigelbkrem und füllt den Teig in eine gefettete Kastenform.

Backzeit: Etwa 60 Minuten bei guter Mittelhitze (evtl. die Hitze nach 30 Minuten schwächer einstellen!).

Kaiserkuchen (Abb. nach S. 96)

Knetteig: 250 g Weizenmehl, 3 g (1 gestrichener Teel.) Dr. Oetker Backpulver „Backin", 75 g Zucker, 1 Päckchen Dr. Oetker Vanillin-Zucker, 2 Eßl. Milch oder Wasser, 125 g Butter oder Margarine.

Biskuitteig: 6 Eier, 200 g Zucker, 1 Päckchen Dr. Oetker Vanillin-Zucker, 1 Fläschchen Dr. Oetker Arrak- oder Rum-Aroma, 250 g Weizenmehl, 6 g (2 gestrichene Teel.) Dr. Oetker Backpulver „Backin", 100 g Mandeln, 150–200 g Rosinen, 100 g Zitronat (Sukkade), 125 g Butter oder Margarine.

Für den Knetteig werden Mehl und „Backin" gemischt und auf ein Backbrett gesiebt. In die Mitte wird eine Vertiefung eingedrückt, Zucker, Vanillin-Zucker und Flüssigkeit werden hineingegeben und mit einem Teil des Mehls zu einem dicken Brei verarbeitet. Darauf gibt man das in Stücke geschnittene, kalte Fett, bedeckt es mit Mehl, drückt alles zu einem Kloß zusammen und verknetet von der Mitte aus alle Zutaten schnell zu einem glatten Teig. Sollte er kleben, stellt man ihn eine Zeitlang kalt. Gut ⅓ des

 Beachten Sie bitte die Backtabellen auf den Seiten 5 und 7 ◀

Teiges rollt man auf dem Boden einer Springform (Durchmesser etwa 26 cm) aus. Aus gut der Hälfte des restlichen Teiges wird eine Platte in der Größe der Springform gerollt, daraus werden 16–20 gleichmäßig breite Streifen gerädert. Aus dem Rest des Teiges formt man eine Rolle, legt sie als Rand auf den Boden und drückt sie so an die Form, daß ein gut 3 cm hoher Rand entsteht.

Für den Biskuitteig schlägt man das Eigelb mit einem Schneebesen etwas an und gibt nach und nach ⅔ des Zuckers mit dem Vanillin-Zucker dazu. Danach schlägt man so lange, bis eine kremartige Masse entstanden ist. Unter den Eigelbkrem mischt man das Aroma. Das Eiweiß wird zu steifem Schnee geschlagen. Dann gibt man unter ständigem Schlagen nach und nach den Rest des Zuckers dazu. Der Schnee muß so fest sein, daß ein Schnitt mit einem Messer sichtbar bleibt. Der Schnee wird auf den Eigelbkrem gegeben, darüber wird das mit „Backin" gemischte Mehl gesiebt; die abgezogenen, gehackten Mandeln, die gewaschenen, getrockneten, mit Mehl bestreuten Rosinen und das in kleine Würfel geschnittene Zitronat werden darauf gestreut. Man zieht alles vorsichtig (nicht rühren!) unter den Eigelbkrem und gibt dabei nach und nach das flüssige, abgekühlte Fett dazu. Der Biskuitteig wird in die mit Knetteig ausgelegte Springform gefüllt. Man belegt ihn gitterförmig mit den Teigstreifen.

Backzeit: 15 Minuten bei guter Mittelhitze, dann etwa 60 Minuten bei leichter Hitze.

Möhrenkuchen

3 Eier, 2 Eßl. warmes Wasser, 150 g Zucker, 5 Tropfen Dr. Oetker Backöl Zitrone, 100 g Weizenmehl, 2 Päckchen Dr. Oetker Pudding-Pulver Vanille-Geschmack, 3 g (1 gestrichener Teel.) Dr. Oetker Backpulver „Backin", 75 g gemahlene Haselnußkerne oder geriebene Semmel, 125 g geriebene rohe Möhren.

Man schlägt Eigelb und Wasser mit einem Schneebesen schaumig und gibt nach und nach ⅔ des Zuckers dazu. Danach schlägt man so lange, bis eine kremartige Masse entstanden ist. Unter den Eigelbkrem mischt man das Gewürz. Das Eiweiß wird zu steifem Schnee geschlagen. Dann gibt man unter ständigem Schlagen nach und nach den Rest des Zuckers dazu. Der Schnee muß so fest sein, daß ein Schnitt mit einem Messer sichtbar bleibt. Er wird auf den Eigelbkrem gegeben, darüber wird das mit Pudding-Pulver und „Backin" gemischte Mehl gesiebt. Die gemahlenen Haselnußkerne und die geriebenen Möhren werden auf das Mehl gegeben. Man zieht alles vorsichtig (nicht rühren!) unter den Eigelbkrem und füllt den Teig in eine gefettete, mit Papierfutter ausgelegte Kastenform.

Backzeit: Etwa 45 Minuten bei guter Mittelhitze.

Rumbiskuitkuchen

Teig: 3 Eier, 3 Eßl. warmes Wasser, 150 g Zucker, 1 Päckchen Dr. Oetker Vanillin-Zucker, 1 Fläschchen Dr. Oetker Rum-Aroma, 2 Tropfen Dr. Oetker Backöl Bittermandel, etwas Salz, 150 g Weizenmehl, 50 g Dr. Oetker „Gustin" oder 1 Päckchen Dr. Oetker Pudding-Pulver Vanille-Geschmack, 4½ g (1½ gestrichene Teel.) Dr. Oetker Backpulver „Backin", 75 g Butter oder Margarine.

Guß: 125 g Puderzucker, 25 g Kakao, 1–2 Eßl. heißes Wasser, 25 g Kokosfett (nach Belieben).

Man schlägt Eigelb und Wasser mit einem Schneebesen schaumig und gibt nach und nach ⅔ des Zuckers mit dem Vanillin-Zucker dazu. Danach schlägt man so lange, bis eine kremartige Masse entstanden ist. Unter den Eigelbkrem mischt man die Gewürze. Das Eiweiß wird zu steifem Schnee geschlagen. Dann gibt man unter ständigem Schlagen nach und nach den Rest des Zuckers dazu. Der Schnee muß so fest sein, daß ein Schnitt mit einem Messer sichtbar bleibt. Er wird auf den Eigelbkrem gegeben, darüber wird das mit „Gustin" (Pudding-Pulver) und „Backin" gemischte Mehl gesiebt. Man zieht alles vorsichtig unter den Eigelbkrem und gibt dabei nach und nach das flüssige, abgekühlte Fett dazu. Man füllt den Teig in eine gefettete, mit Papierfutter ausgelegte Kastenform.

Backzeit: Etwa 45 Minuten bei guter Mittelhitze (gegebenenfalls während des Backens die Hitze schwächer einstellen!).

Für den Guß rührt man den mit Kakao gesiebten Puderzucker mit so viel heißem Wasser und dem zerlassenen Kokosfett glatt, daß eine dickflüssige Masse entsteht. Man bestreicht den gut ausgekühlten Kuchen damit.

Schokoladenkuchen

Teig: 3 Eier, 4 Eßl. warmes Wasser, 150 g Zucker, 1 Päckchen Dr. Oetker Vanillin-Zucker, 3 Tropfen Dr. Oetker Backöl Bittermandel, etwas Salz, 150 g Weizenmehl, 1 Päckchen Dr. Oetker Schokoladen-Pudding-Pulver, 4½ g (1½ gestrichene Teel.) Dr. Oetker Backpulver „Backin", 50 g Butter oder Margarine.

Guß: 125 g Puderzucker, 25 g Kakao, 1–2 Eßl. heißes Wasser, 25 g Kokosfett (nach Belieben).

Man schlägt Eigelb und Wasser mit einem Schneebesen schaumig und gibt nach und nach ⅔ des Zuckers mit dem Vanillin-Zucker dazu. Danach schlägt man so lange, bis eine kremartige Masse entstanden ist. Unter den Eigelbkrem mischt man die Gewürze. Das Eiweiß wird zu steifem Schnee geschlagen. Dann gibt man unter ständigem Schlagen nach und nach den Rest des Zuckers dazu. Der Schnee muß so fest sein, daß ein Schnitt mit einem Messer sichtbar bleibt. Er wird auf den Eigelbkrem gegeben. Darüber wird das mit Schokoladen-Pudding-Pulver und „Backin" gemischte Mehl gesiebt. Man zieht alles vorsichtig unter den Eigelbkrem (nicht rühren!) und gibt dabei nach und nach das flüssige, abgekühlte Fett dazu. Der Teig wird in eine gefettete, mit Papier ausgelegte Kastenform gefüllt.

Backzeit: Etwa 45 Min. bei guter Mittelhitze (gegebenenfalls muß die Hitze während des Backens schwächer eingestellt werden).

Für den Guß rührt man den mit Kakao gesiebten Puderzucker mit so viel heißem Wasser und dem zerlassenen Kokosfett glatt, daß eine dickflüssige Masse entsteht. Man bestreicht den gut ausgekühlten Kuchen damit.

 Beachten Sie bitte die Backtabellen auf den Seiten 5 und 7 ◀

Torten

a) Das Füllen von Torten

1. Der Biskuitboden wird so auf einen Bogen Papier gelegt, daß die Unterseite, die glatter ist als die Oberseite, nach oben kommt. Er kann mit einem Zwirnsfaden oder großen Messer in Schichten geteilt werden.

   Damit die Schichten gleichmäßig dick werden, schneidet man den Tortenrand vorher mit einem kleinen, spitzen Messer ringsherum etwa 1 cm tief ein.

2. Nachdem man einen Zwirnsfaden in den Einschnitt gelegt hat, werden die Enden des Zwirnsfadens über Kreuz gelegt und fest angezogen, dabei durchschneidet der Faden das Gebäck.

3. Damit die Tortenschicht nicht bricht, hebt man sie mit einem Papier ab. Dazu wird das Papier an der vorderen Kante nach unten eingeknifft und unter die obere Schicht geschoben. Der Zeigefinger faßt ab und zu an die obere Schicht, damit das Papier nachgezogen werden kann.

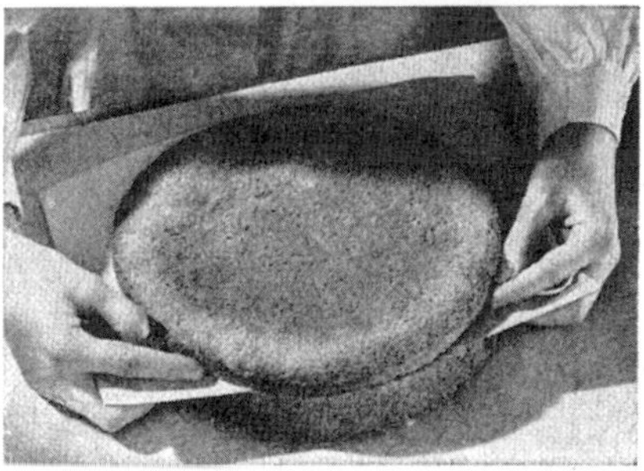

4. Die obere Schicht wird abgehoben.

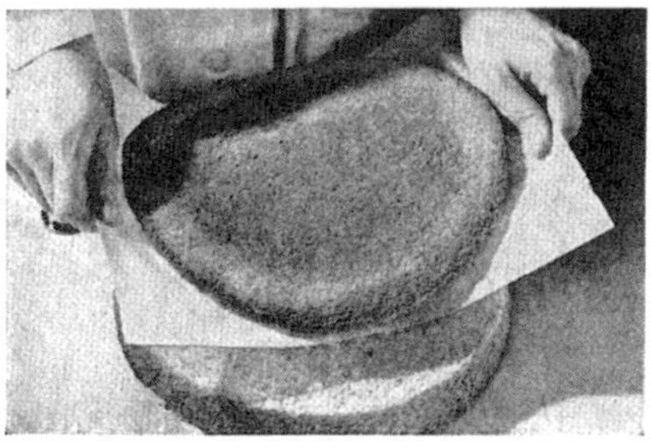

5. Soll der Biskuitboden mit einem Messer geteilt werden, dann nimmt man am besten ein Messer, das größer ist als der Boden.

6. Zum Füllen eignet sich Butterkrem, hergestellt mit Dr. Oetker Pudding-Pulver, oder Marmelade (Konfitüre). Bei Butterkremfüllung kann man zur Abwechselung eine Schicht mit Marmelade bestreichen. Dazu nimmt man einen Teigschaber, ein Messer oder ein Pfannenmesser.

7. Man legt mit Hilfe des Papiers die beiden Schichten wieder aufeinander. Hierbei ist wichtig, daß die Schichten „Kante auf Kante" gesetzt werden.

8. Die andere Schicht wird mit Butterkrem bestrichen und die dritte Schicht darauf gelegt.

b) Das Verzieren der gefüllten Torte mit Butterkrem

1. Die Torte wird auf der oberen Seite und am Rand mit Butterkrem (Herstellung von Butterkrem s. S. 150) bestrichen. Für das Verteilen des Krems am Rand nimmt man am besten ein Tafelmesser.

2. Der Rand kann mit Schokoladenstreuseln, Spaltmandeln, gemahlenen Haselnußkernen oder gebräunten Haferflocken verziert werden. Dazu gibt man die Streusel auf die Papierunterlage ganz dicht an die Torte und schiebt sie am Rand mit einem Messer oder Teigschaber hoch.

3. Bevor die Torte mit Butterkrem verziert wird, teilt man die Oberfläche mit einem Zwirnsfaden oder Messer in gleichmäßige Stücke ein. (Bei einer Springform von 24 cm Durchmesser in 12 Stücke, von 26 cm in 16 Stücke und von 28 cm in 20 Stücke.)

4. Beim Verzieren muß der Spritzbeutel senkrecht zur Torte gehalten werden. Mit der rechten Hand wird der Beutel zugehalten und der Krem herausgedrückt. Die linke Hand führt den Beutel. Man umschließt ihn jedoch nicht mit der ganzen Hand, sondern faßt mit Daumen und Zeigefinger die Tülle bzw. den Tüllenansatz. Sonst wird der Krem durch die Handwärme flüssig und läßt sich nicht spritzen.

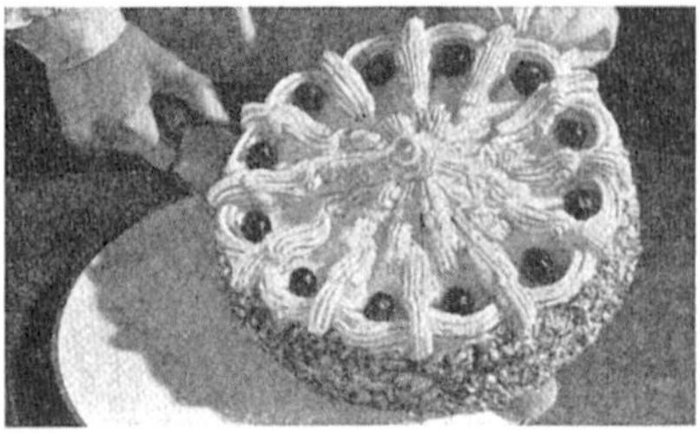

5. Die Torte wird von der Papierunterlage auf die Tortenplatte gesetzt. Damit die Torte nicht bricht, faßt man mit einem Pfannenmesser und der linken Hand darunter.

c) Einige Vorschläge zum Verzieren von Torten

Butterkrem kann in verschiedenster Form auf Torten gespritzt werden. Ungeübte Hausfrauen sollten jedoch, bevor sie richtigen Butterkrem spritzen, Versuche mit Kartoffelbrei machen. Sehr beliebt sind folgende Verzierungen:

1. Sternchen

Der Spritzbeutel wird vollkommen senkrecht zur Tortenoberfläche gehalten. Man drückt mit der rechten Hand etwas auf den Spritzbeutel und zieht ihn, sobald das Sternchen die gewünschte Größe hat, in die Höhe.

Die ganze Torte kann mit Sternchen verschiedener Größe verziert werden, man färbt dann aber die Hälfte des Butterkrems mit Kakao oder gelöster roter Gelatine.

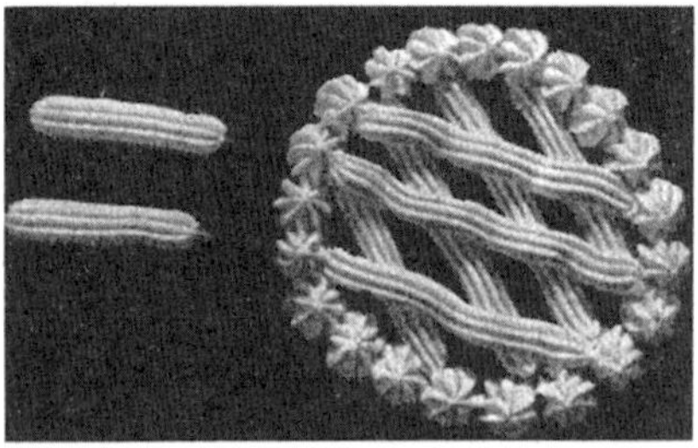

2. Gerade Linien

Die gerade Linie wird dann gewählt, wenn man den Butterkrem z. B. gitterförmig über die ganze Torte oder nur über einen Teil (Mitte) spritzen will. Die Zwischenräume kann man mit Butterkrem-Sternchen, Frucht- oder Geleestückchen verzieren.

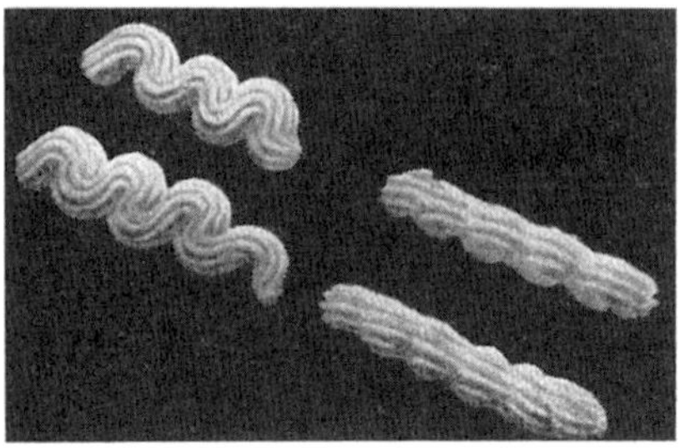

3. Wellenlinien

Die Wellenlinie ist als Rand- oder Mittelstück-Verzierung geeignet. Besonders hübsch sieht es aus, wenn die Wellenlinie nicht waagerecht auf der Torte liegt, sondern fast senkrecht darauf steht.

4. Zickzacklinien

Wenn man die Wellenlinie weiter auseinander zieht, erhält man die Zickzacklinie. Sie ist auch als Randverzierung beliebt.

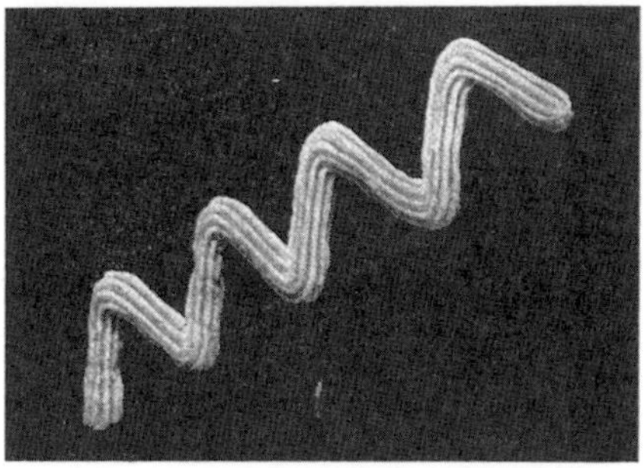

5. Zickzacklinie mit Sternchen

Man spritzt die eben beschriebene Zickzacklinie und setzt auf jede Linienspitze oder in jede Ecke ein Sternchen.

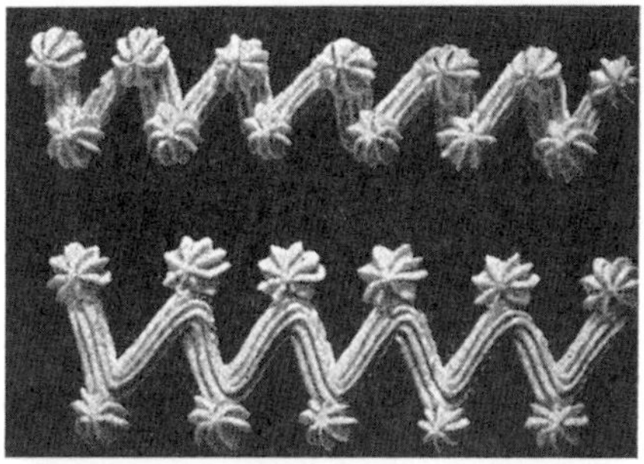

6. Tuff oder Rosette

Man spritzt einen Kreis, den man von außen nach innen verengt, dabei setzt man die einzelnen Ringe ohne Absetzen des Spritzbeutels aufeinander.

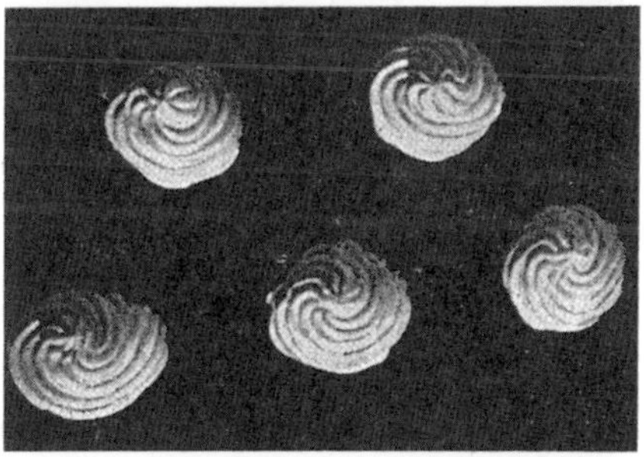

7. Schlingen und Korkenzieher

Sehr hübsche Randverzierungen sind auch Bogen, die mit kleinen Schlingen aneinandergesetzt werden.

Spritzt man diese Schlingen sehr dicht, so erhält man Korkenzieher. Sie können nach rechts oder links gedreht werden. Sie eignen sich besonders zur Verzierung des Mittelstückes.

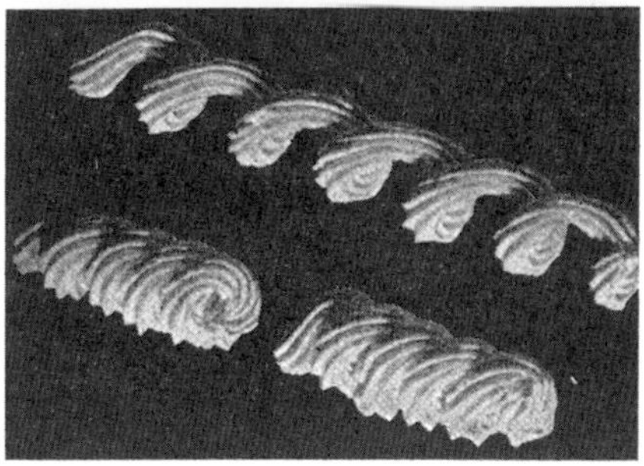

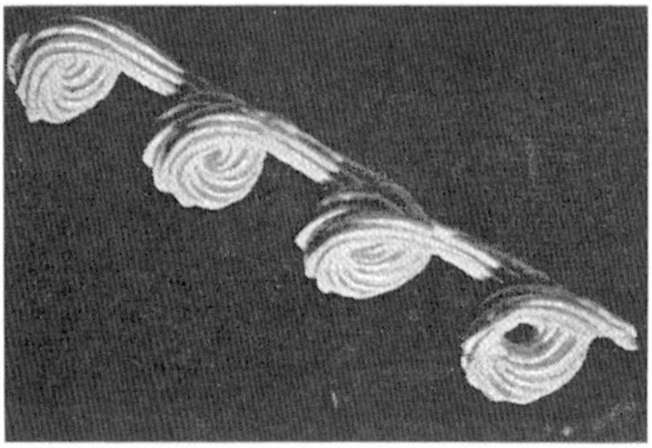

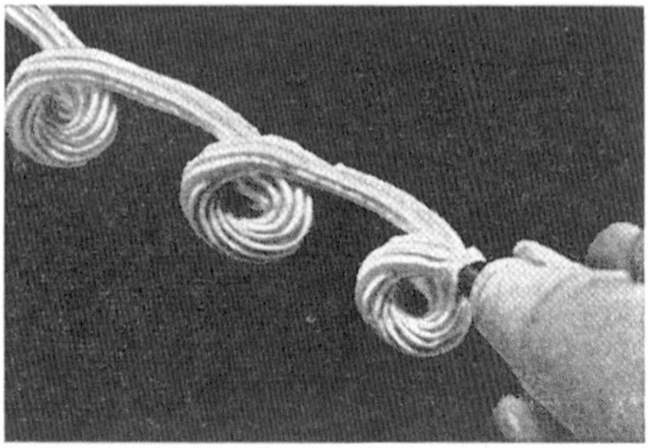

8. Schneckenmuster

Man legt 2 kleine Ringe aufeinander, fährt mit einer gebogenen Linie fort und setzt wieder eine Schnecke an.

9. Rosenlinie

Man spritzt Kreise, fängt aber in der Mitte an und legt die Ringe zwei- bis dreimal umeinander, nicht aufeinander, fährt mit einer Linie fort und bildet die nächste Rose.

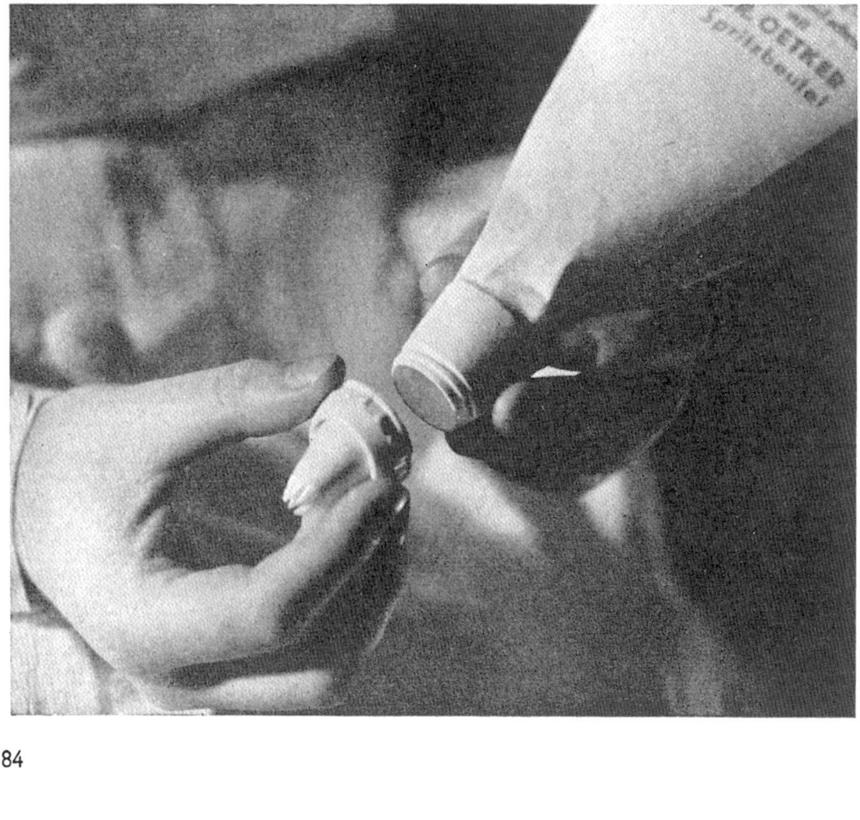

Torten-Verzierungen

Bild 1: Diese Tortenverzierung besteht aus unterschiedlich großen Sternchen. Sie werden vom Rand zur Mitte hin kleiner. Eine hübsche Farbwirkung erzielt man durch Geleetüpfchen, die am Rand und in der Mitte auf die Sternchen gesetzt werden.

Bild 2: Die obere Seite dieser Torte wird mit roter Marmelade bestrichen. Dann spritzt man ein Gitter von Butterkrem; Sternchen bilden am Rand den Abschluß.

Torten-Verzierungen

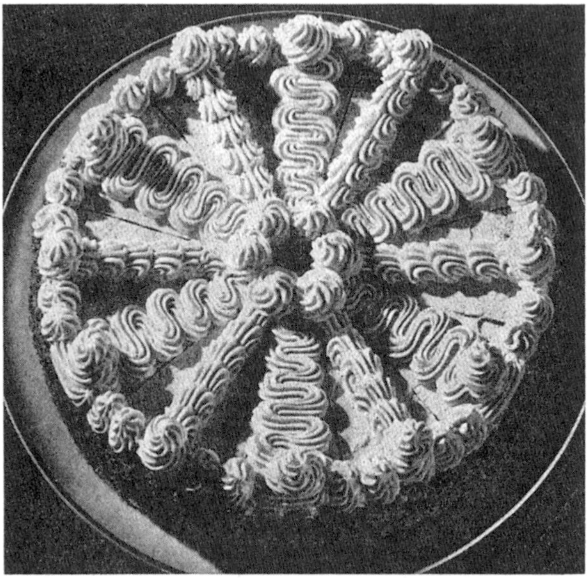

Bild 3: Hübsche Torten - Verzierungen lassen sich auch mit Wellenlinien erzielen. Bei dieser Torte liegen sie waagerecht oder stehen fast senkrecht. Rand und Mitte bestehen aus einzelnen Sternchen.

Bild 4: Bei der sogenannten „Schmetterlingstorte" sind die einzelnen Stücke mit fast senkrecht stehenden Wellenlinien verziert. Der Rand besteht aus dicht aneinandergesetzten Rosetten. Nicht abgezogene, halbierte Mandeln bilden die Flügel der Schmetterlinge, ihre länglichen Körper werden mit Gelee gespritzt.

Torten-Verzierungen

Bild 5: Die Randverzierung dieser Torte besteht aus schräg gelegten Ringen. Auf jedes einzelne Stück werden vom Rand zur Mitte hin ebenfalls Ringe gespritzt, die zur Mitte hin in eine einfache Linie übergehen. Rosetten vervollständigen das hübsche Bild.

Bild 6: Diese Butterkremtütchen erhält man, wenn man auf jedes Stück, von der Mitte ausgehend, möglichst dicht aneinandergelegte, größer werdende Ringe spritzt. Als Abschluß legt man in jedes Tütchen eine Kirsche oder spritzt etwas Marmelade oder Gelee hinein.

Torten-Verzierungen

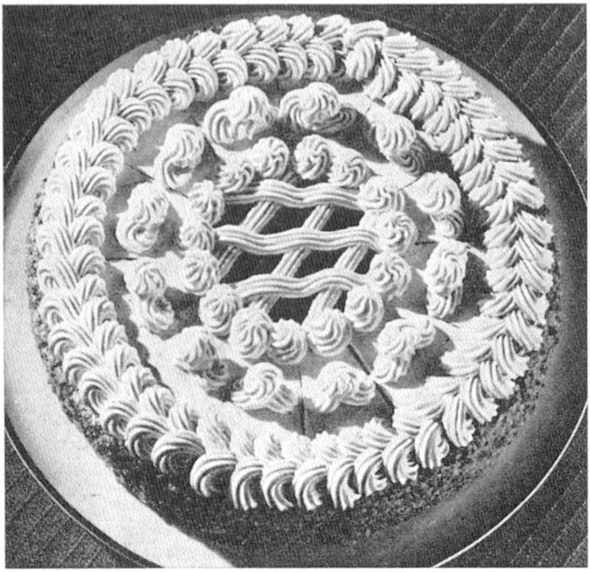

Bild 7: Die Mitte dieser Torte ist mit einem Gitter verziert (Tortenmitte vorher mit Marmelade bestreichen!), das von Sternchen oder Rosetten eingeschlossen wird. Achten (8) aus Butterkrem, auf die man je ein Sternchen oder eine Rosette setzt, schließen sich daran an. Die Randverzierung besteht aus dicht aneinandergelegten Schlingen, die abwechselnd nach links oder nach rechts herumgelegt werden.

Bild 8: Bei dieser Verzierung handelt es sich wieder um die Wellenlinie. Sie wird aber nicht in einer Linie gespritzt, sondern nach jeder Auf- und Abwärtsbewegung entweder nach links oder nach rechts verschoben. Besonders wirkungsvoll sieht diese Verzierung aus, wenn die einzelnen Wellenlinien nicht zu klein ausfallen.

Torten-Verzierungen

Bild 9: Die Verzierung der einzelnen Stücke beginnt bei dieser Torte von der Mitte aus. Man spritzt zunächst eine kurze gerade Linie, dann Schlingen, die abwechselnd nach links oder nach rechts herumgelegt werden. Die Randverzierung besteht ebenfalls aus derartigen Schlingen, man läßt sie möglichst dicht aufeinander folgen. – In bestimmten Abständen auf die Schlingen gesetzte Sternchen runden das Bild ab.

Bild 10: Es handelt sich bei den einzelnen Verzierungen um Sechsen (6), die möglichst dicht aneinander gespritzt werden. Man muß aber dabei beachten, daß man, sobald eine Sechs gespritzt ist, die nächste nicht sofort daranhängt, sondern den Weg etwas zurück geht, dabei legt man auf den oberen Bogen der Null der Sechs (6) noch einen zweiten, erst dann spritzt man die nächste Sechs möglichst dicht daran.

Das Überziehen von Torten mit Guß

1. Die Torte wird vor dem Auftragen des Gusses dünn mit Marmelade bestrichen, damit der Guß nicht einsickert. Dazu nimmt man eine glatte, nicht stückige Marmelade, für weiße Güsse am besten Aprikosenmarmelade. (Stückige Marmelade muß vorher durch ein Sieb gestrichen werden.)

2. Der angerührte Guß wird mitten auf die Torte gegossen.

3. Man verstreicht ihn schnell mit einem großen Messer, und zwar so, daß er an den Rändern herunterläuft. Das Messer muß dabei schräg gehalten und nur leicht aufgedrückt werden. Wenn bei der Verteilung des Gusses die Richtung des Messers geändert werden muß, darf es nicht jedesmal aus dem Guß herausgezogen werden, weil dadurch leicht Krümel von dem Biskuitboden abgehoben werden und diese den Guß unansehnlich machen.

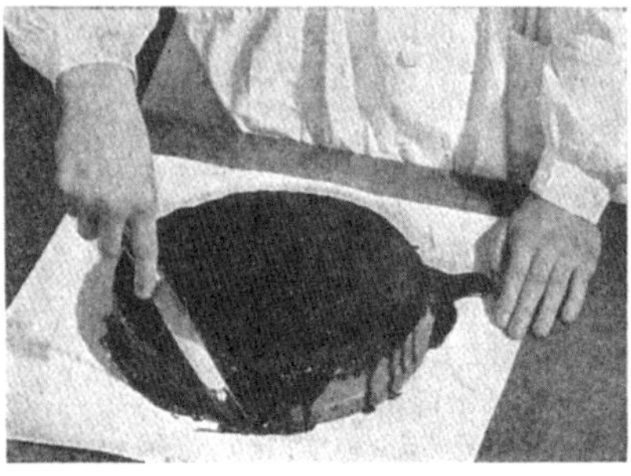

4. Der heruntergelaufene Guß wird am Tortenrand mit einem schräg gehaltenen Messer glatt- und hochgestrichen.

5. Die Torte kann mit abgezogenen, halbierten Mandeln (Haselnußkernen) verziert werden. Der Guß darf jedoch noch nicht angetrocknet sein, weil dann die Mandeln nicht mehr haften. Deswegen ist schnelles Arbeiten erforderlich.

Weiterhin ist wichtig, daß man die Torte so schnell wie möglich auf eine Tortenplatte setzt oder daß man den Guß erst vollständig trocknen läßt (andernfalls Risse im Guß).

Butterkremtorte (Abb. zwischen S. 96 und 97)

Teig I: 3 Eier, 3–4 Eßl. warmes Wasser*), 150 g Zucker, 1 Päckchen Dr. Oetker Vanillin-Zucker, 100 g Weizenmehl, 100 g Dr. Oetker „Gustin“, 9 g (3 gestrichene Teel.) Dr. Oetker Backpulver „Backin“.

*) Bei großen Eiern nimmt man 3 Eßlöffel Wasser und bei kleinen 4 Eßlöffel.

oder

Teig II: 4 Eier, 2 Eßl. warmes Wasser, 150 g Zucker, 1 Päckchen Dr. Oetker Vanillin-Zucker, 100 g Weizenmehl, 100 g Dr. Oetker „Gustin“, 6 g (2 gestrichene Teel.) Dr. Oetker Backpulver „Backin“.

Butterkrem: 1 Päckchen Dr. Oetker Pudding-Pulver Vanille-, Mandel-, Sahne- oder Zitrone-Geschmack, 75–100 g Zucker, ½ l Milch; 200–250 g Butter oder Margarine.

Füllung: 2–3 Eßl. rote Marmelade.

Für den Rand: 1 Teel. Butter (Margarine), 50 g Haferflocken, 25 g (1 gehäufter Eßl.) Zucker } oder in Scheiben geschnittene Mandeln (Haselnußkerne).

Man schlägt Eigelb und Wasser mit einem Schneebesen schaumig und gibt nach und nach ⅔ des Zuckers mit dem Vanillin-Zucker dazu. Danach schlägt man so lange, bis eine kremartige Masse entstanden ist. Das Eiweiß wird zu steifem Schnee geschlagen. Dann gibt man unter ständigem Schlagen nach und nach den Rest des Zuckers dazu. Der Schnee muß so fest sein, daß ein Schnitt mit einem Messer sichtbar bleibt. Er wird auf den Eigelbkrem gegeben, darüber wird das mit „Gustin“ und „Backin“ gemischte Mehl gesiebt. Man zieht alles vorsichtig (nicht rühren!) unter den Eigelbkrem und füllt den Teig in eine mit Papier ausgelegte Springform (Durchmesser etwa 26 cm). Er muß sofort gebacken werden.

Backzeit: Etwa 35 Minuten bei guter Mittelhitze.

Der Boden wird am besten am nächsten Tag verwendet und die Füllung erst dann hergestellt.

Für den Butterkrem werden das Pudding-Pulver und der Zucker mit 6 Eßl. von der Milch angerührt. Die übrige Milch bringt man zum Kochen, nimmt sie von der Kochstelle, gibt das angerührte Pudding-Pulver unter Rühren hinein und läßt noch einmal kurz aufkochen. Damit sich keine Haut bildet, wird der Pudding während des Erkaltens häufig umgerührt.

Man rührt das Fett schaumig und gibt den Pudding eßlöffelweise darunter (darauf achten, daß weder Fett noch Pudding zu kalt sind, da dann die sogenannte Gerinnung eintritt!).

Der Tortenboden wird zweimal durchgeschnitten. Man bestreicht den untersten Boden erst dünn mit Marmelade und dann mit gut ¼ des Butterkrems, legt den zweiten darauf, bestreicht mit knapp der Hälfte des restlichen Krems und bedeckt mit dem dritten. Rand und obere Seite der Torte werden dünn und gleichmäßig mit etwas von dem zurückgelassenen Butterkrem bestrichen.

Für den Rand werden die Haferflocken mit dem Fett unter ständigem Rühren leicht gebräunt. Zum Schluß rührt man den Zucker darunter und läßt noch etwas damit bräunen. Der Rand der Torte wird mit den erkalteten Haferflocken oder mit den in Scheiben geschnittenen Mandeln (Haselnußkernen) bestreut. Man spritzt den Rest des Butterkrems auf die Torte.

Veränderung: Für den Butterkrem kann man auch mit 100 g Fett auskommen. Die Torte wird dann mit knapp der Hälfte des Puddings gefüllt. Aus dem restlichen Pudding und dem Fett stellt man einen Butterkrem her und garniert die Torte damit.

Mokka-Schokoladen-Butterkremtorte

Teig: 3 Eier, 3–4 Eßl. warmes Wasser*), 150 g Zucker, 1 Päckchen Dr. Oetker Vanillin-Zucker, 100 g Weizenmehl, 100 g Dr. Oetker „Gustin", 9 g (3 gestrichene Teel.) Dr. Oetker Backpulver „Backin".

Butterkrem: ½ l Milch, 1 Päckchen Dr. Oetker Schokoladen-Pudding-Pulver, 150 g Zucker, 1 Tube Nescafe (3,5 g), 200–250 g Butter oder Margarine.

Für den Rand: 1 Teel. Butter (Margarine), 50 g Haferflocken, 25 g (1 gehäufter Eßl.) Zucker } oder Schokoladenstreusel.

*) Bei großen Eiern nimmt man 3 Eßlöffel Wasser und bei kleinen 4 Eßlöffel.

Man schlägt Eigelb und Wasser mit einem Schneebesen schaumig und gibt nach und nach ⅔ des Zuckers mit dem Vanillin-Zucker dazu. Danach schlägt man so lange, bis eine dicke, kremartige Masse entstanden ist. Das Eiweiß wird zu steifem Schnee geschlagen. Dann gibt man unter ständigem Schlagen nach und nach den Rest des Zuckers dazu. Der Schnee muß so fest sein, daß ein Schnitt mit einem Messer sichtbar bleibt. Er wird auf den Eigelbkrem gegeben. Darüber wird das mit „Gustin" und „Backin" gemischte Mehl gesiebt. Man zieht alles vorsichtig (nicht rühren!) unter den Eigelbkrem und füllt den Teig in eine mit Papier ausgelegte Springform (Durchmesser etwa 26 cm). Er muß sofort gebacken werden.

Backzeit: Etwa 35 Minuten bei guter Mittelhitze.

Der Boden wird am besten am nächsten Tag verwendet und die Füllung erst dann hergestellt.

Für den Butterkrem werden das Pudding-Pulver und der Zucker mit 6 Eßl. von der kalten Milch angerührt. Man bringt die übrige Milch zum Kochen. Sobald sie kocht, nimmt man sie von der Kochstelle, gibt das angerührte Pudding-Pulver unter Rühren hinein und läßt noch einmal kurz aufkochen. Danach wird der Inhalt der Tube Nescafe sorgfältig unter den Pudding gerührt. Damit sich keine Haut bildet, wird der Pudding während des Erkaltens häufig umgerührt.

 Beachten Sie bitte die Backtabellen auf den Seiten 5 und 7 ◀

Man rührt das Fett schaumig und gibt den erkalteten Pudding eßlöffelweise darunter (darauf achten, daß weder Fett noch Pudding zu kalt sind, da dann die sogenannte Gerinnung eintritt!).

Der Tortenboden wird zweimal durchgeschnitten. Man bestreicht den untersten Boden mit gut ¼ des Butterkrems, legt den zweiten darauf, bestreicht mit knapp der Hälfte des restlichen Krems und bedeckt mit dem dritten. Rand und obere Seite der Torte werden dünn und gleichmäßig mit etwas von dem zurückgelassenen Butterkrem bestrichen.

Für den Rand werden die Haferflocken mit dem Fett unter ständigem Rühren leicht gebräunt. Zum Schluß rührt man den Zucker darunter und läßt noch etwas damit bräunen. Der Rand der Torte wird mit den erkalteten Haferflocken oder mit den Schokoladenstreuseln bestreut. Man spritzt den Rest des Butterkrems auf die Torte.

Mokkatorte

Teig: 3 Eier, 3–4 Eßl. warmes Wasser*), 150 g Zucker, 1 Päckchen Dr. Oetker Vanillin-Zucker, 100 g Weizenmehl, 100 g Dr. Oetker „Gustin", 9 g (3 gestrichene Teel.) Dr. Oetker Backpulver „Backin".

Butterkrem: ½ l Milch, 1 Päckchen Dr. Oetker Pudding-Pulver Sahne-Geschmack, 100–150 g Zucker; 1 Tube Nescafe (3,5 g); 200–250 g Butter oder Margarine.

Für den Rand: Schokoladenstreusel.

*) Bei großen Eiern nimmt man 3 Eßlöffel Wasser und bei kleinen 4 Eßlöffel.

Die Herstellung der Mokkatorte richtet sich nach den Angaben für die Mokka-Schokoladen-Butterkremtorte (S. 92).

Karamel-Butterkremtorte

Teig: 3 Eier, 3–4 Eßl. warmes Wasser*), 150 g Zucker, 1 Päckchen Dr. Oetker Vanillin-Zucker, 100 g Weizenmehl, 100 g Dr. Oetker „Gustin", 9 g (3 gestrichene Teel.) Dr. Oetker Backpulver „Backin".

Füllung I. Butterkrem: 1 Päckchen Dr. Oetker Pudding-Pulver Vanille-Geschmack, ½ l Milch, 100 g Zucker; 200–250 g Butter oder Margarine, 50 g Zucker.

Füllung II. Marmelade: 150 g Aprikosenmarmelade.

Für den Rand: In Scheiben geschnittene Mandeln oder Haselnußkerne.

*) Bei großen Eiern nimmt man 3 Eßlöffel Wasser und bei kleinen 4 Eßlöffel.

Man schlägt Eigelb und Wasser mit einem Schneebesen schaumig und gibt nach und nach ⅔ des Zuckers mit dem Vanillin-Zucker dazu. Danach schlägt man so lange, bis eine kremartige Masse entstanden ist. Das Eiweiß wird zu steifem Schnee geschlagen. Dann gibt man unter ständigem Schlagen nach und nach den Rest des Zuckers dazu. Der Schnee muß so fest sein, daß ein Schnitt mit einem Messer sichtbar bleibt. Er wird auf den Eigelbkrem gegeben. Darüber wird das mit „Gustin" und „Backin" gemischte Mehl gesiebt. Man zieht alles vorsichtig (nicht rühren!) unter den Eigelbkrem und füllt den Teig in eine mit Papier ausgelegte Springform (Durchmesser etwa 26 cm). Er muß sofort gebacken werden.

Backzeit: Etwa 35 Minuten bei guter Mittelhitze.

Der Boden wird am besten am nächsten Tag verwendet und die Füllung erst dann hergestellt.

▶ *Beachten Sie bitte die Backtabellen auf den Seiten 5 und 7*

Für den Butterkrem wird das Pudding-Pulver mit 6 Eßl. von der Milch angerührt. Man gibt den Zucker in einen Topf, erhitzt ihn unter Rühren so lange, bis er hellbraun geworden ist, löscht mit der restlichen Milch ab und bringt zum Kochen. Sobald die Milch kocht, gibt man das angerührte Pudding-Pulver unter Rühren hinein und läßt noch einmal kurz aufkochen. Damit sich keine Haut bildet, wird der Pudding während des Erkaltens häufig umgerührt.

Man rührt das Fett schaumig und gibt nach und nach eßlöffelweise den Zucker und den Pudding darunter (darauf achten, daß weder Fett noch Pudding zu kalt sind, da dann die sogenannte Gerinnung eintritt!).

Der Tortenboden wird zweimal durchgeschnitten. Man bestreicht den untersten Boden mit der Aprikosenmarmelade und mit gut ¼ des Butterkrems, legt den zweiten darauf, bestreicht mit knapp der Hälfte des restlichen Krems und bedeckt mit dem dritten. Rand und obere Seite der Torte werden dünn und gleichmäßig mit etwas von dem zurückgelassenen Karamel-Butterkrem bestrichen.

Der Rand der Torte wird mit den in Scheiben geschnittenen Mandeln oder Haselnußkernen bestreut.

Man spritzt den Rest des Butterkrems auf die Torte.

Apfelsinentorte

Teig: 3 Eier, 3–4 Eßl. warmes Wasser*), 150 g Zucker, 1 Päckchen Dr. Oetker Vanillin-Zucker, 100 g Weizenmehl, 100 g Dr. Oetker „Gustin", 9 g (3 gestrichene Teel.) Dr. Oetker Backpulver „Backin".

Apfelsinen-Butterkrem: 1 Päckchen Dr. Oetker „Fruttina"-Pudding-Pulver Zitrone-Geschmack, 25 g Dr. Oetker „Gustin", 150 g Zucker, ⅛ l Apfelsinensaft (gepreßt aus 2 großen oder 3 kleinen Apfelsinen), ⅜ l Wasser, 200–250 g Butter oder Margarine.

Für den Rand: In Scheiben geschnittene, abgezogene Mandeln.

Zum Verzieren: 12–16 Apfelsinenspalten.

*) Bei großen Eiern nimmt man 3 Eßl. Wasser und bei kleinen 4 Eßlöffel.

Man schlägt Eigelb und Wasser mit einem Schneebesen schaumig und gibt nach und nach ⅔ des Zuckers mit dem Vanillin-Zucker dazu. Danach schlägt man so lange, bis eine kremartige Masse entstanden ist. Das Eiweiß wird zu steifem Schnee geschlagen. Dann gibt man unter ständigem Schlagen nach und nach den Rest des Zuckers dazu. Der Schnee muß so fest sein, daß ein Schnitt mit einem Messer sichtbar bleibt. Der Schnee wird auf den Eigelbkrem gegeben, darüber wird das mit „Gustin" und „Backin" gemischte Mehl gesiebt. Man zieht alles vorsichtig (nicht rühren!) unter den Eigelbkrem und füllt den Teig in eine mit Papier ausgelegte Springform (Durchmesser etwa 26 cm). Er muß sofort gebacken werden.

Backzeit: Etwa 35 Minuten bei guter Mittelhitze.

Der Boden wird am besten am nächsten Tag verwendet und die Füllung erst dann hergestellt.

Für den Butterkrem werden das Pudding-Pulver, das „Gustin" und der Zucker mit dem Apfelsinensaft angerührt. Man erhitzt das Wasser. Sobald es kocht, nimmt man es von der Kochstelle, gibt das angerührte Pudding-Pulver unter Rühren hinein und läßt noch einmal kurz aufkochen. Damit sich keine Haut bildet, wird der Pudding während des Erkaltens häufig umgerührt.

Man rührt das Fett schaumig und gibt den Pudding eßlöffelweise darunter (darauf achten, daß weder Fett noch Pudding zu kalt sind, da dann die sogenannte „Gerinnung" eintritt!).

Der Tortenboden wird zweimal durchgeschnitten. Man bestreicht den untersten Boden mit gut ¼ des Butterkrems, legt den zweiten darauf, bestreicht mit knapp der Hälfte des restlichen Krems und bedeckt mit dem dritten. Rand und obere Seite der Torte werden dünn und gleichmäßig mit etwas von dem zurückgelassenen Butterkrem bestrichen.

Man verziert den Rand der Torte mit den in Scheiben geschnittenen Mandeln, legt die Apfelsinenspalten in einem hübschen Muster auf die Torte und verziert die Torte mit dem restlichen Butterkrem.

Aprikosentorte

Teig: 4 Eier, 2 Eßl. warmes Wasser, 150 g Zucker, 1 Päckchen Dr. Oetker Vanillin-Zucker, 100 g Weizenmehl, 100 g Dr. Oetker „Gustin", 6 g (2 gestrichene Teel.) Dr. Oetker Backpulver „Backin".

Füllung: Etwa 350 g Aprikosenmarmelade.

Guß: 200 g Puderzucker, etwa 3 Eßl. heißes Wasser, 1 Teel. Kakao.

Rand: 50 g in Scheiben geschnittene, gebräunte Mandeln.

Man schlägt Eigelb und Wasser mit einem Schneebesen schaumig und gibt nach und nach ⅔ des Zuckers mit dem Vanillin-Zucker dazu. Danach schlägt man so lange, bis eine kremartige Masse entstanden ist. Das Eiweiß wird zu steifem Schnee geschlagen. Dann gibt man unter ständigem Schlagen nach und nach den Rest des Zuckers dazu. Der Schnee muß so fest sein, daß ein Schnitt mit einem Messer sichtbar bleibt. Er wird auf den Eigelbkrem gegeben, darüber wird das mit „Gustin" und „Backin" gemischte Mehl gesiebt. Man zieht alles vorsichtig (nicht rühren!) unter den Eigelbkrem und füllt den Teig in eine mit Papier ausgelegte Springform (Durchmesser etwa 26 cm).

Backzeit: Etwa 35 Minuten bei guter Mittelhitze.

Der Tortenboden wird am besten am nächsten Tag verwendet.

Man schneidet ihn dann drei- bis viermal durch, bestreicht die einzelnen Schichten (die oberste nicht!) nicht zu dick mit Aprikosenmarmelade und setzt sie wieder aufeinander. Die obere Seite und der Rand der Torte werden dünn und gleichmäßig mit Aprikosenmarmelade bestrichen (vorher durch ein Sieb streichen!).

Für den Guß rührt man den gesiebten Puderzucker mit so viel heißem Wasser glatt, daß eine dickflüssige Masse entsteht. Man nimmt 1 Eßl. davon ab, rührt einen Teel. Kakao darunter (evtl. noch etwas Wasser zusetzen!) und füllt den Kakaoguß in ein Pergamenttütchen. Die obere Seite der Torte wird mit dem weißen Guß bestrichen. Dann spritzt man in gleichmäßigen Abständen von der Mitte aus braune Ringe auf die Torte. Mit einem nassen Messer zieht man von der Mitte aus zum Rand leicht durch den Guß. Schnelles Arbeiten ist hierbei erforderlich, weil sonst der Guß zu trocken wird (siehe S. 155).

Der Rand der Torte wird mit den in Scheiben geschnittenen Mandeln verziert.

Luisentorte

Teig: 3 Eier, 3–4 Eßl. warmes Wasser*), 150 g Zucker, 1 Päckchen Dr. Oetker Vanillin-Zucker, 100 g Weizenmehl, 100 g Dr. Oetker „Gustin", 9 g (3 gestrichene Teel.) Dr. Oetker Backpulver „Backin".

Krem: 1 Päckchen Dr. Oetker Pudding-Pulver Vanille-Geschmack, 75–100 g Zucker, 1 Päckchen Dr. Oetker Vanillin-Zucker, ¾ l Milch, 1 Päckchen Dr. Oetker „Regina"-Gelatine gemahlen, weiß und 2 Eßl. kaltes Wasser.

Zum Bestreichen: Etwas Aprikosenmarmelade.

Guß: 200 g Puderzucker, etwa 3 Eßl. heißer starker Bohnenkaffee.

Krokant: 1 Messerspitze Butter, 50 g Zucker, 100 g abgezogene, feingehackte Mandeln oder Haselnußkerne.

*) Bei großen Eiern nimmt man 3 Eßlöffel Wasser und bei kleinen 4 Eßlöffel.

Man schlägt Eigelb und Wasser mit einem Schneebesen schaumig und gibt nach und nach ⅔ des Zuckers mit dem Vanillin-Zucker dazu. Danach schlägt man so lange, bis eine kremartige Masse entstanden ist. Das Eiweiß wird zu steifem Schnee geschlagen. Dann gibt man unter ständigem Schlagen nach und nach den Rest des Zuckers dazu. Der Schnee muß so fest sein, daß ein Schnitt mit einem Messer sichtbar bleibt. Er wird auf den Eigelbkrem gegeben. Darüber wird das mit „Gustin" und „Backin" gemischte Mehl gesiebt. Man zieht alles vorsichtig (nicht rühren!) unter den Eigelbkrem und füllt den Teig in eine mit Papier ausgelegte Springform (Durchmesser etwa 26 cm).

Backzeit: Etwa 35 Minuten bei guter Mittelhitze.

Für den Krem rührt man das Pudding-Pulver, den Zucker und den Vanillin-Zucker mit 6 Eßl. von der Milch an. Die übrige Milch bringt man zum Kochen. Sobald sie kocht, nimmt man sie von der Kochstelle, gibt das angerührte Pudding-Pulver unter Rühren hinein und läßt noch einmal kurz aufkochen. Die nach Vorschrift in Wasser eingeweichte Gelatine wird in den heißen Pudding gegeben. Man rührt so lange, bis sich die Gelatine vollkommen aufgelöst hat. Damit sich keine Haut bildet, wird der Pudding während des Erkaltens häufig umgerührt.

Der Tortenboden wird zweimal durchgeschnitten. Man bestreicht den untersten Boden mit der Hälfte des Krems, legt den zweiten darauf, bestreicht mit dem Rest des Krems und bedeckt mit dem dritten. Die obere Seite der Torte wird dünn mit Marmelade bestrichen.

Für den Guß rührt man den gesiebten Puderzucker mit so viel heißem Bohnenkaffee glatt, daß eine dickflüssige Masse entsteht. Die obere Seite und der Rand der Torte werden damit bestrichen.

Für den Krokant bräunt man Butter und Zucker leicht, rührt die gehackten, abgezogenen Mandeln oder Haselnußkerne darunter, erhitzt unter ständigem Rühren, bis der Krokant genug gebräunt ist, läßt ihn auf einer geölten Platte völlig erkalten und zerklopft dann den Krokant. Die Torte wird dicht damit bestreut.

Veränderung: Die Torte kann auch mit Kaffeekrem gefüllt werden (s. S. 154).

 Beachten Sie bitte die Backtabellen auf den Seiten 5 und 7 ◀

Kaiserkuchen
Rezept Seite 76

Haselnußkranz
Rezept Seite 36

Käsekremtorte
Rezept Seite 47

Butterkremtorte
Rezept Seite 91

Spritzgebäck
Rezept Seite 29

Schwarzweiß-Gebäck
Rezept Seite 66

Möhrentorte

Teig: 4 Eier, 2 Eßl. warmes Wasser, 200 g Zucker, 1 Fläschchen Dr. Oetker Rum-Aroma, 3 Tropfen Dr. Oetker Backöl Zitrone, 90 g Dr. Oetker „Gustin", 6 g (2 gestrichene Teel.) Dr. Oetker Backpulver „Backin", 200 g gemahlene Mandeln oder Haselnußkerne, 200 g geriebene rohe Möhren.

Zum Bestreichen: Etwas Marmelade.

Guß: 200 g Puderzucker, 25 g Kakao, etwa 3 Eßl. heißes Wasser.

Rand: In Scheiben geschnittene Mandeln oder Haselnußkerne.

Man schlägt Eigelb und Wasser mit einem Schneebesen schaumig und gibt nach und nach ⅔ des Zuckers dazu. Danach schlägt man so lange, bis eine kremartige Masse entstanden ist. Unter den Eigelbkrem mischt man die Gewürze. Das Eiweiß wird zu steifem Schnee geschlagen. Dann gibt man unter ständigem Schlagen nach und nach den Rest des Zuckers dazu. Der Schnee muß so fest sein, daß ein Schnitt mit einem Messer sichtbar bleibt. Er wird auf den Eigelbkrem gegeben. Darüber werden das mit „Backin" gemischte und gesiebte „Gustin", die Mandeln und die Möhren gegeben. Man zieht alles vorsichtig (nicht rühren!) unter den Eigelbkrem und füllt den Teig in eine mit Papier ausgelegte Springform (Durchmesser etwa 26 cm).

Backzeit: Etwa 40 Minuten bei guter Mittelhitze.

Der gut ausgekühlte Tortenboden wird am Rand und auf der oberen Seite dünn und gleichmäßig mit Marmelade bestrichen.

Für den Guß rührt man den mit Kakao gesiebten Puderzucker mit so viel heißem Wasser glatt, daß eine dickflüssige Masse entsteht. Die obere Seite und der Rand der Torte werden damit bestrichen.

Der Rand der Torte wird mit den in Scheiben geschnittenen Mandeln (Haselnußkernen) bestreut.

Nougattorte

Teig: 3 Eier, 3–4 Eßl. warmes Wasser*), 175 g Zucker, 1 Päckchen Dr. Oetker Vanillin-Zucker, 100 g Weizenmehl, 100 g Dr. Oetker „Gustin", 30 g Kakao, 9 g (3 gestrichene Teel.) Dr. Oetker Backpulver „Backin".

Füllung: 2 Eier, 125 g Zucker oder Puderzucker, 1 Päckchen Dr. Oetker Vanillin-Zucker, 50 g Kakao, 60 g mit der Schale geriebene Mandeln, 100 g Kokosfett.

Zum Bestreichen: Etwas Aprikosenmarmelade.

Guß: 200 g Puderzucker, 30 g Kakao, 2–3 Eßl. heißes Wasser, 25 g flüssiges Kokosfett.

Zum Verzieren: Einige abgezogene, halbierte Mandeln

*) Bei großen Eiern nimmt man 3 Eßlöffel Wasser und bei kleinen 4 Eßlöffel.

Man schlägt Eigelb und Wasser mit einem Schneebesen schaumig und gibt nach und nach ⅔ des Zuckers mit dem Vanillin-Zucker dazu. Danach schlägt man so lange, bis eine kremartige Masse entstanden ist. Das Eiweiß wird zu steifem Schnee geschlagen, dann gibt man unter ständigem Schlagen nach und nach den Rest des Zuckers dazu. Der Schnee muß so fest sein, daß ein Schnitt mit einem Messer sichtbar bleibt. Er wird auf den Eigelbkrem gegeben. Darüber wird das mit „Gustin", Kakao und „Backin" gemischte Mehl gesiebt. Man zieht alles vorsichtig (nicht rühren!) unter den Eigelbkrem. Der Teig wird in eine mit Papier ausgelegte Springform (Durchmesser etwa 26 cm) gefüllt. Er muß sofort gebacken werden.

Backzeit: Etwa 35 Minuten bei guter Mittelhitze.

Der Boden wird am besten am nächsten Tag verwendet und dann erst gefüllt.

Für die Füllung rührt man die Eier mit dem Zucker und Vanillin-Zucker schaumig und gibt löffelweise den gesiebten Kakao und die Mandeln hinzu. Zuletzt wird das flüssige, etwa noch handwarme Kokosfett darunter gerührt.

Den gut ausgekühlten Tortenboden schneidet man zweimal durch und füllt ihn mit der Nougatmasse. Die obere Seite und der Rand der Torte werden dünn und gleichmäßig mit der Aprikosenmarmelade bestrichen.

Für den Guß wird der mit Kakao gesiebte Puderzucker mit so viel heißem Wasser und gelöstem Kokosfett glattgerührt, daß eine dickflüssige Masse entsteht. Man bestreicht die obere Seite und den Rand der Torte damit. Die halbierten Mandeln werden zu einem hübschen Muster auf die Torte gelegt.

Nuß- oder Mandeltorte

Teig: 3 Eier, 4 Eßl. warmes Wasser, 150 g Zucker, 1 Päckchen Dr. Oetker Vanillin-Zucker, 100 g Weizenmehl, 80 g Dr. Oetker „Gustin", 9 g (3 gestrichene Teel.) Dr. Oetker Backpulver „Backin", 100 g gemahlene Haselnußkerne oder abgezogene, gemahlene Mandeln.

Füllung: **I.** 1 Päckchen Dr. Oetker Pudding-Pulver Vanille-Geschmack, 75 g Zucker, ½ l Milch, 50 g Butter oder Margarine, 65 g gemahlene Haselnußkerne oder Mandeln, 2 Tropfen Dr. Oetker Backöl Bittermandel. – **II.** Etwas Aprikosenmarmelade.

Guß: 200 g Puderzucker, ½ Fl. Dr. Oetker Rum-Aroma, etwa 3 Eßl. heißes Wasser.

Zum Verzieren: Einige Haselnußkerne oder abgezogene, halbierte Mandeln.

Man schlägt Eigelb und Wasser mit einem Schneebesen schaumig und gibt nach und nach ⅔ des Zuckers mit dem Vanillin-Zucker dazu. Danach schlägt man so lange, bis eine kremartige Masse entstanden ist. Das Eiweiß wird zu steifem Schnee geschlagen. Dann gibt man unter ständigem Schlagen nach und nach den Rest des Zuckers dazu. Der Schnee muß so fest sein, daß ein Schnitt mit einem Messer sichtbar bleibt. Er wird auf den Eigelbkrem gegeben. Darüber wird das mit „Gustin" und „Backin" gemischte Mehl gesiebt und die Haselnußkerne (Mandeln) gegeben. Man zieht alles vorsichtig (nicht rühren!) unter den Eigelbkrem. Der Teig wird in eine mit Papier ausgelegte Springform (Durchmesser etwa 26 cm) gefüllt. Er muß sofort gebacken werden.

Backzeit: Etwa 35 Minuten bei guter Mittelhitze.

Der Boden wird am besten am nächsten Tag verwendet und die Füllung erst dann hergestellt.

Für die Füllung I werden das Pudding-Pulver und der Zucker mit 6 Eßl. von der Milch angerührt. Die übrige Milch bringt man zum Kochen, nimmt sie von der Kochstelle, gibt das angerührte Pudding-Pulver unter Rühren hinein, läßt noch einmal kurz aufkochen und gibt das Fett, die Haselnußkerne (Mandeln) und das Backöl darunter. Damit sich keine Haut bildet, wird der Pudding während des Erkaltens häufig umgerührt.

 Beachten Sie bitte die Backtabellen auf den Seiten 5 und 7 ◀

Der Tortenboden wird zweimal durchgeschnitten. Man bestreicht den untersten Boden erst dünn mit Marmelade und dann mit der Hälfte des Krems, legt den zweiten darauf, bestreicht mit dem Rest des Krems und bedeckt mit dem dritten Boden. Rand und obere Seite der Torte werden dünn und gleichmäßig mit Aprikosenmarmelade bestrichen.

Für den Guß wird der gesiebte Puderzucker mit dem Rum-Aroma und so viel von dem heißen Wasser glattgerührt, daß eine dickflüssige Masse entsteht. Man bestreicht die Torte damit und verziert sie mit den Haselnußkernen (Mandeln).

Panamatorte

Teig: 5 Eier, 150 g Zucker, 1 Päckchen Dr. Oetker Vanillin-Zucker, 50 g Weizenmehl, 1 Päckchen Dr. Oetker Gala Schokoladen-Pudding-Pulver, 20 g Kakao, 100 g gemahlene Mandeln.

Butterkrem: 1 Päckchen Dr. Oetker Gala Schokoladen-Pudding-Pulver, 15 g Kakao, 100 g Zucker, ½ l Milch, 30 g Kokosfett, 200–250 g Butter oder Margarine.

Rand: In Scheiben geschnittene oder gehackte, gebräunte Mandeln.

Man schlägt das Eigelb mit einem Schneebesen gut an und gibt nach und nach ⅔ des Zuckers mit dem Vanillin-Zucker dazu. Danach schlägt man so lange, bis eine dicke, kremartige Masse entstanden ist. Das Eiweiß wird zu steifem Schnee geschlagen. Dann gibt man unter ständigem Schlagen nach und nach den Rest des Zuckers dazu. Der Schnee muß so fest sein, daß ein Schnitt mit einem Messer sichtbar bleibt. Er wird auf den Eigelbkrem gegeben. Darüber wird das mit Pudding-Pulver und Kakao gemischte Mehl gesiebt und die Mandeln gestreut. Man zieht alles vorsichtig (nicht rühren!) unter den Eigelbkrem und füllt den Teig in eine mit Papier ausgelegte Springform (Durchmesser etwa 26 cm). Er muß sofort gebacken werden.

Backzeit: 15 Minuten bei guter Mittelhitze, dann noch etwa 25 Minuten bei leichter Hitze.

Für den Butterkrem werden das Pudding-Pulver, der Kakao und der Zucker mit 6 Eßl. von der Milch angerührt. Die übrige Milch bringt man zum Kochen, nimmt sie von der Kochstelle, gibt das angerührte Pudding-Pulver unter Rühren hinein, läßt noch einmal kurz aufkochen und gibt das Kokosfett hinein. Damit sich keine Haut bildet, wird der Pudding während des Erkaltens häufig umgerührt. Man rührt das Fett schaumig und gibt den Pudding eßlöffelweise darunter (darauf achten, daß weder Fett noch Pudding zu kalt sind, da dann die sogenannte „Gerinnung" eintritt!).

Der Tortenboden wird einmal durchgeschnitten. Man bestreicht den unteren Boden mit knapp der Hälfte des Butterkrems und legt den anderen darauf. Rand und obere Seite der Torte werden dünn und gleichmäßig mit etwas von dem zurückgelassenen Butterkrem bestrichen. Der Rand der Torte wird mit den Mandeln verziert. Man spritzt den Rest des Butterkrems auf die Torte.

Sachertorte

Teig: 6 Eier, 2 Eßl. warmes Wasser, 175 g Zucker, 1 Päckchen Dr. Oetker Vanillin-Zucker, 100 g Weizenmehl, 2 Päckchen Dr. Oetker Gala Schokoladen-Pudding-Pulver, 50 g Kakao, 6 g (2 gestrichene Teel.) Dr. Oetker Backpulver „Backin", 150 g Butter oder Margarine.

Füllung: 150 g Aprikosenmarmelade.

Zum Bestreichen: Etwa 2 Eßl. Aprikosenmarmelade.

Guß: 150 g Puderzucker, 25 g Kakao, etwa 3 Eßl. heißes Wasser, 40 g Kokosfett.

Zum Verzieren: 75 g abgezogene, gehackte Mandeln.

Man schlägt Eigelb und Wasser mit einem Schneebesen schaumig und gibt nach und nach $^{2}/_{3}$ des Zuckers mit dem Vanillin-Zucker dazu. Danach schlägt man so lange, bis eine kremartige Masse entstanden ist. Das Eiweiß wird zu steifem Schnee geschlagen. Dann gibt man unter ständigem Schlagen nach und nach den Rest des Zuckers dazu. Der Schnee muß so fest sein, daß ein Schnitt mit einem Messer sichtbar bleibt. Der Schnee wird auf den Eigelbkrem gegeben, darüber wird das mit Pudding-Pulver, Kakao und ,,Backin" gemischte Mehl gesiebt. Man zieht alles vorsichtig (nicht rühren!) unter den Eigelbkrem und gibt dabei nach und nach das flüssige, abgekühlte Fett dazu. Man füllt den Teig in eine mit Papier ausgelegte Springform (Durchmesser etwa 26 cm). Er muß sofort gebacken werden.

Backzeit: 15 Minuten bei guter Mittelhitze, etwa 25 Minuten bei leichter Hitze.

Die Torte wird am besten am nächsten Tag verwendet und dann erst gefüllt.

Man schneidet die Torte einmal durch und füllt sie mit Aprikosenmarmelade. Sie wird von außen dünn und gleichmäßig damit bestrichen.

Für den Guß rührt man den mit Kakao gesiebten Puderzucker mit so viel heißem Wasser und gelöstem Kokosfett glatt, daß eine dickflüssige Masse entsteht. Die Torte wird damit bestrichen. Man bestreut den Rand und einen etwa 2 cm breiten Rand auf der Torte mit den gehackten, abgezogenen Mandeln.

Schokoladen-Baisertorte (Abb. nach S. 64)

Biskuitboden: 4 Eigelb, 3 Eßl. warmes Wasser, 100 g Zucker, 1 Päckchen Dr. Oetker Vanillin-Zucker, 1 Eiweiß, 75 g Weizenmehl, 50 g Dr. Oetker ,,Gustin", 3 g (1 gestrichener Teel.) Dr. Oetker Backpulver ,,Backin".

Baiserböden: 3 Eiweiß, 150 g feiner Zucker, 1 Päckchen Dr. Oetker Vanillin-Zucker.

Füllung: 1 Päckchen Dr. Oetker Gala Schokoladen-Pudding-Pulver, 1 Päckchen Dr. Oetker Soßen-Pulver Vanille-Geschmack, 50 g Zucker, 8 Eßl. Milch zum Anrühren, ½ l Milch; — 50 g Kokosfett (nach Belieben), 250 g Butter oder Margarine.

Für den Rand: In Scheiben geschnittene, gebräunte Mandeln oder Haselnußkerne.

Für den Biskuitboden schlägt man Eigelb und Wasser mit einem Schneebesen schaumig und gibt nach und nach ⅔ des Zuckers mit dem Vanillin-Zucker dazu. Danach schlägt man so lange, bis eine kremartige Masse entstanden ist. Das Eiweiß wird zu steifem Schnee geschlagen. Dann gibt man unter ständigem Schlagen nach und nach den Rest des Zuckers dazu. Der Schnee muß so fest sein, daß ein Schnitt mit einem Messer sichtbar bleibt. Er wird auf den Eigelbkrem gegeben, darüber wird das mit ,,Gustin" und ,,Backin" gemischte Mehl gesiebt. Man zieht alles vorsichtig (nicht rühren!) unter den Eigelbkrem und füllt den Teig in eine mit Papier ausgelegte Springform (Durchmesser etwa 26 cm). Er muß sofort gebacken werden.

Backzeit: Etwa 30 Minuten bei guter Mittelhitze.

Für die Baiserböden wird das Eiweiß zu steifem Schnee geschlagen. Er muß so fest sein, daß ein Schnitt mit einem Messer sichtbar bleibt. Darunter schlägt man nach und nach eßlöffelweise den Zucker mit dem Vanillin-Zucker. Aus der Baisermasse werden 2 Böden hergestellt. Man gibt zunächst die Hälfte davon in eine gefettete, mit gut gefettetem Papier ausgelegte Springform von derselben Größe wie für den Biskuitboden und streicht sie glatt.

Backzeit: 45 Minuten bei leichter Hitze und 45 Minuten ohne Beheizung (Boden darf nicht bräunen!).

Sobald der Boden gebacken ist, bestreicht man das Papier mit Wasser und zieht es vom Baiserboden ab. Der Rest des Baisers wird danach gebacken. Wenn die Böden erst am nächsten Tag gefüllt werden sollen, bewahrt man die Baiserböden in einem Kochtopf auf, damit sie nicht weich werden.

Für die Füllung werden das Gala Pudding-Pulver, das Soßen-Pulver und der Zucker mit den 8 Eßl. Milch angerührt. Man bringt das ½ Liter Milch zum Kochen, nimmt es von der Kochstelle, gibt das angerührte Pudding-Pulver unter Rühren hinein und läßt noch einmal kurz aufkochen. Falls Kokosfett verwendet werden soll, gibt man es in den heißen Pudding. Damit sich keine Haut bildet, wird der Pudding während des Erkaltens häufig umgerührt.

Man rührt das Fett schaumig und gibt den erkalteten Pudding eßlöffelweise darunter (darauf achten, daß weder Fett noch Pudding zu kalt sind, da dann die sogenannte „Gerinnung" eintritt!).

Der Biskuitboden wird einmal durchgeschnitten. Man bestreicht einen davon dünn mit Butterkrem, legt einen Baiserboden darauf, bestreicht wieder dünn mit Butterkrem, bedeckt mit dem anderen Baiserboden, bestreicht wieder mit Butterkrem und bedeckt mit dem noch vorhandenen Biskuitboden. Rand und obere Seite der Torte werden dünn und gleichmäßig mit etwas von dem zurückgelassenen Butterkrem bestrichen.

Der Rand der Torte wird mit den Mandeln oder Haselnußkernen bestreut.

Man spritzt den Rest des Butterkrems auf die Torte. Sie schmeckt am besten, wenn sie möglichst kalt steht und bald nach dem Füllen gegessen wird. (Baiserböden weichen sonst durch.)

Schokoladentorte

Teig: 3 Eier, 3–4 Eßl. warmes Wasser*), 175 g Zucker, 1 Päckchen Dr. Oetker Vanillin-Zucker, 100 g Weizenmehl, 100 g Dr. Oetker „Gustin", 30 g Kakao, 9 g (3 gestrichene Teel.) Dr. Oetker Backpulver „Backin".

Vanille- oder Mandelkrem: 1 Päckchen Dr. Oetker Pudding-Pulver Vanille- oder Mandel-Geschmack, 75–100 g Zucker, ¾ l Milch, 3 gestrichene Teel. Dr. Oetker „Regina"-Gelatine gemahlen, weiß, 1 Eßl. kaltes Wasser.

Guß: 200 g Puderzucker, 25 g Kakao, etwa 3 Eßl. heißes Wasser.

Verzierung: In Scheiben geschnittene Mandeln oder Haselnußkerne.

*) Bei großen Eiern nimmt man 3 Eßlöffel Wasser und bei kleinen 4 Eßlöffel.

Man schlägt Eigelb und Wasser mit einem Schneebesen schaumig und gibt nach und nach ⅔ des Zuckers mit dem Vanillin-Zucker dazu. Danach schlägt man so lange, bis eine kremartige Masse entstanden ist. Das Eiweiß wird zu steifem Schnee geschlagen.

Dann gibt man unter ständigem Schlagen nach und nach den Rest des Zuckers dazu. Der Schnee muß so fest sein, daß ein Schnitt mit einem Messer sichtbar bleibt. Er wird auf den Eigelbkrem gegeben. Darüber wird das mit „Gustin", Kakao und „Backin" gemischte Mehl gesiebt. Man zieht alles vorsichtig (nicht rühren!) unter den Eigelbkrem und füllt den Teig in eine mit Papier ausgelegte Springform (Durchmesser etwa 26 cm). Er muß sofort gebacken werden.

Backzeit: Etwa 35 Minuten bei guter Mittelhitze.

Der Boden wird am besten am nächsten Tag verwendet und die Füllung erst dann hergestellt.

Für den Krem rührt man das Pudding-Pulver und den Zucker mit 6 Eßl. von der Milch an. Die übrige Milch bringt man zum Kochen. Sobald sie kocht, nimmt man sie von der Kochstelle, gibt das angerührte Pudding-Pulver unter Rühren hinein und läßt noch einmal kurz aufkochen. Die in dem Wasser eingeweichte, gequollene Gelatine wird in den heißen Pudding gegeben. Man rührt so lange, bis sich die Gelatine vollkommen aufgelöst hat. Damit sich keine Haut bildet, wird der Pudding während des Erkaltens häufig umgerührt.

Der Tortenboden wird zweimal durchgeschnitten. Man bestreicht den untersten Boden mit knapp der Hälfte des Krems, legt den zweiten darauf, bestreicht wieder mit Krem (etwas zurücklassen!) und bedeckt mit dem dritten. Der Rand wird mit dem zurückgelassenen Krem bestrichen.

Für den Guß rührt man den mit Kakao gesiebten Puderzucker mit so viel heißem Wasser glatt, daß eine dickflüssige Masse entsteht. Die obere Seite der Torte wird damit bestrichen.

Der Rand der Torte wird mit den in Scheiben geschnittenen Mandeln (Haselnußkernen) bestreut.

Schokoladen-Schichttorte

Teig I: 2 Eier, 3 Eßl. warmes Wasser, 100 g Zucker, 1 Päckchen Dr. Oetker Vanillin-Zucker, 75 g Weizenmehl, 50 g Dr. Oetker „Gustin", 6 g (2 gestrichene Teel.) Dr. Oetker Backpulver „Backin".

Teig II: 1 Ei, 4 Eßl. warmes Wasser, 100 g Zucker, 1 Päckchen Dr. Oetker Vanillin-Zucker, 50 g Weizenmehl, 50 g Dr. Oetker „Gustin", 25 g Kakao, 6 g (2 gestrichene Teel.) Dr. Oetker Backpulver „Backin".

Füllung: 1 Fläschchen Dr. Oetker Rum-Aroma, 25 g (1 gut gehäufter Eßl.) Zucker, 4 Eßl. Wasser; 150 g Aprikosenmarmelade.

Guß: 200 g Puderzucker, 1 Fläschchen Dr. Oetker Rum-Aroma, ½ Teel. Dr. Oetker „Regina"-Gelatine gemahlen, rot, etwa 3 Eßl. heißes Wasser.

Zum Verzieren: Evtl. Schlagsahne.

Für den Teig I schlägt man Eigelb und Wasser mit einem Schneebesen schaumig und gibt nach und nach ⅔ des Zuckers mit dem Vanillin-Zucker dazu. Danach schlägt man so lange, bis eine kremartige Masse entstanden ist. Das Eiweiß wird zu steifem Schnee geschlagen. Dann gibt man unter ständigem Schlagen nach und nach den Rest des Zuckers dazu. Der Schnee muß so fest sein, daß ein Schnitt mit einem Messer sichtbar

 Beachten Sie bitte die Backtabellen auf den Seiten 5 und 7 ◀

bleibt. Er wird auf den Eigelbkrem gegeben. Darüber wird das mit „Gustin" und „Backin" gemischte Mehl gesiebt. Man zieht alles vorsichtig unter den Eigelbkrem (nicht rühren!) und füllt den Teig in eine mit Papier ausgelegte Springform (Durchmesser etwa 26 cm). Er muß sofort gebacken werden.

Backzeit: Etwa 25 Minuten bei guter Mittelhitze.

Der Teig II wird genau so wie Teig I gearbeitet. Man mischt den Kakao mit dem Mehl, „Gustin" und „Backin" und siebt alles auf den Eigelbkrem. Die Springform muß die gleiche Größe wie bei Teig I haben.

Backzeit: Etwa 25 Minuten bei guter Mittelhitze.

Die Böden werden am besten am nächsten Tag verwendet und dann erst gefüllt.

Man legt den gut ausgekühlten, dunklen Boden auf eine gerade Fläche (Teller, Emailleplatte, Kuchenbrett), tränkt ihn mit den 4 Eßl. Wasser, die man mit dem Fläschchen Rum-Aroma und dem Zucker vermischt hat, und läßt es durchziehen.

Der helle Boden wird einmal durchgeschnitten. Die untere Scheibe wird mit der Aprikosenmarmelade (etwas zurücklassen!) bestrichen, dann setzt man den dunklen vorsichtig darauf und bedeckt diesen mit dem zweiten hellen Boden. Die Torte wird mit der zurückgelassenen Aprikosenmarmelade gleichmäßig und dünn bestrichen.

Für den Guß rührt man den gesiebten Puderzucker mit dem Rum-Aroma und mit so viel heißem Wasser (vorher eingeweichte Gelatine darin lösen!) glatt, daß eine dickflüssige Masse entsteht. Die Torte wird damit bestrichen.

Man kann die Torte mit Schlagsahne verzieren.

Schokoladennußtorte

Teig: 3 Eier, 3–4 Eßl. warmes Wasser*), 175 g Zucker, 1 Päckchen Dr. Oetker Vanillin-Zucker, 100 g Weizenmehl, 100 g Dr. Oetker „Gustin", 30 g Kakao, 9 g (3 gestrichene Teel.) Dr. Oetker Backpulver „Backin".

Füllung: ½ Päckchen Dr. Oetker Pudding-Pulver Vanille-Geschmack, 50 g Zucker, ¼ l Milch, 80 g Butter oder Margarine, 125 g gemahlene Haselnußkerne, ½ Fläschchen Dr. Oetker Rum-Aroma.

Guß: 150 g Puderzucker, 25 g Kakao, etwa 3 Eßl. heißes Wasser, 1 Teel. Butter.

Für den Rand: Etwa 50 g Schokoladenstreusel.

Spritzguß: ½ Eiweiß, etwa 100 g Puderzucker.

*) Bei großen Eiern nimmt man 3 Eßlöffel Wasser und bei kleinen 4 Eßlöffel.

Man schlägt Eigelb und Wasser mit einem Schneebesen schaumig und gibt nach und nach ⅔ des Zuckers mit dem Vanillin-Zucker dazu. Danach schlägt man so lange, bis eine kremartige Masse entstanden ist. Das Eiweiß wird zu steifem Schnee geschlagen. Dann gibt man unter ständigem Schlagen nach und nach den Rest des Zuckers dazu. Der Schnee muß so fest sein, daß ein Schnitt mit einem Messer sichtbar bleibt. Er wird auf den Eigelbkrem gegeben. Darüber wird das mit „Gustin", Kakao und „Backin" gemischte Mehl gesiebt. Man zieht alles vorsichtig (nicht rühren!) unter den Eigelbkrem. Der Teig wird in eine mit Papier ausgelegte Springform (Durchmesser etwa 26 cm) gefüllt. Er muß sofort gebacken werden.

Backzeit: Etwa 35 Minuten bei guter Mittelhitze.

Der Boden wird am besten am nächsten Tag verwendet und die Füllung erst dann hergestellt.

Für den Krem rührt man das Pudding-Pulver und den Zucker mit 3 Eßl. von der Milch an. Die übrige Milch bringt man zum Kochen. Sobald sie kocht, nimmt man sie von der Kochstelle, gibt das angerührte Pudding-Pulver unter Rühren hinein und läßt noch einmal kurz aufkochen. Damit sich keine Haut bildet, wird der Pudding während des Erkaltens häufig umgerührt.

Man rührt das Fett schaumig und gibt den Pudding eßlöffelweise darunter (darauf achten, daß weder Fett noch Pudding zu kalt sind, da dann die sogenannte Gerinnung eintritt!). Die gemahlenen Haselnußkerne und das Rum-Aroma werden unter den Butterkrem gerührt.

Der Tortenboden wird zweimal durchgeschnitten. Man bestreicht den untersten Boden mit der Hälfte des Krems, legt den zweiten darauf, bestreicht mit dem restlichen Krem und bedeckt mit dem dritten.

Für den Guß rührt man den mit Kakao gesiebten Puderzucker mit so viel heißem Wasser glatt, daß eine dickflüssige Masse entsteht. Dazu gibt man die zerlassene Butter. Die obere Seite und der Rand der Torte werden damit bestrichen. Man bestreut den Außenrand und einen etwa 2 cm breiten Rand der oberen Seite der Torte mit Schokoladenstreusel und verziert die Mitte der Torte mit Eiweißguß, den man folgendermaßen hergestellt hat:

Das Eiweiß wird mit so viel gesiebtem Puderzucker verrührt, daß eine gut dickflüssige Masse entsteht. Man füllt sie in ein aus Pergamentpapier gedrehtes Tütchen.

Schwarzwälder Kirschtorte

Knetteigboden: 125 g Weizenmehl, 10 g Kakao, 3 g (1 gestrichener Teel.) Dr. Oetker Backpulver „Backin", 50 g Zucker, 1 Päckchen Dr. Oetker Vanillin-Zucker, 1 Eiweiß, 50 g Butter oder Margarine.

Biskuitboden: 3 Eier, 1 Eigelb, 2 Eßl. warmes Wasser, 100 g Zucker, 1 Päckchen Dr. Oetker Vanillin-Zucker, 3 Tropfen Dr. Oetker Backöl Bittermandel, 1 gute Messerspitze Zimt, 75 g Weizenmehl, 10 g Kakao, 25 g Dr. Oetker „Gustin", 1½ g (½ gestrichener Teel.) Dr. Oetker Backpulver „Backin".

Füllung: 750 g Sauerkirschen, 75–100 g Zucker, 40 g Dr. Oetker „Gustin", 2 Eßl. Schwarzwälder Kirschwasser, 2 schwach gehäufte Teel. Dr. Oetker „Regina"-Gelatine gemahlen, weiß, 3 Eßl. kaltes Wasser, ½ l süße Sahne, 1 Päckchen Dr. Oetker Vanillin-Zucker, 1 Eßl. Zucker.

Zum Bestreuen: 30 g geraspelte Schokolade.

Für den Knetteigboden werden Mehl, Kakao und „Backin" gemischt und auf ein Backbrett gesiebt. In die Mitte wird eine Vertiefung eingedrückt, Zucker, Vanillin-Zucker und Eiweiß werden hineingegeben und mit einem Teil des Mehls zu einem dicken Brei verarbeitet. Darauf gibt man das in Stücke geschnittene, kalte Fett, bedeckt es mit Mehl, drückt alles zu einem Kloß zusammen und verknetet von der Mitte aus alle Zutaten schnell zu einem glatten Teig. Sollte er kleben, stellt man ihn eine Zeitlang kalt. Der Teig wird auf dem Boden einer gefetteten Springform (Durchmesser etwa 26 cm) ausgerollt und gebacken.

Backzeit: Etwa 20 Minuten bei guter Mittelhitze.

Für den Biskuitboden schlägt man die 4 Eigelb und das Wasser mit einem Schneebesen schaumig und gibt nach und nach ⅔ des Zuckers mit dem Vanillin-Zucker dazu. Danach schlägt man so lange, bis eine kremartige Masse entstanden ist. Unter den Eigelbkrem mischt man die Gewürze. Das Eiweiß wird zu steifem Schnee geschlagen. Dann gibt man unter ständigem Schlagen nach und nach den Rest des Zuckers dazu. Der Schnee muß so fest sein, daß ein Schnitt mit einem Messer sichtbar bleibt. Er wird auf den Eigelbkrem gegeben, darüber wird das mit Kakao, „Gustin" und „Backin" gemischte Mehl gesiebt. Man zieht alles vorsichtig unter den Eigelbkrem und füllt den Teig in eine mit Papier ausgelegte Springform von derselben Größe wie für den Knetteigboden. Er muß sofort gebacken werden.

Backzeit: Etwa 35 Minuten bei guter Mittelhitze.

Für die Füllung wäscht man die Kirschen, entsteint sie, vermischt sie mit 75 g Zucker und läßt sie kurze Zeit zum Saftziehen stehen. Danach werden sie nur eben zum Kochen gebracht und auf ein Sieb zum Abtropfen gegeben. Wenn Saft und Kirschen kalt sind, mißt man ¼ l von dem Kirschsaft ab (gegebenenfalls mit Wasser ergänzen!) und rührt mit 4 Eßl. davon das „Gustin" an. Danach wird der Kirschsaft erhitzt, sobald er kocht, gibt man das angerührte „Gustin" unter Rühren hinein, läßt einmal kurz aufkochen, rührt die Kirschen darunter, stellt die Masse kalt, schmeckt sie mit dem restlichen Zucker ab und rührt das Kirschwasser darunter.

Die gemahlene „Regina"-Gelatine wird mit den 3 Eßl. Wasser verrührt, 10 Minuten zum Quellen stehengelassen und dann unter Rühren vorsichtig erwärmt, bis sich alles gelöst hat. Man gibt die vollkommen erkaltete, flüssige Gelatine zu der fast steifgeschlagenen Sahne, schlägt diese vollkommen steif und schmeckt mit Vanillin-Zucker und Zucker ab.

Man streicht zunächst die Hälfte der gedickten, erkalteten Kirschen und dann ⅓ der Sahne auf den Knetteigboden. Der Biskuitboden wird einmal durchgeschnitten, eine der beiden Hälften wird auf den Knetteigboden gelegt, gut angedrückt und mit den restlichen Kirschen und dann mit der Hälfte der übriggebliebenen Sahne bestrichen. Man bedeckt die Torte mit dem noch vorhandenen Biskuitboden, bestreicht ihren Rand und ihre obere Seite bergartig mit der restlichen Sahne und bestreut diese mit der geraspelten Schokolade.

Die Torte wird bis zum Gebrauch möglichst kalt gestellt.

Trüffeltorte (Abb. zwischen S. 128 und 129)

Teig: 3 Eier, 3–4 Eßl. warmes Wasser*), 175 g Zucker, 1 Päckchen Dr. Oetker Vanillin-Zucker, 100 g Weizenmehl, 100 g Dr. Oetker „Gustin", 30 g Kakao, 9 g (3 gestrichene Teel.) Dr. Oetker Backpulver „Backin".

Füllung: 125 g Butter, 150 g Puderzucker, 100 g Kakao, 1 Ei, 1 Fläschchen Dr. Oetker Rum-Aroma, 2 Eßl. Wasser, 1 Päckchen Dr. Oetker Vanillin-Zucker.

Guß: 150 g Puderzucker, 25 g Kakao, 2–3 Eßl. heißes Wasser, 25 g flüssiges Kokosfett (nach Belieben).

Rand: 75 g Schokoladenstreusel.

*) Bei großen Eiern nimmt man 3 Eßlöffel Wasser und bei kleinen 4 Eßlöffel.

Man schlägt Eigelb und Wasser mit einem Schneebesen schaumig und gibt nach und nach ⅔ des Zuckers mit dem Vanillin-Zucker dazu. Danach schlägt man so lange, bis eine kremartige Masse entstanden ist. Das Eiweiß wird zu steifem Schnee geschlagen. Dann gibt man unter ständigem Schlagen nach und nach den Rest des Zuckers dazu. Der Schnee muß so fest sein, daß ein Schnitt mit einem Messer sichtbar bleibt. Er wird auf den Eigelbkrem gegeben, darüber wird das mit „Gustin", Kakao und „Backin" gemischte Mehl gesiebt. Man zieht alles vorsichtig (nicht rühren!) unter den Eigelbkrem. Der Teig wird in eine mit Papier ausgelegte Springform (Durchmesser etwa 26 cm) gefüllt. Er muß sofort gebacken werden.

Backzeit: Etwa 35 Minuten bei guter Mittelhitze.

Der Boden wird am besten am nächsten Tag verwendet und die Füllung erst dann hergestellt.

Für die Füllung rührt man die Butter schaumig und gibt nach und nach etwas von dem mit Kakao gesiebten Puderzucker, das Ei, den Rest des mit Kakao gesiebten Zuckers und das Rum-Aroma hinzu. Man nimmt 16 Teelöffel davon ab, und zwar jedesmal soviel, daß sich aus einem Teelöffel der Masse eine kirschgroße Kugel formen läßt. Diese Masse wird kalt gestellt. Unter den Rest der Kakaomasse rührt man das Wasser und den Vanillin-Zucker und füllt den zweimal durchgeschnittenen Tortenboden damit.

Für den Guß wird der mit Kakao gesiebte Puderzucker mit so viel heißem Wasser und gelöstem Kokosfett glattgerührt, daß eine dickflüssige Masse entsteht. Man bestreicht die Torte damit und bestreut den Rand und einen etwa 2 cm breiten Rand auf der Torte mit Schokoladenstreuseln.

Aus der kaltgestellten Masse formt man gleichmäßig große Kugeln, wälzt sie in Schokoladenstreuseln (in einem Kaffeesieb!) und legt sie kranzförmig auf die Torte.

Türkische Torte

Teig: 5 Eigelb, 2 Eßl. warmes Wasser, 150 g Zucker, 2 Tropfen Dr. Oetker Backöl Bittermandel, 3 Eiweiß, 100 g Weizenmehl, 80 g Dr. Oetker „Gustin", 9 g (3 gestr. Teel.) Dr. Oetker Backpulver „Backin", 100 g abgezogene, gemahlene Mandeln.

Füllung I: Krem: 1 Päckchen Dr. Oetker „Fruttina"-Pudding-Pulver Zitrone-Geschmack, 75 g Zucker, $\frac{1}{8}$ l Weiß- oder Apfelwein, $\frac{1}{4}$ l Wasser.

Füllung II: Etwa 150 g Johannisbeer- oder Himbeergelee oder Sauerkirschmarmelade.

Rand: In Scheiben geschnittene, geröstete Mandeln.

Makronenmasse: 2 Eiweiß, 75 g Zucker, 1 Päckchen Dr. Oetker Vanillin-Zucker, 2 Tropfen Dr. Oetker Backöl Bittermandel, 100 g abgezogene, gemahlene Mandeln.

Man schlägt Eigelb und Wasser mit einem Schneebesen schaumig und gibt nach und nach $\frac{2}{3}$ des Zuckers dazu. Danach schlägt man so lange, bis eine kremartige Masse entstanden ist. Unter den Eigelbkrem mischt man das Backöl. Das Eiweiß wird zu steifem Schnee geschlagen. Dann gibt man unter ständigem Schlagen nach und nach den Rest des Zuckers dazu. Der Schnee muß so fest sein, daß ein Schnitt mit einem Messer sichtbar bleibt. Er wird auf den Eigelbkrem gegeben. Darüber wird das mit

„Gustin" und „Backin" gemischte Mehl gesiebt und die gemahlenen Mandeln gegeben. Man zieht alles vorsichtig (nicht rühren!) unter den Eigelbkrem und füllt den Teig in eine mit Papier ausgelegte Springform (Durchmesser etwa 26 cm).

Backzeit: Etwa 35 Minuten bei guter Mittelhitze.

Der Boden wird am besten am nächsten Tag verwendet und die Füllung erst dann hergestellt.

Für den Krem rührt man das Pudding-Pulver und den Zucker mit dem Wein an. Das Wasser bringt man zum Kochen. Sobald es kocht, gibt man das angerührte Pudding-Pulver unter Rühren hinein und läßt noch einmal kurz aufkochen. Damit sich keine Haut bildet, wird der Krem während des Erkaltens häufig umgerührt.

Der Tortenboden wird zweimal durchgeschnitten. Man füllt ihn einmal mit dem Gelee oder der Marmelade und einmal mit Weinkrem (etwas zurücklassen!). Die obere Seite und der Rand der Torte werden dünn und gleichmäßig mit etwas von dem zurückgelassenen Weinkrem bestrichen. Man verziert den Rand mit Spaltmandeln.

Für die Makronenmasse wird das Eiweiß zu steifem Schnee geschlagen. Er muß so fest sein, daß ein Schnitt mit einem Messer sichtbar bleibt. Darunter schlägt man nach und nach eßlöffelweise den Zucker mit dem Vanillin-Zucker und das Backöl. Die gemahlenen Mandeln werden langsam unter den Eierschnee gehoben. Die Makronenmasse wird in einen Spritzbeutel (Durchmesser der Tülle etwa ½ cm) gefüllt und gitterförmig auf die Torte gespritzt. Damit die Masse fest wird, stellt man die Torte noch etwa 15 Minuten (am besten bei Oberhitze!) in den Backofen.

Das auf der Torte entstandene Makronengitter wird abwechselnd mit Weinkrem und rotem Gelee oder roter Marmelade gefüllt.

(Weinkrem und Gelee oder Marmelade in selbstgedrehte Pergamenttütchen füllen und gleichmäßig auf die Torte spritzen!).

Wiener Torte

Teig I: 3 Eier, 1 Eßl. warmes Wasser, 100 g Zucker, 2 Päckchen Dr. Oetker Schokoladen-Pudding-Pulver, 3 g (1 gestrichener Teel.) Dr. Oetker Backpulver „Backin", 50 g Butter oder Margarine.

Teig II: 3 Eier, 2 Eßl. warmes Wasser, 75 g Zucker, 1 Päckchen Dr. Oetker Vanillin-Zucker, 100 g Weizenmehl, 50 g Dr. Oetker „Gustin", 6 g (2 gestrichene Teel.) Dr. Oetker Backpulver „Backin", 50 g Butter oder Margarine.

Butterkrem: 1½ Päckchen Dr. Oetker Pudding-Pulver Mandel-Geschmack, 150 g Zucker, ¾ l Milch, 75 g Kokosfett (nach Belieben), 250 g Butter oder Margarine.

Zum Bestreichen: Etwas Aprikosenmarmelade.

Guß: 250 g Puderzucker, 3–4 Eßl. heißes Wasser.

Zum Verzieren: 1 Eßl. Gelee oder einige Früchte.

Für den Teig I schlägt man Eigelb und Wasser mit einem Schneebesen schaumig und gibt nach und nach ⅔ des Zuckers dazu. Danach schlägt man so lange, bis eine kremartige Masse entstanden ist. Das Eiweiß wird zu steifem Schnee geschlagen. Dann gibt man unter ständigem Schlagen nach und nach den Rest des Zuckers dazu. Der Schnee muß so fest sein, daß ein Schnitt mit einem Messer sichtbar bleibt. Er wird auf den Eigelbkrem gegeben. Darüber wird das mit „Backin" gemischte Pudding-Pulver gesiebt. Man zieht alles vorsichtig (nicht rühren!) unter den Eigelbkrem und gibt dabei nach und nach das flüssige, abgekühlte Fett dazu. Der Teig wird in eine mit Papier ausgelegte Springform (Ø etwa 26 cm) gefüllt. Er muß sofort gebacken werden.

Backzeit: Etwa 25 Minuten bei guter Mittelhitze.

Für den Teig II schlägt man Eigelb und Wasser mit einem Schneebesen schaumig und gibt nach und nach ⅔ des Zuckers mit dem Vanillin-Zucker dazu. Danach schlägt man so lange, bis eine kremartige Masse entstanden ist. Das Eiweiß wird zu steifem Schnee geschlagen. Dann gibt man unter ständigem Schlagen nach und nach den Rest des Zuckers dazu. Der Schnee muß so fest sein, daß ein Schnitt mit einem Messer sichtbar bleibt. Er wird auf den Eigelbkrem gegeben, darüber wird das mit „Gustin" und „Backin" gemischte Mehl gesiebt. Man zieht alles vorsichtig unter den Eigelbkrem und gibt dabei nach und nach das flüssige, abgekühlte Fett dazu. Der Teig wird in eine mit Papier ausgelegte Springform von derselben Größe wie für Teig I gefüllt. Er muß sofort gebacken werden.

Backzeit: Etwa 30 Minuten bei guter Mittelhitze.

Die beiden Böden werden am besten am nächsten Tag verwendet und die Füllung erst dann hergestellt.

Für den Butterkrem werden das Pudding-Pulver und der Zucker mit 9 Eßlöffel von der Milch angerührt. Die übrige Milch bringt man zum Kochen, nimmt sie von der Kochstelle, gibt das angerührte Pudding-Pulver unter Rühren hinein, kocht noch einmal kurz auf und läßt das Kokosfett unter Rühren darin schmelzen. Damit sich keine Haut bildet, wird der Pudding während des Erkaltens häufig umgerührt.

Man rührt das Fett schaumig und gibt den Pudding eßlöffelweise darunter (darauf achten, daß weder Fett noch Pudding zu kalt sind, da dann Gerinnung eintritt!). Die beiden Tortenböden werden jeder einmal durchgeschnitten. Man setzt sie abwechselnd übereinander und bestreicht sie vorher mit Butterkrem. Rand und obere Seite der Torte werden dünn und gleichmäßig mit Aprikosenmarmelade bestrichen.

Für den Guß wird der gesiebte Puderzucker mit so viel Wasser glattgerührt, daß eine dickflüssige Masse entsteht. Man bestreicht die Torte damit und bespritzt sie mit Gelee oder verziert sie mit Fruchtstücken.

Rollen und Schnitten

Biskuitrolle I

Teig: 3 Eier, 5–6 Eßl.*) warmes Wasser, 150 g Zucker, 1 Päckchen Dr. Oetker Vanillin-Zucker, 100 g Weizenmehl, 50 g Dr. Oetker „Gustin", 3 g (1 gestrichener Teel.) Dr. Oetker Backpulver „Backin".

Füllung: 250 g rote Marmelade **oder Krem:** 1 Päckchen Dr. Oetker Schokoladen-Pudding-Pulver, 15 g Kakao, 75 g Zucker, ½ l Milch, 50 g Butter oder Margarine.

*) Bei großen Eiern nimmt man 5 Eßlöffel Wasser und bei kleinen 6 Eßlöffel.

Zum Bestäuben: Etwas Puderzucker.

Man schlägt Eigelb und Wasser mit einem Schneebesen zu einem starken Schaum und gibt nach und nach ⅔ des Zuckers mit dem Vanillin-Zucker dazu. Danach schlägt

 Beachten Sie bitte die Backtabellen auf den Seiten 5 und 7 ◀

man so lange, bis eine **dicke, kremartige** Masse entstanden ist. Das Eiweiß wird zu steifem Schnee geschlagen. Dann gibt man unter ständigem Schlagen nach und nach den Rest des Zuckers dazu. Der Schnee muß so fest sein, daß ein Schnitt mit einem Messer sichtbar bleibt. Er wird auf den Eigelbkrem gegeben. Darüber wird das mit „Gustin" und „Backin" gemischte Mehl gesiebt. Man zieht alles vorsichtig unter aen Eigelbkrem (nicht rühren!). Der Teig wird etwa 1 cm dick auf ein mit dünnem Papier belegtes Backblech gestrichen. Damit er an der offenen Seite des Bleches nicht auslaufen kann, knifft man das Papier unmittelbar vor dem Teig zur Falte, so daß ein Rand entsteht.

Backzeit: Etwa 12 Minuten bei starker Hitze.

Nach dem Backen wird der Biskuit sofort auf ein mit Zucker bestreutes Papier gestürzt, das Backpapier wird mit kaltem Wasser bestrichen und vorsichtig, aber schnell abgezogen.

Soll die Rolle mit Marmelade gefüllt werden, dann bestreicht man den Biskuit sofort gleichmäßig damit und rollt ihn von der kürzeren Seite her auf. Man bestäubt die Rolle mit Puderzucker.

Soll die Rolle mit Krem gefüllt werden, dann rollt man den Biskuit sofort nach dem Abziehen des Backpapiers (die Papierunterlage wird mit eingerollt) auf und stellt ihn kalt.

Für den Krem werden das Pudding-Pulver, der Kakao und der Zucker mit 6 Eßlöffel von der Milch angerührt. Die übrige Milch bringt man zum Kochen, nimmt sie von der Kochstelle, gibt das angerührte Pudding-Pulver unter Rühren hinein, läßt noch einmal kurz aufkochen und gibt das Fett hinein. Damit sich keine Haut bildet, wird der Krem während des Erkaltens häufig umgerührt.

Die ausgekühlte Biskuitrolle wird vorsichtig auseinandergerollt, mit dem erkalteten Krem gleichmäßig bestrichen und aufgerollt. Man bestäubt die Rolle mit Puderzucker.

Biskuitrolle II

Teig: 4 Eier, 3–4 Eßl.*) warmes Wasser, 125 g Zucker, 1 Päckchen Dr. Oetker Vanillin-Zucker, 75 g Weizenmehl, 50 g Dr. Oetker „Gustin", 1 Messerspitze Dr. Oetker Backpulver „Backin".

Füllung: 250 g rote Marmelade **oder Krem:** 1 Päckchen Dr. Oetker Schokoladen-Pudding-Pulver, 15 g Kakao, 75 g Zucker, ½ l Milch, 50 g Butter oder Margarine.

Verzierung: Etwas Puderzucker oder 50 g in Scheiben geschnittene Haselnußkerne oder Mandeln.

*) Bei großen Eiern nimmt man 3 Eßlöffel Wasser und bei kleinen 4 Eßlöffel.

Man schlägt Eigelb und Wasser mit einem Schneebesen schaumig und gibt nach und nach ⅔ des Zuckers mit dem Vanillin-Zucker dazu. Danach schlägt man so lange, bis eine kremartige Masse entstanden ist. Das Eiweiß wird zu steifem Schnee geschlagen. Dann gibt man unter ständigem Schlagen nach und nach den Rest des Zuckers dazu. Der Schnee muß so fest sein, daß ein Schnitt mit einem Messer sichtbar bleibt. Er wird auf den Eigelbkrem gegeben. Darüber wird das mit „Gustin" und „Backin" gemischte Mehl gesiebt. Man zieht alles vorsichtig (nicht rühren!) unter den Eigelbkrem. Der

Teig wird etwa 1 cm dick auf ein mit dünnem Papier belegtes Backblech gestrichen. Damit er an der offenen Seite des Bleches nicht auslaufen kann, knifft man das Papier unmittelbar vor dem Teig zur Falte, so daß ein Rand entsteht.

Backzeit: Etwa 15 Minuten bei starker Hitze.

Nach dem Backen wird der Biskuit sofort auf ein mit Zucker bestreutes Papier gestürzt, das Backpapier wird mit kaltem Wasser bestrichen und vorsichtig, aber schnell abgezogen.

Soll die Rolle mit Marmelade gefüllt werden, dann bestreicht man den Biskuit sofort gleichmäßig damit und rollt ihn von der kürzeren Seite her auf. Man bestäubt die Rolle mit Puderzucker oder bestreicht sie mit Marmelade und bestreut sie mit abgezogenen, in Scheiben geschnittenen Mandeln (Haselnußkernen).

Soll die Rolle mit Krem gefüllt werden, dann rollt man den Biskuit sofort nach dem Abziehen des Backpapiers (die Papierunterlage wird mit eingerollt) auf und stellt ihn kalt.

Für den Krem werden das Pudding-Pulver, der Kakao und der Zucker mit 6 Eßlöffel von der Milch angerührt. Die übrige Milch bringt man zum Kochen, nimmt sie von der Kochstelle, gibt das angerührte Pudding-Pulver unter Rühren hinein, läßt noch einmal kurz aufkochen und gibt das Fett hinein. Damit sich keine Haut bildet, wird der Krem während des Erkaltens häufig umgerührt.

Die ausgekühlte Biskuitrolle wird vorsichtig auseinandergerollt, mit dem erkalteten Krem gleichmäßig bestrichen und aufgerollt. Man bestäubt die Rolle mit Puderzucker.

Bismarckeiche

Teig: 4 Eier, 3–4 Eßl.*) warmes Wasser, 125 g Zucker, 1 Päckchen Dr. Oetker Vanillin-Zucker, 75 g Weizenmehl, 50 g Dr. Oetker „Gustin", 1 Messerspitze Dr. Oetker Backpulver „Backin".

Füllung: 1 Päckchen Dr. Oetker Gala-Schokoladen-Pudding-Pulver, 75–100 g Zucker, ½ l Milch, 175–200 g Butter oder Margarine.

*) Bei großen Eiern nimmt man 3 Eßlöffel Wasser und bei kleinen 4 Eßlöffel.

Man schlägt Eigelb und Wasser mit einem Schneebesen schaumig und gibt nach und nach ⅔ des Zuckers mit dem Vanillin-Zucker dazu. Danach schlägt man so lange, bis eine kremartige Masse entstanden ist. Das Eiweiß wird zu steifem Schnee geschlagen, dann gibt man unter ständigem Schlagen nach und nach den Rest des Zuckers dazu. Der Schnee muß so fest sein, daß ein Schnitt mit einem Messer sichtbar bleibt. Er wird auf den Eigelbkrem gegeben. Darüber wird das mit „Gustin" und „Backin" gemischte Mehl gesiebt. Man zieht alles vorsichtig (nicht rühren!) unter den Eigelbkrem. Der Teig wird etwa 1 cm dick auf ein mit dünnem Papier belegtes Backblech gestrichen. Damit er an der offenen Seite des Bleches nicht auslaufen kann, knifft man das Papier unmittelbar vor dem Teig zur Falte, so daß ein Rand entsteht.

Backzeit: Etwa 15 Minuten bei starker Hitze.

Nach dem Backen wird der Biskuit auf ein mit Zucker bestreutes Papier gestürzt, das Backpapier wird mit kaltem Wasser bestrichen und vorsichtig, aber schnell abgezogen. Dann rollt man den Biskuit mit der Papierunterlage auf und stellt ihn kalt.

Für den Butterkrem werden das Pudding-Pulver und der Zucker mit 6 Eßl. von der Milch angerührt. Die übrige Milch bringt man zum Kochen, nimmt sie von der Kochstelle, gibt das angerührte Pudding-Pulver unter Rühren hinein und läßt noch einmal kurz aufkochen. Damit sich keine Haut bildet, wird der Pudding während des Erkaltens häufig umgerührt.

Man rührt das Fett schaumig und gibt den Pudding eßlöffelweise darunter (darauf achten, daß weder Fett noch Pudding zu kalt sind, da dann die sogenannte Gerinnung eintritt!).

Die ausgekühlte Biskuitrolle wird vorsichtig auseinandergerollt und mit Butterkrem (etwas zum Bestreichen zurücklassen!) gleichmäßig bestrichen und aufgerollt. Man bestreicht die Biskuitrolle von außen mit Krem und zieht mit einer Gabel wellenförmige Längsstriche darin, wodurch ein baumstammähnliches Aussehen erzielt wird.

Biskuitschnitten (Abb. Seite 115)

Teig: 3 Eier, 5–6 Eßl.*) warmes Wasser, 150 g Zucker, 1 Päckchen Dr. Oetker Vanillin-Zucker, 100 g Weizenmehl, 50 g Dr. Oetker „Gustin", 3 g (1 gestrichener Teel.) Dr. Oetker Backpulver „Backin".

Füllung: 1. 2–3 Eßl. Marmelade. – 2. Butterkrem: 1 Päckchen Dr. Oetker Pudding-Pulver Vanille-Geschmack, 50 g Zucker, ½ l Milch; 100 g Butter oder Margarine.

*) Bei großen Eiern nimmt man 5 Eßlöffel Wasser und bei kleinen 6 Eßlöffel.

Man schlägt Eigelb und Wasser mit einem Schneebesen zu einem starken Schaum und gibt nach und nach ⅔ des Zuckers mit dem Vanillin-Zucker dazu. Danach schlägt man so lange, bis eine **dicke, kremartige** Masse entstanden ist. Das Eiweiß wird zu steifem Schnee geschlagen. Dann gibt man unter ständigem Schlagen nach und nach den Rest des Zuckers dazu. Der Schnee muß so fest sein, daß ein Schnitt mit einem Messer sichtbar bleibt. Er wird auf den Eigelbkrem gegeben. Darüber wird das mit „Gustin" und „Backin" gemischte Mehl gesiebt. Man zieht alles vorsichtig unter den Eigelbkrem (nicht rühren!). Der Teig wird etwa 1 cm dick auf ein mit dünnem Papier belegtes Backblech gestrichen. Damit er an der offenen Seite des Blechs nicht auslaufen kann, knifft man das Papier unmittelbar vor dem Teig zur Falte, so daß ein Rand entsteht.

Backzeit: Etwa 12 Minuten bei starker Hitze.

Nach dem Backen wird der Biskuit sofort auf ein mit Zucker bestreutes Papier gestürzt, das Backpapier wird mit kaltem Wasser bestrichen und vorsichtig, aber schnell abgezogen.

Für den Butterkrem werden das Pudding-Pulver und der Zucker mit 6 Eßlöffel von der Milch angerührt. Die übrige Milch bringt man zum Kochen, nimmt sie von der

Kochstelle, gibt das angerührte Pudding-Pulver unter Rühren hinein und läßt noch einmal kurz aufkochen. Damit sich keine Haut bildet, wird der Pudding während des Erkaltens häufig umgerührt.

Man schneidet den Biskuit in zwei Hälften, bestreicht die eine mit Marmelade und mit der Hälfte des erkalteten Puddings und legt die andere Biskuit-Hälfte darüber.

Man rührt das Fett schaumig und gibt den restlichen Pudding vorsichtig eßlöffelweise darunter. (Darauf achten, daß weder Fett noch Pudding zu kalt sind, da dann die sogenannte Gerinnung eintritt!)

Die Oberfläche des Gebäcks wird dünn mit Butterkrem bestrichen. Man schneidet den Biskuit in Schnitten von etwa $4\frac{1}{2} \times 8\frac{1}{2}$ cm und verziert jede mit Butterkrem.

Veränderung: Die Schnitten sehen noch appetitlicher aus, wenn man einige, bevor man den Butterkrem darauf spritzt, mit Schokoladenguß überzieht.

Der Schokoladenguß wird folgendermaßen hergestellt:

75 g Puderzucker und 1 gehäufter Teel. Kakao werden gesiebt und mit etwa 1 Eßlöffel heißem Wasser angerührt. Man gibt nur so viel Wasser hinzu, daß der Guß dickflüssig ist.

Obstschnitten (Abb. zwischen S. 64 und 65)

Knetteig: 200 g Weizenmehl, 3 g (1 gestrichener Teel.) Dr. Oetker Backpulver „Backin", 75 g Zucker, 1 Päckchen Dr. Oetker Vanillin-Zucker, 1 Ei, 75 g Butter oder Margarine.

Biskuitteig: 3 Eier, 3 Eßl. warmes Wasser, 100 g Zucker, 1 Päckchen Dr. Oetker Vanillin-Zucker, 75 g Weizenmehl, 75 g Dr. Oetker „Gustin", $4\frac{1}{2}$ g ($1\frac{1}{2}$ gestrichene Teel.) Dr. Oetker Backpulver „Backin".

Zum Bestreichen: 1. Marmelade: Etwa 150 g. 2. Pudding: 1 Päckchen Dr. Oetker Pudding-Pulver Vanille-Geschmack, 40 g (2 schwach gehäufte Eßl.) Zucker, $\frac{1}{2}$ l Milch.

Belag: $1\frac{3}{4}$ kg rohes, gedünstetes oder eingemachtes Obst (z. B. Äpfel, Aprikosen, Erdbeeren, Kirschen, Pfirsiche, Stachelbeeren).

Guß: 2 Päckchen Dr. Oetker Tortenguß, Wasser oder Fruchtsaft und Zucker nach Angabe auf dem Tortenguß-Beutel.

Für den Knetteig werden Mehl und „Backin" gemischt und auf ein Backbrett gesiebt. In die Mitte wird eine Vertiefung eingedrückt, Zucker, Vanillin-Zucker und Ei werden hineingegeben und mit einem Teil des Mehls zu einem dicken Brei verarbeitet. Darauf gibt man das in Stücke geschnittene, kalte Fett, bedeckt es mit Mehl, drückt alles zu einem Kloß zusammen und verknetet von der Mitte aus alle Zutaten schnell zu einem glatten Teig. Sollte er kleben, stellt man ihn eine Zeitlang kalt. Der Teig wird auf einem gefetteten Backblech etwa $\frac{1}{2}$ cm dick ausgerollt (reicht für ein Rechteck von 38 x 32 cm aus!).

Backzeit: Etwa 15 Minuten bei starker Hitze.

Für den Biskuitteig schlägt man Eigelb und Wasser mit einem Schneebesen schaumig und gibt nach und nach ⅔ des Zuckers mit dem Vanillin-Zucker dazu. Danach schlägt man so lange, bis eine kremartige Masse entstanden ist. Das Eiweiß wird zu steifem Schnee geschlagen. Dann gibt man unter ständigem Schlagen nach und nach den Rest des Zuckers dazu. Der Schnee muß so fest sein, daß ein Schnitt mit einem Messer sichtbar bleibt. Der Schnee wird auf den Eigelbkrem gegeben, darüber wird das mit „Gustin" und „Backin" gemischte Mehl gesiebt. Man zieht alles vorsichtig (nicht rühren!) unter den Eigelbkrem. Der Teig wird auf ein mit Pergamentpapier belegtes Backblech gestrichen, und zwar in der Größe der Knetteigplatte. Damit er an der offenen Seite des Bleches nicht auslaufen kann, knifft man das Papier unmittelbar vor dem Teig zur Falte, so daß ein Rand entsteht.

Backzeit: Etwa 12 Minuten bei starker Hitze.

Nach dem Backen wird der Biskuit sofort auf ein mit Zucker bestreutes Papier gestürzt. Man bepinselt das Backpapier mit kaltem Wasser und zieht es vom Biskuit ab.

Der Knetteigboden wird mit Marmelade bestrichen und mit dem Biskuitboden bedeckt.

Für den Pudding werden das Pudding-Pulver und der Zucker mit 6 Eßl. von der Milch angerührt. Die übrige Milch bringt man zum Kochen, nimmt sie von der Kochstelle, gibt das angerührte Pudding-Pulver unter Rühren hinein und läßt noch einmal kurz aufkochen. Damit sich keine Haut bildet, wird der Pudding während des Erkaltens häufig umgerührt und dann auf den Biskuitboden gestrichen.

Für den Belag kann man **weiches Obst** roh verwenden. Man bereitet es folgendermaßen vor: Aprikosen, Erdbeeren und Pfirsiche werden gewaschen, gut abgetropft und entsteint oder entstielt.

Gedünstetes Obst (Äpfel schälen, in Viertel oder Achtel schneiden und in 1 Liter Wasser, gesüßt mit 75 g Zucker, vorsichtig gar kochen!) oder eingemachtes Obst läßt man auf einem Sieb gut abtropfen.

Die **vorbereiteten** Früchte werden auf den mit Pudding bestrichenen Boden gelegt. Man bereitet den Guß nach der Gebrauchsanweisung auf dem Beutel und gibt ihn, sobald er dickflüssig ist, auf den mit Obst belegten Boden. Damit der Guß schnittfest wird, stellt man das Gebäck noch etwa 1 Stunde recht kalt. Danach wird es in Rechtecke in der Größe von etwa 4×8 cm geschnitten.

Fürst Pückler-Schnitten

Heller Teig: 2 Eier, 2 Eßl. warmes Wasser, 100 g Zucker, 1 Päckchen Dr. Oetker Vanillin-Zucker, 75 g Weizenmehl, 50 g Dr. Oetker „Gustin", 6 g (2 gestrichene Teel.) Dr. Oetker Backpulver „Backin".

Dunkler Teig: 2 Eier, 3 Eßl. warmes Wasser, 100 g Zucker, 1 Päckchen Dr. Oetker Vanillin-Zucker, 75 g Weizenmehl, 50 g Dr. Oetker „Gustin", 20 g Kakao, 6 g (2 gestrichene Teel.) Dr. Oetker Backpulver „Backin".

Füllung: 2 Eßl. kaltes Wasser, 3 Teel. Dr. Oetker „Regina"-Gelatine gemahlen, rot, 2 Eßl. Zitronensaft, mit Wasser auf ½ l ergänzt, 1 Päckchen Dr. Oetker „Fruttina"-Pudding-Pulver Zitrone-Geschmack, 100 g (4 gut gehäufte Eßl.) Zucker; ¼ l süße Sahne.

Zum Bestreichen: 150 g Aprikosen- oder Reneklodenmarmelade, 1 Eßl. Wasser.

Guß: 150 g Puderzucker, 25 g Kakao, 2–3 Eßl. heißes Wasser, 30 g Kokosfett.

Für den hellen Teig schlägt man Eigelb und Wasser mit einem Schneebesen schaumig und gibt nach und nach ⅔ des Zuckers mit dem Vanillin-Zucker dazu. Danach schlägt man so lange, bis eine kremartige Masse entstanden ist. Das Eiweiß wird zu steifem Schnee geschlagen. Dann gibt man unter ständigem Schlagen nach und nach den Rest des Zuckers dazu. Der Schnee muß so fest sein, daß ein Schnitt mit einem Messer sichtbar bleibt. Er wird auf den Eigelbkrem gegeben. Darüber wird das mit „Gustin" und „Backin" gemischte Mehl gesiebt. Man zieht alles vorsichtig (nicht rühren!) unter den Eigelbkrem. Der Teig wird knapp 1½ cm dick auf ein mit Pergamentpapier belegtes Backblech gestrichen (reicht für ⅔ eines Bleches in der Größe von 32 × 46 cm). Damit er an der offenen Seite des Blechs nicht auslaufen kann, knifft man das Papier unmittelbar vor dem Teig zur Falte, so daß ein Rand entsteht.

Backzeit: Etwa 10 Minuten bei starker Hitze.

Nach dem Backen wird der Biskuit sofort auf ein Papier gestürzt, das am Gebäck haftende Papier wird mit kaltem Wasser bestrichen und danach vorsichtig, aber schnell abgezogen.

Der dunkle Teig wird nach den Angaben für den hellen Teig hergestellt und gebacken. Den Kakao mischt man mit „Gustin" und „Backin" unter das Mehl.

Für die Füllung rührt man die gemahlene „Regina"-Gelatine mit dem kalten Wasser an und läßt sie 10 Minuten stehen.

Von dem ½ l Zitronenwasser werden 4 Eßl. abgenommen, damit werden das „Fruttina"-Pudding-Pulver und der Zucker angerührt. Man bringt das übrige Zitronenwasser zum Kochen. Sobald es kocht, nimmt man es von der Kochstelle, gibt das angerührte Pudding-Pulver unter Rühren hinein und läßt noch einmal kurz aufkochen. Die gequollene „Regina"-Gelatine wird unter den heißen „Fruttina"-Pudding gegeben. Es wird so lange gerührt, bis die Gelatine vollkommen gelöst ist. Man stellt den Pudding kalt; damit sich keine Haut bildet, rührt man ihn während des Erkaltens häufig um. Wenn der „Fruttina"-Pudding erkaltet, aber noch nicht vollkommen erstarrt ist, wird die steife Sahne darunter gehoben. Man streicht den Krem gleichmäßig auf die helle Biskuitplatte und bedeckt mit der dunklen Platte.

Die Marmelade wird mit dem Wasser verrührt, aufgekocht und auf die dunkle Biskuitplatte gestrichen. Darauf streicht man den Schokoladenguß, den man folgendermaßen hergestellt hat: Der mit Kakao gesiebte Puderzucker wird mit so viel heißem Wasser und dem zerlassenen Kokosfett glattgerührt, daß eine dickflüssige Masse entsteht.

Wenn der Guß fest geworden ist, zerschneidet man das Gebäck in Schnitten von etwa 4½ × 8½ cm.

Biskuitschnitten

Kleingebäck

Mohrenköpfe

Teig: 3 Eier, 1 Eßl. warmes Wasser, 150 g Zucker, 1 Päckchen Dr. Oetker Vanillin-Zucker, 150 g Weizenmehl, 50 g Dr. Oetker „Gustin", 3 g (1 gestrichener Teel.) Dr. Oetker Backpulver „Backin".

Füllung: 1 Päckchen Dr. Oetker Pudding-Pulver Vanille-Geschmack, 50 g Zucker, ½ l Milch.

Zum Bestreichen: 2 Eßl. durch ein Sieb gestrichene Aprikosenmarmelade.

Guß: 200 g Puderzucker, 25 g Kakao, 3–4 Eßl. heißes Wasser, 1 Eßl. zerlassenes Kokosfett (nach Belieben).

Man schlägt Eigelb und Wasser mit einem Schneebesen schaumig und gibt nach und nach ⅔ des Zuckers mit dem Vanillin-Zucker dazu. Danach schlägt man so lange, bis eine kremartige Masse entstanden ist. Das Eiweiß wird zu steifem Schnee geschlagen. Dann gibt man unter ständigem Schlagen nach und nach den Rest des Zuckers dazu. Der Schnee muß so fest sein, daß ein Schnitt mit einem Messer sichtbar bleibt. Er wird auf den Eigelbkrem gegeben, darüber wird das mit „Gustin" und „Backin" gemischte Mehl gesiebt. Man zieht alles vorsichtig unter den Eigelbkrem (nicht rühren!). Mit 2 Teelöffeln oder mit einem Spritzbeutel setzt man gleichmäßige Teighäufchen (Durchmesser 3–5 cm) nicht zu dicht nebeneinander auf ein gefettetes, leicht mit Mehl bestäubtes Backblech und backt sie goldgelb.

Backzeit: 12–15 Minuten bei starker Hitze.

Für die Füllung werden Pudding-Pulver und Zucker mit 6 Eßlöffel von der Milch angerührt. Die übrige Milch bringt man zum Kochen, nimmt sie von der Kochstelle, gibt das angerührte Pudding-Pulver unter Rühren hinein und läßt noch einmal kurz aufkochen. Damit sich keine Haut bildet, wird der Pudding während des Erkaltens häufig umgerührt.

Nach dem Erkalten wird die Hälfte der Plätzchen auf der Unterseite dick mit Pudding bestrichen, und die übrigen werden darauf gesetzt.

Für den Guß rührt man den mit Kakao gesiebten Puderzucker mit so viel heißem Wasser glatt, daß eine dickflüssige Masse entsteht. Dazu gibt man das zerlassene Kokosfett. Bevor das Gebäck damit bestrichen oder übergossen wird, bestreicht man es dünn mit kochend heißer Aprikosenmarmelade.

Anisplätzchen

3 Eier, 200 g feiner Zucker, 1 Päckchen Dr. Oetker Vanillin-Zucker, 15 g gemahlener Anissamen, 125 g Weizenmehl, 125 g Dr. Oetker „Gustin".

Man schlägt die Eier mit einem Schneebesen schaumig und gibt nach und nach den Zucker mit dem Vanillin-Zucker dazu. Danach schlägt man so lange, bis eine dicke, kremartige Masse entstanden ist (nach etwa 15 Minuten!). Der Anissamen und das mit „Gustin" gesiebte Mehl werden eßlöffelweise darunter gerührt. Mit 2 Teelöffeln setzt man kleine Teighäufchen auf ein gefettetes, leicht mit Mehl bestäubtes Backblech (genügend Zwischenraum lassen!). Man läßt sie über Nacht in einem warmen Raum trocknen. Am anderen Tag backt man die Plätzchen.

Backzeit: Etwa 35 Minuten bei leichter Hitze.

Anis-Zwieback

2 Eier, 2 Eßl. warmes Wasser, 100 g Zucker, 1 Päckchen Dr. Oetker Vanillin-Zucker, 1 gestrichener Teel. gemahlener Anis, etwas Salz, 100 g Weizenmehl, 25 g Dr. Oetker „Gustin", 3 g (1 gestrichener Teel.) Dr. Oetker Backpulver „Backin".

Man schlägt Eigelb und Wasser mit einem Schneebesen schaumig und gibt nach und nach ⅔ des Zuckers mit dem Vanillin-Zucker dazu. Danach schlägt man so lange, bis eine kremartige Masse entstanden ist. Unter den Eigelbkrem mischt man die Gewürze. Das Eiweiß wird zu steifem Schnee geschlagen. Dann gibt man unter ständigem Schlagen nach und nach den Rest des Zuckers dazu. Der Schnee muß so fest sein, daß ein Schnitt mit einem Messer sichtbar bleibt. Er wird auf den Eigelbkrem gegeben, darüber wird das mit „Gustin" und „Backin" gemischte Mehl gesiebt. Man zieht alles vorsichtig unter den Eigelbkrem und füllt den Teig in eine gefettete Kasten- oder Rehrückenform.

Backzeit: Etwa 25 Minuten bei guter Mittelhitze.

Am nächsten Tag wird das Gebäck in etwa 1 cm dicke Scheiben geschnitten, auf ein Backblech gelegt und bei leichter Hitze in etwa 30 Minuten knusprigbraun geröstet. Die Hitze darf auf keinen Fall zu stark sein, da die Zwiebäcke dann von außen sehr schnell bräunen, aber innen nicht durchrösten. Damit sie nicht weich werden, muß man sie in einer gut schließenden Dose aufbewahren.

„Gustin“-Plätzchen

2 Eier, 2 Eßl. warmes Wasser, 100 g Zucker, 1 Päckchen Dr. Oetker Vanillin-Zucker, 75 g Weizenmehl, 50 g Dr. Oetker „Gustin“.

Man schlägt Eigelb und Wasser mit einem Schneebesen schaumig und gibt nach und nach ⅔ des Zuckers mit dem Vanillin-Zucker dazu. Danach schlägt man so lange, bis eine kremartige Masse entstanden ist. Das Eiweiß wird zu steifem Schnee geschlagen. Dann gibt man unter ständigem Schlagen nach und nach den Rest des Zuckers dazu. Der Schnee muß so fest sein, daß ein Schnitt mit einem Messer sichtbar bleibt. Er wird auf den Eigelbkrem gegeben, darüber wird das mit „Gustin“ gemischte Mehl gesiebt. Man zieht alles vorsichtig unter den Eigelbkrem. Mit 2 Teelöffeln setzt man kleine Teighäufchen auf ein gefettetes, leicht mit Mehl bestäubtes Backblech und backt sie goldgelb.

Backzeit: 10–15 Minuten bei guter Mittelhitze.

Biskuitplätzchen

1 Ei, 4 Eßl. warmes Wasser, 125 g Zucker, 1 Päckchen Dr. Oetker Vanillin-Zucker, etwas gemahlener Anis, 175 g Weizenmehl, 3 g (1 gestrichener Teel.) Dr. Oetker Backpulver „Backin“.

Man schlägt Eigelb und Wasser mit einem Schneebesen schaumig und gibt nach und nach ⅔ des Zuckers mit dem Vanillin-Zucker und dem gemahlenen Anis dazu. Danach schlägt man so lange, bis eine kremartige Masse entstanden ist. Das Eiweiß wird zu steifem Schnee geschlagen. Dann gibt man unter ständigem Schlagen nach und nach den Rest des Zuckers dazu. Der Schnee muß so fest sein, daß ein Schnitt mit einem Messer sichtbar bleibt. Er wird auf den Eigelbkrem gegeben, darüber wird das mit „Backin“ gemischte Mehl gesiebt. Man zieht alles vorsichtig unter den Eigelbkrem. Mit 2 Teelöffeln setzt man kleine Teighäufchen auf ein gefettetes, leicht mit Mehl bestäubtes Backblech und backt sie goldgelb.

Backzeit: Etwa 15 Minuten bei guter Mittelhitze.

Löffelbiskuits

2 Eier, 50 g Zucker, 1 Päckchen Dr. Oetker Vanillin-Zucker, 50 g Weizenmehl, 25 g Dr. Oetker „Gustin“, 3 g (1 gestrichener Teel.) Dr. Oetker Backpulver „Backin“.

Man schlägt das Eigelb mit einem Schneebesen etwas an und gibt nach und nach ⅔ des Zuckers mit dem Vanillin-Zucker dazu. Danach schlägt man so lange, bis eine kremartige Masse entstanden ist. Das Eiweiß wird zu steifem Schnee geschlagen. Dann gibt man unter ständigem Schlagen nach und nach den Rest des Zuckers dazu. Der Schnee muß so fest sein, daß ein Schnitt mit einem Messer sichtbar bleibt. Er wird auf den Eigelbkrem gegeben. Darüber wird das mit „Gustin“ und „Backin“ gemischte Mehl gesiebt. Man zieht alles vorsichtig (nicht rühren!) unter den Eigelbkrem. Der Teig wird in einen Spritzbeutel gefüllt und in Form von Löffelbiskuits (nicht zu groß, Teig geht noch auf!) auf ein gefettetes, mit Mehl bestäubtes Backblech gespritzt. Man backt die Biskuits goldgelb.

Backzeit: Etwa 15 Minuten bei guter Mittelhitze.

 Beachten Sie bitte die Backtabellen auf den Seiten 5 und 7 ◀

D · BRANDTEIG

Die Herstellung des Teiges und das Backen

Die im Rezept angegebenen Zutaten wie:

> Wasser,
> Butter (Margarine oder Schweineschmalz),
> Weizenmehl,
> Eier,
> Dr. Oetker Backpulver „Backin"

werden in der angegebenen Reihenfolge und in der vorgeschriebenen Menge bereitgestellt.

Notwendige Vorarbeiten

1. **Das Mehl wird gesiebt.**
   Das Sieben lockert das Mehl auf.

2. **Brandteig wird auf einem gefetteten, mit Mehl bestäubten Backblech gebacken.**
   a) Man siebt etwas Mehl auf das Backblech.

   b) Damit das Mehl gleichmäßig und in nicht zu dicker Schicht auf dem Backblech liegt, schlägt man das Backblech mit einer Seitenkante auf einen Tisch.

Die Verarbeitung des Teiges

Man bringt Wasser und Fett, am besten in einem Stieltopf, zum Kochen, dann nimmt man den Topf von der Kochstelle, schüttet das gesiebte Mehl auf einmal hinein, rührt es zu einem glatten Kloß und erhitzt diesen unter Rühren noch etwa 1 Minute. Den heißen Kloß gibt man sofort in eine Schüssel und rührt nach und nach die Eier darunter. Weitere Eizugabe erübrigt sich, wenn der Teig stark glänzt und so vom Löffel abreißt, daß lange Spitzen hängenbleiben. Danach gibt man das „Backin" in den erkalteten Teig.

Die einzelnen Arbeitsgänge

1. **„Man bringt Wasser und Fett, am besten in einem Stieltopf, zum Kochen, dann nimmt man den Topf von der Kochstelle, schüttet das gesiebte Mehl auf einmal hinein, . ."**

   Wichtig dabei ist, daß das Mehl beim Kochen nicht klumpt. Deswegen nimmt man das kochende Wasser von der Kochstelle und gibt das gesiebte Mehl a u f e i n m a l hinein. Niemals langsam einstreuen!

2. **„ . . rührt es zu einem glatten Kloß . ."**
   Sobald das Mehl ins heiße Wasser gegeben wird, muß man rasch rühren, und zwar so lange, bis ein glatter Kloß entstanden ist.

3. **„ . . und erhitzt diesen unter Rühren noch etwa 1 Minute . ."**

   Durch dieses Erhitzen (Abbrennen) wird der Teig fester. Ein Zeichen für genügend langes Abbrennen des Teiges ist eine dünne Haut am Boden des Topfes (siehe nächste Abbildung).

4. **„ . . Den heißen Kloß gibt man sofort in eine Schüssel . ."**

   Man gibt ihn in eine Schüssel, damit er schneller abkühlt.

5. „ .. und rührt nach und nach die Eier darunter..“

Die Eier kommen in den heißen Teig. Jedes Ei wird über einer Tasse aufgeschlagen und geprüft, ob es frisch ist. Man gibt ein Ei nach dem anderen in den Teig, weil sie sich dann besser unterrühren lassen.

6. „ .. Weitere Eizugabe erübrigt sich, wenn der Teig stark glänzt und so vom Löffel abreißt, daß lange Spitzen hängenbleiben..“

Da die Größe der Eier verschieden ist, prüft man nach der Zugabe des vorletzten Eies die Teigbeschaffenheit. Sollte der Teig schon stark glänzen und so vom Löffel reißen, daß lange Spitzen hängenbleiben, muß weitere Eizugabe unterbleiben. Zu flüssiger Teig ergibt breitgelaufenes Gebäck. Andernfalls verquirlt man das letzte Ei und gibt davon nur so viel wie notwendig in den Teig.

7. „ .. Danach gibt man das „Backin“ in den erkalteten Teig.“

„Backin“ darf niemals vor dem Backen mit warmen Zutaten zusammengebracht werden, da seine Triebkraft dann vorzeitig ausgelöst wird und verlorengeht. Deswegen wird das „Backin“ bei Brandteig nicht mit dem Mehl gemischt, sondern zuletzt unter den Teig gerührt.

8. Will man den Teig z. B. zu Windbeuteln ausbacken, dann setzt man ihn mit 2 Teelöffeln auf ein vorbereitetes Backblech. Man kann dazu auch einen Spritzbeutel nehmen.

Soll der Teig in Fett ausgebacken werden, dann wird er mit 2 Teelöffeln abgestochen oder in Form von Kränzen auf ein gefettetes Pergamentpapier gespritzt und in das heiße Fett gegeben. (Siehe Eberswalder Spritzkuchen S. 127.)

Das Backen von Brandteigen

Man stellt den Teig am besten in einen gut vorgeheizten Backofen. Er wird bei starker Hitze gebacken. (Siehe Tabellen für Backhitze S. 5 u. 7!) Erst gegen Ende der Backzeit darf der Ofen vorsichtig geöffnet und nach dem Gebäck gesehen werden, da es sonst leicht zusammenfällt.

Wird der Teig in Fett ausgebacken, dann erhitzt man es vorher genügend, damit das Gebäck nicht zu viel Fett aufnehmen kann. Das Ausbackfett hat den richtigen Hitzegrad, wenn sich um einen in das Fett gehaltenen Holzlöffelstiel Bläschen bilden. (Siehe Eberswalder Spritzkuchen S. 127.)

Windbeutel (Abb. nach S. 128)

Teig: $\frac{1}{4}$ l Wasser, 50 g Butter, Margarine oder Schweineschmalz, 150 g Weizenmehl, 25 g Dr. Oetker „Gustin", 4–6 Eier, 3 g (1 gestrichener Teel.) Dr. Oetker Backpulver „Backin".

Füllung: 2 gestrichene Teel. Dr. Oetker „Regina"-Gelatine gemahlen, weiß, 2 Eßl. kaltes Wasser, $\frac{1}{2}$ l Milch, 45 g Dr. Oetker „Gustin", 50 g (2 gut gehäufte Eßl.) Zucker, 1 Ei, $\frac{1}{4}$ l süße Sahne, 2 Päckchen Dr. Oetker Vanillin-Zucker.

Zum Bestäuben: Etwas Puderzucker.

Man bringt Wasser und Fett, am besten in einem Stieltopf, zum Kochen, dann nimmt man den Topf von der Kochstelle, schüttet das mit „Gustin" gemischte, gesiebte Mehl auf einmal hinein, rührt es zu einem glatten Kloß und erhitzt diesen unter Rühren noch etwa 1 Minute. Den heißen Kloß gibt man sofort in eine Schüssel und rührt nach und nach die Eier darunter. Weitere Eizugabe erübrigt sich, wenn der Teig stark glänzt und so vom Löffel abreißt, daß lange Spitzen hängenbleiben. Danach gibt man das „Backin" in den erkalteten Teig.

Mit zwei Löffeln oder mit einem Spritzbeutel werden gut walnußgroße Teighäufchen auf ein gefettetes, mit Mehl bestäubtes Backblech gesetzt.

Backzeit: Etwa 30 Minuten bei starker Hitze.

Während der ersten 20 Minuten Backzeit soll man nicht in den Ofen sehen, da das Gebäck sonst fällt. Die Windbeutel werden gleich nach dem Backen aufgeschnitten.

Für die Füllung wird die gemahlene Gelatine mit den 2 Eßlöffel Wasser angerührt und etwa 10 Minuten zum Quellen stehengelassen. Man nimmt von der Milch 4 Eßl. ab und verquirlt das „Gustin", den Zucker und das Eigelb damit. Die übrige Milch wird erhitzt. Sobald sie kocht, nimmt man sie von der Kochstelle, gibt das verquirlte „Gustin" unter Rühren hinein und läßt noch einmal kurz aufkochen. Die gequollene Gelatine wird unter den heißen Pudding gegeben. Man rührt so lange, bis sich die Gelatineteilchen vollkommen gelöst haben. Das zu steifem Schnee geschlagene Eiweiß wird sofort danach unter den noch heißen Pudding geschlagen. Man rührt ihn während des Erkaltens häufig um, damit sich keine Haut bildet. Die Sahne wird steifgeschlagen, mit Vanillin-Zucker gesüßt und unter den erkalteten Pudding gehoben.

Man füllt die Windbeutel mit dem erkalteten Krem und bestäubt sie mit Puderzucker.

Käse-Windbeutel

Teig: ⅛ l Wasser, 25 g Butter, Margarine oder Schweineschmalz, 85 g Weizenmehl, 2–3 Eier, 1½ g (½ gestrichener Teel.) Dr. Oetker Backpulver „Backin".

Zum Bestreichen: Mit Milch verquirltes Ei.

Zum Bestreuen: Geriebener Schweizer- oder Parmesan-Käse, etwas Kümmel.

Füllung: 75 g Butter oder Margarine, 1 Ei, 150 g geriebener Käse.

Man bringt Wasser und Fett, am besten in einem Stieltopf, zum Kochen, dann nimmt man den Topf von der Kochstelle, schüttet das gesiebte Mehl auf einmal hinein, rührt es zu einem glatten Kloß und erhitzt diesen unter Rühren noch etwa 1 Minute. Den heißen Kloß gibt man sofort in eine Schüssel und rührt nach und nach die Eier darunter. Weitere Eizugabe erübrigt sich, wenn der Teig stark glänzt und so vom Löffel abreißt, daß lange Spitzen hängenbleiben. Danach gibt man das „Backin" in den erkalteten Teig.

Mit 2 Löffeln oder mit einem Spritzbeutel werden kleine Teighäufchen in der Größe einer halben Walnuß auf ein gefettetes, mit Mehl bestäubtes Backblech gesetzt. Man bestreicht sie mit verquirltem Ei und bestreut sie mit geriebenem Käse und mit Kümmel.

Backzeit: Etwa 20 Minuten bei starker Hitze.

Die Windbeutel werden gleich nach dem Backen aufgeschnitten.

Für die Füllung rührt man das Fett schaumig und gibt das Ei und den geriebenen Käse darunter. Die Windbeutel werden mit dem Käsekrem gefüllt.

Eclairs oder Liebesknochen

Teig: ¼ l Wasser, 50 g Butter, Margarine oder Schweineschmalz, 150 g Weizenmehl, 25 g Dr. Oetker „Gustin", 4–6 Eier, 3 g (1 gestrichener Teel.) Dr. Oetker Backpulver „Backin".

Füllung: Kaffeekrem: ½ Päckchen Dr. Oetker Schokoladen-Pudding-Pulver, 30–50 g Zucker, ¼ l Milch, ⅛ l starker Bohnenkaffee, 1½ gestrichene Teel. Dr. Oetker „Regina"-Gelatine gemahlen, weiß, 1 Eßl. kaltes Wasser.

Guß: 100 g Puderzucker, ½ Fläschchen Dr. Oetker Rum-Aroma, 1–2 Eßl. heißes Wasser.

Man bringt Wasser und Fett, am besten in einem Stieltopf, zum Kochen, dann nimmt man den Topf von der Kochstelle, schüttet das mit „Gustin" gemischte, gesiebte Mehl auf einmal hinein, rührt es zu einem glatten Kloß und erhitzt diesen unter Rühren noch etwa 1 Minute. Den heißen Kloß gibt man sofort in eine Schüssel und rührt nach und nach die Eier darunter. Weitere Eizugabe erübrigt sich, wenn der Teig stark glänzt und so vom Löffel abreißt, daß lange Spitzen hängenbleiben. Danach gibt man das „Backin" in den erkalteten Teig.

Er wird in einen Spritzbeutel (weite Tülle) gefüllt und auf ein gefettetes, mit Mehl bestäubtes Backblech gespritzt. Für jeden einzelnen Eclair spritzt man zwei etwa fingerlange Streifen dicht nebeneinander und setzt einen dritten darauf.

Backzeit: Etwa 25 Minuten bei starker Hitze.

Während der ersten 20 Minuten soll man nicht in den Ofen sehen, da das Gebäck sonst fällt. Die Eclairs werden sofort nach dem Backen aufgeschnitten.

 Beachten Sie bitte die Backtabellen auf den Seiten 5 und 7 ◀

Für den Krem werden das Pudding-Pulver und der Zucker mit 4 Eßlöffel von der Milch angerührt. Die übrige Milch und den Kaffee bringt man zum Kochen, nimmt sie von der Kochstelle, gibt das angerührte Pudding-Pulver unter Rühren hinein und läßt noch einmal kurz aufkochen. Die in dem Wasser gequollene „Regina"-Gelatine wird in den heißen Krem gegeben. Man rührt so lange, bis sich die Gelatine gelöst hat. Damit sich keine Haut bildet, wird der Krem während des Erkaltens häufig umgerührt. Man füllt die Eclairs mit dem erkalteten Krem.

Für den Guß wird der gesiebte Puderzucker mit dem Rum-Aroma und so viel heißem Wasser glattgerührt, daß eine dickflüssige Masse entsteht. Damit bestreicht man die Eclairs.

Veränderung: Die Eclairs können auch mit „Gustin"-Sahne-Krem gefüllt werden (siehe Windbeutel S. 123).

E • FETTGEBACKENES

Für das einwandfreie Gelingen von Fettgebackenem ist neben der richtigen Auswahl der richtige Hitzegrad des Fettes von großer Bedeutung. Öl soll allein, niemals mit festem Fett gemischt, verwendet werden. Bei festem Fett haben sich dagegen am besten Mischungen bewährt, und zwar von Pflanzen- und tierischen Fetten. Geeignete Zusammenstellungen sind Kokosfett, Schweineschmalz und Rinderfett, evtl. nimmt man von jedem ein Drittel.

Man erhitzt das Fett am besten in einem Eisen- oder Stahltopf. Er muß so weit mit Fett gefüllt sein, daß die Teigstücke darin schwimmen können.

Beim Einlegen des Teiges darf das Fett weder zu heiß noch zu kalt sein. Bei zu starker Hitze bräunt das Gebäck zu schnell, geht nicht richtig auf und bleibt innen teigig. Ist das Fett zu kalt, dann saugt das Gebäck zu viel Fett auf. Außerdem kann dann das Fett anfangen zu schäumen, sobald der Teig eingelegt wird. Das Schäumen kann so stark werden, daß empfindliche Gebäckstücke förmlich auseinandergerissen werden. Sobald das Fett anfängt zu schäumen, muß man es stärker erhitzen und mit der Zugabe von neuem Teig vorsichtig sein; da dadurch eine weitere Abkühlung des Fettes eintritt. Im übrigen soll man vor jeder Zugabe vonTeig das Fett prüfen, ob es die richtige Temperatur hat, und zwar müssen sich um einen in das Fett gehaltenen Holzlöffelstiel Bläschen bilden.

Ballbäuschen

Teig: 100 g Butter oder Margarine, 50 g Zucker, 1 Päckchen Dr. Oetker Vanillin-Zucker, 2 Eier, 250 g Weizenmehl, 6 g (2 gestrichene Teel.) Dr. Oetker Backpulver „Backin", etwa 4 Eßl. Milch.

Ausbackfett: Öl, Schweineschmalz oder Kokosfett.

Zum Bestäuben: Etwas Puderzucker.

Man rührt das Fett schaumig und gibt nach und nach Zucker, Vanillin-Zucker und Eier hinzu. Das mit „Backin" gemischte und gesiebte Weizenmehl wird abwechselnd mit der Milch untergerührt. Man verwendet nur so viel Milch, daß der Teig schwer (reißend) vom Löffel fällt. Mit einem in heißes Fett getauchten Teelöffel sticht man kleine Teigbällchen ab. Sie werden in siedendem Fett schwimmend auf beiden Seiten hellbraun gebacken. Dann nimmt man sie mit einem Schaumlöffel heraus, läßt sie gut abtropfen und besiebt sie mit Puderzucker.

Hobelspäne oder Räderkuchen

Teig: 500 g Weizenmehl, 3 g (1 gestrichener Teel.) Dr. Oetker Backpulver „Backin", 100 g Zucker, einige Tropfen Dr. Oetker Backöl Zitrone, 1 Fläschchen Dr. Oetker Rum-Aroma, 3 Eier, 4 Eßl. Milch oder Wasser, 125 g Butter oder Margarine.

Zum Ausbacken: Öl, Schweineschmalz oder Kokosfett.

Zum Bestäuben: Etwas Puderzucker.

Mehl und „Backin" werden gemischt und auf ein Backbrett gesiebt. In die Mitte wird eine Vertiefung eingedrückt, Zucker, Gewürze, Eier und Flüssigkeit werden hineingegeben und mit einem Teil des Mehls zu einem dicken Brei verarbeitet. Darauf gibt man das in Stücke geschnittene, kalte Fett, bedeckt es mit Mehl, drückt alles zu einem Kloß zusammen und verknetet von der Mitte aus alle Zutaten schnell zu einem glatten Teig. Er wird dünn ausgerollt und in Streifen gerädert. Man schneidet sie in der Mitte ein und zieht das eine Ende einmal durch. Die Hobelspäne werden schwimmend in siedendem Fett goldbraun gebacken. Man läßt sie abtropfen und bestäubt sie mit Puderzucker.

Mutzenmandeln

Teig: 500 g Weizenmehl, 6 g (2 gestrichene Teel.) Dr. Oetker Backpulver „Backin", 150 g Zucker, 3–4 Tropfen Dr. Oetker Backöl Bittermandel, 1 Fläschchen Dr. Oetker Rum-Aroma, 3 Eier, 150 g Butter oder Margarine.

Zum Ausbacken: Öl, Schweineschmalz oder Kokosfett.

Zum Verzieren: Etwas feiner Zucker.

Mehl und „Backin" werden gemischt und auf ein Backbrett gesiebt. In die Mitte wird eine Vertiefung eingedrückt, Zucker, Gewürze und Eier werden hineingegeben und mit einem Teil des Mehls zu einem dicken Brei verarbeitet. Darauf gibt man das in Stücke geschnittene, kalte Fett, bedeckt es mit Mehl, drückt alles zu einem Kloß zusammen und verknetet von der Mitte aus alle Zutaten schnell zu einem glatten Teig. Sollte er kleben, stellt man ihn eine Zeitlang kalt.

Der Teig wird etwa 1 cm dick ausgerollt. Man sticht Mutzenmandeln aus, gibt sie in siedendes Fett und backt sie goldgelb.

Die heißen Mutzenmandeln werden in feinem Zucker gewälzt.

Quarkpfannkuchen (Topfenkrapfen)

Teig: 500 g Weizenmehl, 1 Päckchen Dr. Oetker Backpulver „Backin", 100 g Zucker, 1 Päckchen Dr. Oetker Vanillin-Zucker, 2 Eier, 1 Eigelb, 100 g Butter oder Margarine, 250 g trockener Quark (Topfen)*).

Zum Bestreichen: 1 Eiweiß.

Füllung: 150 g Marmelade.

Zum Ausbacken: Öl, Schweineschmalz oder Kokosfett.

Zum Bestreuen: Etwas Puderzucker.

*) Feuchter Quark wird in einem Tuch gut ausgedrückt und dann erst gewogen.

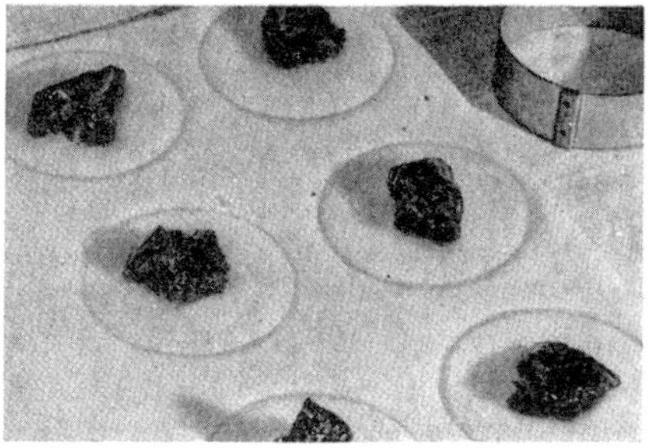 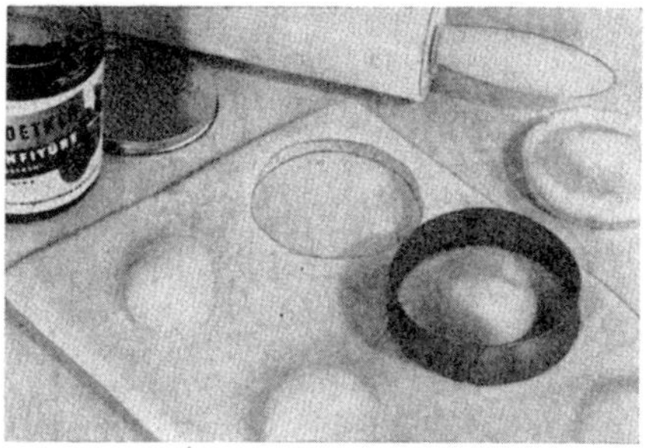

Mehl und „Backin" werden gemischt und auf ein Backbrett gesiebt. In die Mitte wird eine Vertiefung eingedrückt, Zucker, Vanillin-Zucker, Eier und Eigelb werden hineingegeben und mit einem Teil des Mehls zu einem dicken Brei verarbeitet. Darauf gibt man das in Stücke geschnittene, kalte Fett und den durch ein Sieb gestrichenen Quark, bedeckt ihn mit Mehl, drückt alles zu einem Kloß zusammen und verknetet von der Mitte aus alle Zutaten schnell zu einem glatten Teig. Er wird etwa ½ cm dick ausgerollt. Man deutet auf der einen Teighälfte mit einem Glas oder Metallring (Durchmesser 8–9 cm) Kreise leicht an, bestreicht die Ränder dieser Kreise mit etwas Eiweiß, legt in die Mitte etwas Marmelade (s. Abb.) und klappt die leere Teighälfte darüber. Die Pfannkuchen werden ausgestochen und die Teigränder noch einmal zusammengedrückt. Man backt sie sofort schwimmend in siedendem Fett auf beiden Seiten hellbraun, dann nimmt man sie mit einem Schaumlöffel heraus, legt sie auf ein Sieb zum Abtropfen und bestäubt sie mit Puderzucker.

Eberswalder Spritzkuchen (Abb. nach S. 128)

Teig: $^1/_5$ l Wasser, 100 g Butter oder Margarine, 175 g Weizenmehl, 25 g Dr. Oetker „Gustin", 25 g Zucker, 1 Päckchen Dr. Oetker Vanillin-Zucker, 4–6 Eier, 4 g (1 schwach gehäufter Teel.) Dr. Oetker Backpulver „Backin".

Ausbackfett: Öl, Schweineschmalz oder Kokosfett.

Guß: 200 g Puderzucker, 4 Tropfen Dr. Oetker Backöl Zitrone, etwa 3 Eßl. heißes Wasser.

Man bringt Wasser und Fett, am besten in einem Stieltopf, zum Kochen. Dann nimmt man den Topf von der Kochstelle, schüttet das mit „Gustin" gemischte, gesiebte Mehl auf einmal hinein, rührt es zu einem glatten Kloß und erhitzt diesen unter Rühren noch etwa 1 Minute. Den heißen Kloß gibt man sofort in eine Schüssel und rührt nach und nach den Zucker, den Vanillin-Zucker und die Eier darunter. Weitere Eizugabe erübrigt sich, wenn der Teig stark glänzt und so vom Löffel abreißt, daß lange Spitzen hängenbleiben. Danach gibt man das „Backin" in den erkalteten Teig. Er wird in einen Spritzbeutel (weite Tülle) gefüllt und auf ein mit Butter oder Margarine bestrichenes Pergamentpapier in Form von Kränzen gespritzt. Man backt sie sofort schwimmend in siedendem Fett auf beiden Seiten hellbraun, dann nimmt man sie mit einem Hölzchen oder einer Stricknadel heraus und läßt das Fett gut abtropfen.

Für den Guß wird der Puderzucker mit Backöl und so viel heißem Wasser glattgerührt, daß eine dickflüssige Masse entsteht. Man bestreicht die Spritzkuchen damit.

Fettkrapfen

Teig: ¼ l Wasser, etwas Salz, 80 g Schmalz oder Margarine, 200 g Weizenmehl, 25 g Dr. Oetker „Gustin", 5–6 Eier, 3 g (1 gestrichener Teel.) Dr. Oetker Backpulver „Backin", 65 g Rosinen.

Ausbackfett: Öl, Schweineschmalz oder Kokosfett. **Zum Verzieren:** Etwas Puderzucker.

Man bringt Wasser, Salz und Fett, am besten in einem Stieltopf, zum Kochen, dann nimmt man den Topf von der Kochstelle, schüttet das mit „Gustin" gemischte und gesiebte Mehl auf einmal hinein, rührt es zu einem glatten Kloß und erhitzt diesen unter Rühren noch etwa 1 Minute. Den heißen Kloß gibt man sofort in eine Schüssel und rührt nach und nach die Eier darunter. Weitere Eizugabe erübrigt sich, wenn der Teig stark glänzt und so vom Löffel abreißt, daß lange Spitzen hängenbleiben. Man gibt das „Backin" in den erkalteten Teig. Danach werden die gewaschenen, gut abgetropften Rosinen darunter gerührt. Mit einem in heißes Fett getauchten Teelöffel sticht man kleine Teigbällchen ab. Sie werden in siedendem Fett schwimmend auf beiden Seiten hellbraun gebacken. Dann nimmt man sie mit einem Schaumlöffel heraus, läßt sie gut abtropfen und wälzt sie in Puderzucker.

Quarktaschen

Teig: 500 g Weizenmehl, 9 g (3 gestrichene Teel.) Dr. Oetker Backpulver „Backin", etwas Salz, ½ Fläschchen Dr. Oetker Backöl Zitrone, 1 Ei, ⅛ Liter Milch, 175 g Butter oder Margarine.

Füllung: 100 g Quark, 10 g (1 gestrichener Eßl.) Dr. Oetker „Gustin", 50 g Zucker, 1 Päckchen Dr. Oetker Vanillin-Zucker, 1 Ei, 2 Tropfen Dr. Oetker Backöl Bittermandel, 50 g gemahlene, abgezogene Mandeln, 25 g Rosinen.

Zum Bestreichen: Etwas Milch.

Zum Ausbacken: Öl, Schweineschmalz oder Kokosfett.

Zum Bestreuen: 80 g Zucker, ½ gestrichener Teel. Zimt.

Mehl und „Backin" werden gemischt und auf ein Backbrett gesiebt. In die Mitte wird eine Vertiefung eingedrückt, Gewürze und Ei werden hineingegeben und unter langsamer Zugabe der Milch mit einem Teil des Mehls zu einem dicken Brei verarbeitet. Darauf gibt man das in Stücke geschnittene, kalte Fett, bedeckt es mit Mehl, drückt alles zu einem Kloß zusammen und verknetet von der Mitte aus alle Zutaten schnell zu einem glatten Teig. Sollte er kleben, gibt man noch etwas Mehl hinzu.

Für die Füllung verrührt man den durch ein Sieb gestrichenen Quark nach und nach mit dem „Gustin", dem Zucker, dem Vanillin-Zucker, dem Ei, dem Backöl, den Mandeln und den gewaschenen Rosinen. Der Teig wird 2 mm dick ausgerollt, daraus werden runde Plätzchen ausgestochen (Durchmesser etwa 10 cm). Man belegt die eine Hälfte der Teigplatten mit je ½ Teelöffel der Füllung, bestreicht die Ränder der Teigplatten mit etwas Milch, klappt die andere Teighälfte darüber und drückt sie an den Rändern mit einem Aromafläschchen gut an.

Die Quarktaschen werden in heißem Fett schwimmend auf beiden Seiten hellbraun gebacken. Man nimmt sie mit einem Schaumlöffel heraus, läßt sie gut abtropfen und wendet sie noch warm in dem mit Zimt gemischten Zucker.

Windbeutel
Rezept Seite 123

Eberswalder Spritzkuchen
Rezept Seite 127

Trüffeltorte
Rezept Seite 105

Weihnachts-gebäck
ezepte Seite 129-145

Stollen
Rezept Seite 137

Köstliche Nachspeisen aus Dr. Oetker Pudding-Pulver

F · WEIHNACHTSGEBÄCKE

Honiggebäcke

Unter den Weihnachtsgebäcken nehmen die Gebäcke, die Honig oder Sirup (Rübenkraut) enthalten, eine beachtliche Stellung ein. Zum Teil wird das auf den guten Geschmack der damit hergestellten Gebäcke zurückzuführen sein, aber auch ihre gute Haltbarkeit wird sicherlich dazu beigetragen haben.

Für die Verarbeitung von Honig und Sirup zu Gebäcken ist wichtig, daß sie im allgemeinen vor der Herstellung des Teiges zusammen mit Zucker und Fett erwärmt und dabei zerlassen werden. Vorteilhaft ist es, einen Teil oder die gesamte im Rezept angegebene Flüssigkeit dazuzugeben, damit sich der Zucker besser löst. Das Erwärmen dieser Zutaten soll nicht bei zu starker Hitze vor sich gehen; entweder macht man es über Wasserdampf oder sorgt für schwache Hitze und rührt ständig. Sobald alles zerlassen ist, nimmt man die Honigmasse (Sirupmasse) vom Wasserdampf oder von der Kochstelle und setzt, je nach Rezept, den Kochtopf oder eine Rührschüssel, in die man die Honigmasse gegeben hat, in kaltes Wasser. Während des Erkaltens muß die Honigmasse häufig umgerührt werden, damit sie gleichmäßig erkaltet. Sobald sie auf Handwärme abgekühlt ist, wird sie nach den Angaben des betreffenden Rezeptes weiterverarbeitet. Wichtig dabei ist, daß die Masse wirklich genügend abgekühlt ist, da andernfalls das „Backin" schon bei der Teigbereitung treiben würde, was normalerweise erst im Laufe des Backprozesses geschehen soll.

Honigkuchen

Teig: 250 g Kunsthonig oder Sirup, 125 g Zucker, etwas Salz, 1 Päckchen Dr. Oetker Vanillin-Zucker, 1 Ei, 1 Fläschchen Dr. Oetker Rum-Aroma, 3 Tropfen Dr. Oetker Backöl Bittermandel, 500 g Weizenmehl, 1 Päckchen Dr. Oetker Backpulver „Backin", ⅛ l Milch.

Zum Bestäuben: Etwas Puderzucker.

Honig, Zucker und Salz werden langsam erwärmt, zerlassen, in eine Rührschüssel gegeben und kalt gestellt.

Wenn die Masse fast erkaltet ist, rührt man den Vanillin-Zucker, das Ei und die Gewürze hinzu. Das mit „Backin" gemischte und gesiebte Mehl wird abwechselnd mit der Milch untergerührt. Man füllt den Teig in eine gefettete Springform*) (Rand nicht fetten!) und streicht ihn zum Rand hin etwas hoch.

Backzeit: Etwa 55 Minuten bei schwacher Mittelhitze.

Nach dem Backen kann man den Kuchen mit Puderzucker bestäuben.

*) Durchmesser etwa 26 cm.

Veränderung: Der Honigkuchen bleibt länger frisch, wenn man 2–3 Eßl. Öl oder 50–100 g Butter (Margarine) in den Teig gibt.

Sirupkuchen

200 g Sirup oder Kunsthonig, 50 g Zucker, 35 g Butter, Margarine oder Schweineschmalz, etwas Salz, 3 Tropfen Dr. Oetker Backöl Bittermandel, 375 g Weizenmehl, 1 Päckchen Dr. Oetker Backpulver „Backin", gut ⅛ l Milch.

Sirup, Zucker, Fett und Salz werden langsam erwärmt, zerlassen, in eine Rührschüssel gegeben und kalt gestellt.

Man gibt das Backöl in die kalte Sirupmasse. Das mit „Backin" gemischte und gesiebte Mehl wird abwechselnd mit der Milch untergerührt. Man verwendet nur so viel Milch, daß der Teig schwer (reißend) vom Löffel fällt. Er wird in eine gefettete, mit geriebener Semmel ausgestreute Kastenform gefüllt.

Backzeit: Etwa 50 Minuten bei schwacher Mittelhitze.

Schokoladenhonigkuchen

375 g Kunsthonig oder Sirup, 125 g Zucker, etwas Salz, 50 g Butter, Margarine oder Schweineschmalz, 4 Eßl. Milch, 1 Messerspitze gemahlener Kardamom, 1 Messerspitze Muskatblüte, 1 Messerspitze gemahlene Nelken, 1 gestr. Teel. gemahlener Zimt, ½ Fläschchen Dr. Oetker Backöl Zitrone, 2 Päckchen Dr. Oetker Schokoladen-Pudding-Pulver, 450 g Weizenmehl, 1 Päckchen Dr. Oetker Backpulver „Backin".

Honig, Zucker, Salz und Fett werden mit der Milch langsam erwärmt, zerlassen, in eine Rührschüssel gegeben und kalt gestellt. Wenn die Masse fast erkaltet ist, rührt man nach und nach die Gewürze, das Pudding-Pulver und ⅔ des mit „Backin" gemischten und gesiebten Mehls hinzu. Den Rest des Mehls verknetet man mit dem Teigbrei zu einem weichen Teig. Sollte er kleben, stellt man ihn eine Zeitlang kalt. Der Teig wird etwa ½ cm dick ausgerollt, mit beliebigen Formen ausgestochen und auf ein gefettetes Backblech gelegt.

Backzeit: Etwa 10 Minuten bei starker Hitze.

Diese Plätzchen können auch als Baumbehang verwendet werden, in diesem Falle bestreicht man die Plätzchen (auf der Unterseite) teils mit Zucker-, teils mit Schokoladenguß (siehe Elisenlebkuchen S. 142) und bestreut sie mit Buntzucker.

Gefüllter Honigkuchen

Teig: 200 g Kunsthonig oder Sirup, 100 g Zucker, etwas Salz, 50 g Butter, Margarine oder Schweineschmalz, 1 Eßl. Wasser, 1 Ei, 1 gestrichener Teel. gemahlener Zimt, 2 Tropfen Dr. Oetker Backöl Bittermandel, 500 g Weizenmehl, 1 Päckchen Dr. Oetker Backpulver „Backin".

Füllung: Etwa 375 g nicht zu süße Marmelade (besonders Pflaumenmus).

Guß: 100 g Puderzucker, 1–2 Eßl. Zitronensaft oder Wasser.

Honig, Zucker, Salz und Fett werden mit dem Wasser langsam erwärmt, zerlassen, in eine Rührschüssel gegeben und kalt gestellt.

Wenn die Masse fast erkaltet ist, rührt man das Ei, die Gewürze und nach und nach ⅔ des mit „Backin" gemischten und gesiebten Mehls darunter. Den Rest des Mehls verknetet man mit dem Teigbrei zu einem festen Teig. Sollte er kleben, gibt man noch etwas Mehl hinzu. ⅔ des Teiges rollt man auf einem gefetteten Backblech aus (reicht für ¾ eines Bleches von 32×46 cm) und drückt ihn an den Seiten etwas hoch. Der übrige Teig wird passend zu einer Decke ausgerollt. Man wickelt sie mit Papier auf und legt sie beiseite. Der Teig wird gleichmäßig mit Marmelade bestrichen (ringsherum etwas Teig freilassen!). Man wickelt die Teigdecke darauf und sticht sie mit einer Gabel mehrmals ein.

Backzeit: Etwa 20 Minuten bei starker Hitze.

Für den Guß rührt man den gesiebten Puderzucker mit so viel Flüssigkeit glatt, daß eine dickflüssige Masse entsteht. Sofort nach dem Backen bestreicht man den Kuchen damit und schneidet ihn in gleichmäßige Streifen (etwa 3×9 cm).

Honigkuchen auf dem Blech

Teig: 500 g Kunsthonig, 65 g Butter oder Margarine, 65 g Schweineschmalz, etwas Salz; 1 Ei, 4 Tropfen Dr. Oetker Backöl Bittermandel, 1½ gestrichene Teel. Kardamom, 1½ gestrichene Teel. Nelken, 3 gestrichene Teel. Zimt, 500 g Weizenmehl, 12 g (4 gestrichene Teel.) Dr. Oetker Backpulver „Backin", 125 g Mandeln, 125 g Zitronat (Sukkade).

Guß: 75 g Puderzucker, etwa 1½ Eßl. heißes Wasser.

Honig, Fett und Salz werden langsam erwärmt, zerlassen, in eine Rührschüssel gegeben und kalt gestellt.

Wenn die Masse fast erkaltet ist, rührt man das Ei, die Gewürze und nach und nach das mit „Backin" gemischte und gesiebte Mehl hinein. Die abgezogenen, gehackten Mandeln und das in kleine Würfel geschnittene Zitronat werden zuletzt unter den Teig gehoben. Man streicht den Teig mit einem Teigschaber, den man häufig in Wasser taucht, knapp 1 cm dick auf ein gefettetes Backblech. Damit er an der offenen Seite des Backblechs nicht herunterlaufen kann, wird ein mehrfach umgeknifftes, gefettetes Papier vor den Teig gelegt.

Backzeit: Etwa 20 Minuten bei guter Mittelhitze.

Der gesiebte Puderzucker wird mit so viel heißem Wasser angerührt, daß ein dickflüssiger Guß entsteht. Sofort nach dem Backen bestreicht man den Kuchen damit und zerschneidet ihn anschließend in rechteckige Stücke.

Man bewahrt das Gebäck in einer gut schließenden Blechdose auf, damit es frisch bleibt.

Veränderung: Wenn man das Gebäck an Stelle von Honig mit Sirup herstellen will, muß die Menge des „Backins" auf 1 Päckchen erhöht werden.

Pfefferkuchen auf dem Blech

Teig: 300 g Honig oder Sirup, 150 g Zucker, 50 g Butter oder Margarine, etwas Salz, ⅛ l Kaffee, 500 g Weizenmehl, 1 Päckchen Dr. Oetker Backpulver „Backin", 1 Ei, 4–6 Tropfen Dr. Oetker Backöl Bittermandel, 1 Fläschchen Dr. Oetker Rum-Aroma, ½ gestrichener Teel. gemahlener Nelkenpfeffer, 1 gestrichener Teel. gemahlener Zimt.

Guß: 50 g Puderzucker, etwa 1 Eßl. heißes Wasser.

Honig, Zucker, Fett und Salz werden mit dem Kaffee langsam erwärmt, zerlassen und kalt gestellt.

Das mit „Backin" gemischte Mehl wird in eine Schüssel gesiebt. In die Mitte macht man eine Vertiefung, gibt das Ei und die Gewürze hinein und verrührt sie und die kalte Honigmasse nach und nach von der Mitte aus mit dem Mehl. Der Teig muß l e i c h t vom Löffel abreißen, andernfalls gibt man noch etwas Kaffee hinzu. Der Teig wird mit einem Teigschaber, den man häufig in Wasser taucht, gut 1 cm dick auf ein gefettetes Backblech gestrichen. Damit er an der offenen Seite des Backblechs nicht auslaufen kann, legt man ein mehrfach umgeknifftes, gefettetes Papier vor den Teig.

Backzeit: Etwa 20 Minuten bei starker Hitze.

Der gesiebte Puderzucker wird mit so viel heißem Wasser angerührt, daß ein dickflüssiger Guß entsteht. Sofort nach dem Backen bestreicht man den Kuchen damit und zerschneidet ihn anschließend in rechteckige Stücke.

Man bewahrt das Gebäck in einer gut schließenden Blechdose auf, damit es frisch bleibt.

Liegnitzer Bombe

Teig: 400 g Honig, 250 g Zucker, 125 g Butter, Margarine oder Schweineschmalz, 6 Eßl. Milch oder Wasser; 3 Eier, ½ Fläschchen Dr. Oetker Backöl Zitrone, 1 Prise Kardamom, 2 g Nelken, 5 g Zimt, 500 g Weizenmehl, 50 g Kakao, 1 Päckchen Dr. Oetker Backpulver „Backin", 125 g Korinthen, 125 g Mandeln, 150 g Zitronat (Sukkade).

Zum Bestreichen: 200–250 g Aprikosenmarmelade, etwa 2 Eßl. Wasser.

Guß: 350 g Puderzucker, 20 g Kakao, etwa 4 Eßl. heißes Wasser.

Honig, Zucker und Fett werden mit der Flüssigkeit langsam erwärmt, zerlassen, in eine Rührschüssel gegeben und kalt gestellt. Wenn die Masse fast erkaltet ist, rührt man nach und nach die Eier, die Gewürze, das mit Kakao und „Backin" gemischte und gesiebte Mehl, die gereinigten Korinthen, die gehackten Mandeln und das in kleine Würfel geschnittene Zitronat darunter. Gefettete Blechringe (Durchmesser etwa 6 cm, Höhe 3–4 cm) werden auf ein gefettetes Backblech gesetzt und halb voll Teig gefüllt.

Backzeit: Etwa 20 Minuten bei guter Mittelhitze.

Die erkalteten Bomben werden dünn mit der heißen Aprikosenmarmelade, die man mit dem Wasser glattgerührt und gekocht hat, bestrichen.

Für den Guß wird der mit dem Kakao gesiebte Puderzucker mit so viel heißem Wasser glattgerührt, daß eine dickflüssige Masse entsteht. Damit werden die Bomben bestrichen.

Baseler Leckerli

Teig: 250 g Honig, 100 g Zucker, etwas Salz, 1 Ei, ½ Fläschchen Dr. Oetker Rum-Aroma, 3 Tropfen Dr. Oetker Backöl Zitrone, 1 Messerspitze geriebene Muskatnuß, 1 Messerspitze gemahlene Nelken, 1 gestrichener Teel. gemahlener Zimt, 325 g Weizenmehl, 12 g (4 gestrichene Teel.) Dr. Oetker Backpulver „Backin", 75 g grobgehackte Mandeln, 75 g grobgehacktes Zitronat, gemischt mit Orangeat.

Guß: 50 g (2 gut gehäufte Eßl.) Zucker, 2 Eßl. Wasser.

Honig, Zucker und Salz werden langsam erwärmt, zerlassen, in eine Rührschüssel gegeben und kalt gestellt.

Wenn die Masse fast erkaltet ist, rührt man das Ei, die Gewürze und nach und nach ⅔ des mit „Backin" gemischten und gesiebten Mehls darunter. Die zerkleinerten Mandeln und das zerkleinerte Zitronat sowie das Orangeat werden unter den Teig gehoben. Man verknetet den Rest des Mehls mit dem Teigbrei zu einem weichen Teig. Sollte er kleben, gibt man noch etwas Mehl hinzu. Der Teig wird gut ½ cm dick ausgerollt und auf ein gefettetes Backblech gelegt.

Backzeit: Etwa 15 Minuten bei guter Mittelhitze.

Für den Guß werden Zucker und Wasser unter Rühren zum Kochen gebracht. Man kocht so lange, bis das Wasser verdampft ist und sich im Topf starke Blasen bilden (Zucker darf jedoch nicht bräunen!). Das noch heiße Gebäck wird möglichst schnell damit bestrichen. Wenn es erkaltet ist, schneidet man es in etwa 2½×8 cm große Rechtecke.

Braune Weihnachtskuchen

Teig: 250 g Kunsthonig oder Sirup, 125 g Zucker, etwas Salz, 65 g Butter oder Margarine, 65 g Schweineschmalz, 1 Eßl. Milch, 5 Tropfen Dr. Oetker Backöl Zitrone, 1 gestrichener Teel. gemahlener Kardamom, 1 gestrichener Teel. gemahlener Zimt, 500 g Weizenmehl, 9 g (3 gestrichene Teel.) Dr. Oetker Backpulver „Backin", 30 g gemahlene Haselnußkerne.

Zum Bestreichen: Etwas mit Milch verquirltes Ei oder etwas Milch.

Honig, Zucker, Salz und Fett werden mit der Milch langsam erwärmt, zerlassen, in eine Rührschüssel gegeben und kalt gestellt. Wenn die Masse fast erkaltet ist, rührt man nach und nach die Gewürze und ⅔ des mit „Backin" gemischten und gesiebten Mehls hinzu. Den Rest des Mehls und die gemahlenen Haselnußkerne verknetet man mit dem Teigbrei zu einem weichen Teig. Sollte er kleben, gibt man noch etwas Mehl hinzu. Der Teig wird dünn ausgerollt, zu rechteckigen oder runden Plätzchen ausgestochen, auf ein gefettetes Backblech gelegt und dünn mit Ei oderMilch bestrichen.

Backzeit: Etwa 10 Minuten bei starker Hitze.

Dominosteine

Teig: 250 g Honig, 65 g Zucker, 65 g Butter oder Margarine, 2 Eier, 4 Tropfen Dr. Oetker Backöl Zitrone, 1 Messerspitze gemahlener Kardamom, 1 Messerspitze gemahlene Nelken, 1 gestrichener Teel. gemahlener Zimt, 300 g Weizenmehl, 15 g Kakao, 9 g (3 gestrichene Teel.) Dr. Oetker Backpulver „Backin".

Füllung: Etwa 450 g Johannisbeergelee.

Guß: 400 g Puderzucker, 30–35 g Kakao, 5–6 Eßl. Milch, 50 g Kokosfett.

Honig, Zucker und Fett werden langsam erwärmt, zerlassen, in eine Rührschüssel gegeben und kalt gestellt. Wenn die Masse fast erkaltet ist, rührt man nach und nach die Eier, die Gewürze und das mit Kakao und „Backin" gemischte und gesiebte Mehl darunter. Der Teig wird etwa 1½ cm dick auf ein gefettetes Blech gestrichen (reicht für ⅔ eines Bleches in der Größe von 32×46 cm).

Backzeit: Etwa 25 Minuten bei guter Mittelhitze.

Das erkaltete Gebäck wird in Vierecke in der Größe von 2½×2½ cm geschnitten. Man schneidet die Vierecke in der Mitte durch, füllt sie mit Gelee, dreht sie so, daß die untere glatte Seite nach oben kommt, und bestreicht die obere Seite sowie die vier Seitenflächen dünn mit Gelee.

Danach stellt man den Guß folgendermaßen her: Puderzucker und Kakao werden gemischt, gesiebt und mit so viel Milch und dem zerlassenen Kokosfett glattgerührt, daß eine dickflüssige Masse entsteht. Damit bestreicht man die mit Gelee bestrichenen Außenflächen der Dominosteine. Das Gefäß mit dem Guß wird während des Bestreichens auf heißes Wasser gesetzt, damit der Guß streichfähig bleibt.

Lebkuchenherzen

Teig: 25 g Butter, Margarine oder Schweineschmalz, 125 g dickflüssiger Sirup, etwas Salz, 4 Eßl. Milch oder Wasser, ½ Fläschchen Dr. Oetker Rum-Aroma, ½ Teel. Anis, 1 gestrichener Teel. gemahlener Zimt, 250 g Weizenmehl, 12 g (4 gestrichene Teel.) Dr. Oetker Backpulver „Backin".

Verzierung: Etwas Wasser, 2 gestrichene Eßl. Zucker.

Das zerlassene Fett, der Sirup, das Salz, die Flüssigkeit, die Gewürze und ⅔ des mit „Backin" gemischten und gesiebten Mehls werden nach und nach miteinander verrührt. Man verknetet den Rest des Mehls mit dem Teigbrei zu einem glatten Teig. Sollte er kleben, läßt man ihn etwa 1 Stunde ruhen. Dann wird der Teig etwa ½ cm dick ausgerollt und mit Herzformen ausgestochen. Man bestreicht die Herzen dünn mit Wasser, drückt sie in Zucker und legt sie auf ein gefettetes Backblech.

Backzeit: Etwa 12 Minuten bei starker Hitze.

Nürnberger Lebkuchen

Teig: 175 g Honig oder Sirup, 50 g Zucker, etwas Salz, 2 Eßl. Öl, 2 Eßl. Wasser, 1 Eigelb, 1 gehäufter Teel. Kakao, 6 Tropfen Dr. Oetker Backöl Zitrone, 1 Messerspitze gemahlener Nelkenpfeffer, 1 gestrichener Teel. gemahlener Zimt, 250 g Weizenmehl, 9 g (3 gestrichene Teel.) Dr. Oetker Backpulver „Backin", 75 g Mandeln, 75 g Haselnußkerne, 50 g Zitronat (Sukkade), 75 g getrocknete Aprikosen.

Guß: 1 Eiweiß, 125 g Puderzucker, evtl. einige Tropfen Wasser.

Zum Bestreuen (nach Belieben): Etwas Buntzucker.

 Beachten Sie bitte die Backtabellen auf den Seiten 5 und 7 ◀

Honig (Sirup), Zucker und Salz werden mit dem Öl und dem Wasser langsam erwärmt, zerlassen, in eine Rührschüssel gegeben und kalt gestellt.

Wenn die Masse fast erkaltet ist, rührt man das Eigelb, den Kakao, die Gewürze und nach und nach ⅔ des mit „Backin" gemischten und gesiebten Mehls darunter. Der Rest des Mehls, die gemahlenen Mandeln und Haselnußkerne, das in kleine Würfel geschnittene Zitronat sowie die gewaschenen, in kleine Stücke geschnittenen Aprikosen werden mit dem Teigbrei zu einem glatten Teig verknetet. Man rollt ihn gut ½ cm dick aus, sticht mit einer runden Form (Durchmesser etwa 8 cm) Platten aus oder rädert Rechtecke in einer Größe von 9×6 cm daraus und legt sie auf ein gefettetes Backblech.

Backzeit: Etwa 15 Minuten bei starker Hitze.

Für den Guß wird das Eiweiß mit dem gesiebten Puderzucker verrührt. Falls er zu dickflüssig ist, gibt man noch einige Tropfen Wasser dazu. Man bestreicht die einzelnen Gebäckstücke dünn mit dem Guß. Wenn sie außerdem mit Buntzucker bestreut werden sollen, muß das erfolgen, solange der Guß noch nicht fest ist.

Printen

Teig: 125 g dickflüssiger Sirup (Rübenkraut), 50 g Zucker, 25 g Butter, Margarine oder Schweineschmalz, 3 Eßl. Milch oder Wasser, 3 Tropfen Dr. Oetker Backöl Zitrone, ½ Teel. gemahlene Nelken, ½ Teel. Anis, ½ Teel. gemahlener Zimt, 250 g Weizenmehl, 12 g (4 gestrichene Teel.) Dr. Oetker Backpulver „Backin".

Backstreiche: 1 schwach gehäufter Teel. Kartoffelmehl, 6 Eßl. Wasser.

Sirup, Zucker und Fett werden mit der Flüssigkeit langsam erwärmt, zerlassen, in eine Schüssel gegeben und kalt gestellt. Wenn die Masse fast erkaltet ist, rührt man die Gewürze und ⅔ des mit „Backin" gemischten und gesiebten Mehls darunter. Der Rest des Mehls wird mit dem Teigbrei zu einem festen Teig verarbeitet. Sollte er kleben, läßt man ihn etwa 1 Stunde ruhen. Der Teig wird etwa ½ cm dick ausgerollt. Man schneidet Rechtecke in der Größe von etwa 3×7 cm daraus.

Das mit dem Wasser angerührte Kartoffelmehl wird aufgekocht. Man bestreicht die Teigrechtecke dünn damit und legt sie auf ein gefettetes Backblech.

Backzeit: Etwa 10 Minuten bei starker Hitze.

Sofort nach dem Backen werden die Printen nochmals dünn mit der Backstreiche bestrichen.

Pflastersteine

Teig: 250 g Kunsthonig oder Sirup, 100 g Zucker, 50 g Butter, Margarine oder Schweineschmalz, 1 Eßl. Wasser, 1 Ei, 1 gestrichener Teel. gemahlener Zimt, 2 Tropfen Dr. Oetker Backöl Bittermandel, 3 Tropfen Dr. Oetker Backöl Zitrone, 500 g Weizenmehl, 12 g (4 gestrichene Teel.) Dr. Oetker Backpulver „Backin", 50 g Mandeln oder Korinthen (nach Belieben), 25 g Orangeat oder Zitronat (nach Belieben).

Zum Bestreichen: Etwas Milch.

Zum Bestreuen: Etwas Hagelzucker.

Honig, Zucker und Fett werden mit dem Wasser langsam erwärmt, zerlassen, in eine Rührschüssel gegeben und kalt gestellt. Wenn die Masse fast erkaltet ist, rührt

man das Ei, die Gewürze und ⅔ des mit „Backin" gemischten und gesiebten Mehls darunter. Der Rest des Mehls, die abgezogenen, gehackten Mandeln (gereinigten Korinthen) und das in kleine Würfel geschnittene Orangeat (Zitronat) werden mit dem Teigbrei zu einem festen Teig verarbeitet. Sollte der Teig kleben, gibt man noch etwas Mehl hinzu. Man macht daumendicke Rollen daraus, schneidet sie in gleichmäßige Stücke, formt diese zu gut kirschgroßen Kugeln und drückt sie etwas platt. Sie werden auf der Oberseite mit Milch bestrichen, in Hagelzucker gedrückt und auf ein gefettetes Backblech gelegt.

Backzeit: Etwa 10 Minuten bei starker Hitze (unter Umständen die Hitze während des Backens schwächer einstellen!).

Nach dem Backen läßt man die Pflastersteine einige Tage offen an der Luft stehen, damit sie weich werden.

Spitzkuchen

Teig: 175 g Kunsthonig oder Sirup, 50 g Zucker, etwas Salz, 2 Eßl. Öl, 1 Ei, 1 gehäufter Teel. Kakao, 6 Tropfen Dr. Oetker Backöl Zitrone, 1 Messerspitze gemahlener Nelkenpfeffer, 1 gestrichener Teel. gemahlener Zimt, 250 g Weizenmehl, 9 g (3 gestrichene Teel.) Dr. Oetker Backpulver „Backin", 75 g gehackte Mandeln.

Zum Bestreichen: 125 g Johannisbeergelee.

Guß: 250 g Puderzucker, 25 g Kakao, 3–4 Eßl. heiße Milch, 30 g Kokosfett.

Honig (Sirup), Zucker und Salz werden mit dem Öl langsam erwärmt, zerlassen, in eine Rührschüssel gegeben und kalt gestellt. Wenn die Masse fast erkaltet ist, rührt man das Ei, den Kakao, die Gewürze und nach und nach ⅔ des mit „Backin" gemischten und gesiebten Mehls darunter. Der Rest des Mehls und die Mandeln werden mit dem Teigbrei zu einem glatten Teig verknetet. Sollte er kleben, stellt man ihn eine Zeitlang kalt. Man formt knapp 2 cm dicke Teigrollen in der Länge des Backbleches, legt sie nicht zu dicht nebeneinander auf das gefettete Blech, drückt sie etwas platt und backt sie hellbraun.

Backzeit: Etwa 12 Minuten bei starker Hitze.

Nach dem Backen schneidet man die erkalteten Rollen in Dreiecke. Sie werden mit kochend heißem Gelee bepinselt und mit Schokoladenguß bestrichen, den man folgendermaßen hergestellt hat: Der mit Kakao gesiebte Puderzucker wird mit so viel heißer Milch und mit dem zerlassenen Fett glattgerührt, daß eine dickflüssige Masse entsteht.

Steinpflaster

Teig: 250 g Honig oder Sirup, 100 g Zucker, etwas Salz, 1 Eßl. Öl, 2 Eßl. Wasser, 2 Eigelb, ½ Eiweiß, 4 Tropfen Dr. Oetker Backöl Bittermandel, 3 Tropfen Dr. Oetker Backöl Zitrone, 1 gehäufter Teel. Kakao, 1 gestrichener Teel. gemahlener Nelken-

 Beachten Sie bitte die Backtabellen auf den Seiten 5 und 7 ◀

pfeffer, 1 gestrichener Teel. gemahlener Zimt, 500 g Weizenmehl, 1 Päckchen Dr. Oetker Backpulver „Backin", 50 g Mandeln oder Haselnußkerne, 20 g Zitronat oder Orangeat.

Guß: 1½ Eiweiß, 200–225 g Puderzucker.

Honig (Sirup), Zucker und Salz werden mit dem Öl und dem Wasser langsam erwärmt, zerlassen, in eine Rührschüssel gegeben und kalt gestellt.

Wenn die Masse fast erkaltet ist, rührt man das Eigelb, das Eiweiß, die Gewürze und nach und nach ⅔ des mit „Backin" gemischten und gesiebten Mehls darunter. Der Rest des Mehls, die in kleine Stücke geschnittenen Mandeln oder Haselnußkerne und das in kleine Würfel geschnittene Zitronat (Orangeat) werden mit dem Teigbrei zu einem glatten Teig verknetet. Man macht daraus daumendicke Rollen, schneidet so große Stücke davon ab, daß man etwa kirschgroße Kugeln formen kann. 8–12 Kugeln werden nicht zu dicht nebeneinander in gefettete Metallringe (Durchmesser etwa 8 cm) auf ein gefettetes Backblech gelegt. Man kann sich diese Ringe auch aus mehrfach umgeknifften Papierstreifen von etwa 30 cm Länge herstellen. Sie werden mit einer Büroklammer zusammengehalten oder mit einem Faden geheftet.

Backzeit: Etwa 20 Minuten bei guter Mittelhitze. Das Gebäck darf nicht zu stark ausgebacken werden.

Für den Guß wird das Eiweiß mit so viel gesiebtem Puderzucker verrührt, daß eine dickflüssige Masse entsteht. Die noch heißen Steinpflaster werden damit bestrichen.

Ergebnis: 12–13 Stück.

Knetteiggebäcke

Stollen (Abb. zwischen S. 128 und 129)

Teig: 500 g Weizenmehl, 1 Päckchen Dr. Oetker Backpulver „Backin", 200 g Zucker, 1 Päckchen Dr. Oetker Vanillin-Zucker, etwas Salz, 4 Tropfen Dr. Oetker Backöl Bittermandel, 1 Fläschchen Dr. Oetker Rum-Aroma, 4 Tropfen Dr. Oetker Backöl Zitrone, 1 Messerspitze gemahlener Kardamom, 1 Messerspitze Muskatblüte, 2 Eier, 125 g Butter oder Margarine, 50 g Rinderfett, 250 g trockener Quark (Topfen), 125 g Korinthen, 125 g Rosinen, 125 g Mandeln oder Haselnußkerne, 40 g Zitronat (Sukkade).

Zum Bestreichen: 50 g Butter oder Margarine.

Zum Bestreuen: 50 g Puderzucker.

Mehl und „Backin" werden gemischt und auf ein Backbrett gesiebt. In die Mitte wird eine Vertiefung eingedrückt, Zucker, Gewürze und Eier werden hineingegeben und mit einem Teil des Mehls zu einem dicken Brei verarbeitet. Darauf gibt man die in Stücke geschnittene, kalte Butter, das feingehackte Rinderfett, den durch ein Sieb gestrichenen Quark, die gereinigten Korinthen und Rosinen, die gemahlenen Mandeln (Haselnußkerne) und das in kleine Würfel geschnittene Zitronat. Man bedeckt die Früchte mit Mehl, drückt alles zu einem Kloß zusammen und verknetet von der Mitte aus alle Zutaten schnell zu einem glatten Teig. Sollte er kleben, gibt man noch etwas Mehl hinzu. Der Teig wird zu einem Stollen geformt und auf ein gefettetes, mit Pergamentpapier belegtes Backblech gelegt.

Backzeit: Etwa 75 Minuten bei schwacher Mittelhitze. (Siehe Backtabellen S. 5 u. 7.)

Sogleich nach dem Backen bestreicht man den Stollen mit zerlassenem Fett und bestäubt ihn mit Puderzucker.

Lebkuchen (Lebzelten)

Teig: 750 g Weizenmehl, 1 Päckchen Dr. Oetker Backpulver „Backin", 500 g Zucker, 3 gestrichene Teel. Zimt, 1 Teel. gemahlene Nelken, ¼ geriebene Muskatnuß, ½ Fläschchen Dr. Oetker Backöl Zitrone, 4 Eier, 4 Eßl. Milch oder Wasser, 150 g Butter oder Margarine, 250 g Mandeln oder Haselnußkerne, 175 g Zitronat (Sukkade).

Verzierung: Mandeln oder Haselnußkerne.

Mehl und „Backin" werden gemischt und auf ein Backbrett gesiebt. In die Mitte wird eine Vertiefung eingedrückt, Zucker, Gewürze, Eier und Flüssigkeit werden hineingegeben und mit einem Teil des Mehls zu einem dicken Brei verarbeitet. Darauf gibt man das in Stücke geschnittene, kalte Fett, die gemahlenen, abgezogenen Mandeln (Haselnußkerne) und das in kleine Würfel geschnittene Zitronat. Man bedeckt die Früchte mit Mehl, drückt alles zu einem Kloß zusammen und verknetet von der Mitte aus alle Zutaten schnell zu einem glatten Teig. Sollte er kleben, stellt man ihn eine Zeitlang kalt. Der Teig wird dünn ausgerollt, mit runden oder eckigen Formen ausgestochen, mit abgezogenen, halbierten Mandeln oder Nüssen verziert und auf ein gefettetes Backblech gelegt.

Backzeit: Etwa 15 Minuten bei starker Hitze.

Pfeffernüsse mit Guß

Teig: 500 g Weizenmehl, 9 g (3 gestrichene Teel.) Dr. Oetker Backpulver „Backin", 325 g Zucker, ½ Fläschchen Dr. Oetker Backöl Zitrone, 2 Messerspitzen Ingwer, 2 Messerspitzen Kardamom, 2 Messerspitzen gemahlene Nelken, 2 Messerspitzen Nelkenpfeffer, 2 Messerspitzen weißer Pfeffer, 1 schwach gehäufter Eßl. Zimt, 2 Eier, 6 Eßl. Milch oder Wasser, 50 g gemahlene Mandeln, 50 g sehr klein geschnittenes Zitronat (Sukkade).

Guß: 225 g Puderzucker, etwa 3 Eßl. heißes Wasser.

Mehl und „Backin" werden gemischt und auf ein Backbrett gesiebt. In die Mitte wird eine Vertiefung eingedrückt, Zucker, Gewürze, Eier und Flüssigkeit werden hineingegeben und mit einem Teil des Mehls zu einem dicken Brei verarbeitet. Darauf gibt man die gemahlenen Mandeln und das kleingeschnittene Zitronat. Man bedeckt die Früchte mit Mehl, drückt alles zu einem Kloß zusammen und verknetet von der Mitte aus alle Zutaten schnell zu einem glatten Teig. Sollte er kleben, gibt man noch etwas Mehl hinzu. Der Teig wird gut 1 cm dick ausgerollt, mit einem Metallring oder Likörglas werden Scheiben ausgestochen. Man legt sie auf ein gefettetes Backblech.

Backzeit: Etwa 15 Minuten bei starker Hitze.

Für den Guß rührt man den gesiebten Puderzucker mit so viel heißem Wasser glatt, daß eine dickflüssige Masse entsteht. Damit werden die Pfeffernüsse bestrichen. Falls sie hart sein sollten, läßt man sie einige Tage offen an der Luft stehen. Dann werden sie in gut schließenden Blechdosen aufbewahrt.

Nußplätzchen

Teig: 250 g Weizenmehl, 3 g (1 gestrichener Teel.) Dr. Oetker Backpulver „Backin", 150 g Zucker, 1 Päckchen Dr. Oetker Vanillin-Zucker, 3 Tropfen Dr. Oetker Backöl Bittermandel, 4 Eßl. Milch, 100 g Butter oder Margarine, 200 g Haselnußkerne.

Zum Bestreichen: Etwas frische oder kondensierte Milch.

Zum Verzieren: 30–40 g Haselnußkerne.

 Beachten Sie bitte die Backtabellen auf den Seiten 5 und 7 ◀

Mehl und „Backin" werden gemischt und auf ein Backbrett gesiebt. In die Mitte wird eine Vertiefung eingedrückt, Zucker, Gewürze und Milch werden hineingegeben und mit einem Teil des Mehls zu einem dicken Brei verarbeitet. Darauf gibt man das in Stücke geschnittene, kalte Fett und die zweimal gemahlenen Haselnußkerne, bedeckt sie mit Mehl, drückt alles zu einem Kloß zusammen und verknetet von der Mitte aus alle Zutaten schnell zu einem glatten Teig. Sollte er kleben, stellt man ihn eine Zeitlang kalt. Man rollt den Teig in kleinen Mengen etwa 3 mm dick aus und sticht runde Plätzchen daraus. Sie werden mit Milch bestrichen, mit einem halben Haselnußkern verziert und auf ein Backblech gelegt.

Backzeit: 10–15 Minuten bei starker Hitze.

Sandgebäck

Teig: 250 g Weizenmehl, 3 g (1 gestrichener Teel.) Dr. Oetker Backpulver „Backin", 85 g Zucker, 1 Päckchen Dr. Oetker Vanillin-Zucker, 1 Fläschchen Dr. Oetker Rum-Aroma, 2 Eßl. Milch oder Wasser, 125 g Butter oder Margarine.

Guß: 100 g Puderzucker, 15 g Kakao, 1–2 Eßl. Milch.

Mehl und „Backin" werden gemischt und auf ein Backbrett gesiebt. In die Mitte wird eine Vertiefung eingedrückt, Zucker, Gewürze und Flüssigkeit werden hineingegeben und mit einem Teil des Mehls zu einem dicken Brei verarbeitet. Darauf gibt man das in Stücke geschnittene, kalte Fett, bedeckt es mit Mehl, drückt alles zu einem Kloß zusammen und verknetet von der Mitte aus alle Zutaten schnell zu einem glatten Teig. Sollte er kleben, stellt man ihn eine Zeitlang kalt. Man formt aus dem Teig gut bleistiftdicke Rollen, schneidet etwa 4 cm lange Stücke davon ab und legt sie auf ein Backblech. Sie werden mit einem Gabelrücken, den man häufig in Mehl taucht, flach gedrückt und dabei gleichzeitig der Länge nach gerillt.

Backzeit: Etwa 10 Minuten bei starker Hitze.

Für den Guß werden Puderzucker und Kakao gemischt, gesiebt und mit so viel heißer Milch glattgerührt, daß eine dickflüssige Masse entsteht. Sogleich nach dem Backen taucht man die Enden des Gebäcks in den Schokoladenguß.

Veränderung: An Stelle von 125 g Butter kann man auch 175 g nehmen, dann fallen die 2 Eßlöffel Milch oder Wasser weg.

Schokoladen-Kringel oder -Brezel

Teig: 250 g Weizenmehl, 25 g Kakao, 6 g (2 gestrichene Teel.) Dr. Oetker Backpulver „Backin", 150 g Zucker, 1 Päckchen Dr. Oetker Vanillin-Zucker, 6 Eßl. Milch oder Wasser, 60 g Butter oder Margarine.

Zum Verzieren: Etwas Hagelzucker.

Mehl, Kakao und „Backin" werden gemischt und auf ein Backbrett gesiebt. In die Mitte wird eine Vertiefung eingedrückt, Zucker und Vanillin-Zucker werden hineingegeben und unter langsamer Zugabe der Flüssigkeit mit einem Teil des Mehls zu einem dicken Brei verarbeitet. Darauf gibt man das in Stücke geschnittene, kalte Fett, bedeckt es mit Mehl, drückt alles zu einem Kloß zusammen und verknetet von der Mitte aus alle Zutaten schnell zu einem glatten Teig. Sollte er kleben, gibt man noch etwas Mehl hinzu. Der Teig wird zu bleistiftdicken Rollen geformt und zu Kringeln oder Brezeln gelegt. Man drückt diese mit der oberen Seite in Hagelzucker und legt sie auf ein gefettetes Backblech.

Backzeit: Etwa 10 Minuten bei starker Hitze.

▶ *Beachten Sie bitte die Backtabellen auf den Seiten 5 und 7*

Spekulatius I

500 g Weizenmehl, 9 g (3 gestrichene Teel.) Dr. Oetker Backpulver „Backin", 200 g Zucker, etwas Salz, 1 Päckchen Dr. Oetker Vanillin-Zucker, 3 Tropfen Dr. Oetker Backöl Bittermandel, 1 Fläschchen Dr. Oetker Rum-Aroma, 1 gestrichener Teel. Kakao, 2 Messerspitzen gemahlene Nelken, 1 gestrichener Teel. gemahlener Zimt, 1 Ei, 2 Eßl. Milch, 125 g Butter, Margarine oder Schweineschmalz.

Mehl und „Backin" werden gemischt und auf ein Backbrett gesiebt. In die Mitte wird eine Vertiefung eingedrückt, Zucker, Gewürze, Ei und Milch werden hineingegeben und mit einem Teil des Mehls zu einem dicken Brei verarbeitet. Darauf gibt man das in Stücke geschnittene, kalte Fett, bedeckt es mit Mehl, drückt alles zu einem Kloß zusammen und verknetet von der Mitte aus alle Zutaten schnell zu einem glatten Teig. Sollte er kleben, stellt man ihn eine Zeitlang kalt.

Der Teig wird dünn ausgerollt, mit beliebigen Formen (vor allem Tierformen) ausgestochen und auf ein gefettetes Backblech gelegt.

Backzeit: Etwa 10 Minuten bei starker Hitze.

Spekulatius II

500 g Weizenmehl, 6 g (2 gestrichene Teel.) Dr. Oetker Backpulver „Backin", 250 g Zucker, 1 Päckchen Dr. Oetker Vanillin-Zucker, 2 Messerspitzen gemahlener Kardamom, 2 Messerspitzen gemahlene Nelken, 1 gestrichener Teel. gemahlener Zimt, 2 Tropfen Dr. Oetker Backöl Bittermandel, 2 Eier oder 1 Ei und 3 Eßl. Milch, 200 g Butter oder Margarine, 100 g gemahlene Mandeln oder Haselnußkerne.

Mehl und „Backin" werden gemischt und auf ein Backbrett gesiebt. In die Mitte wird eine Vertiefung eingedrückt, Zucker, Gewürze und Eier (Ei und Milch) werden hineingegeben und mit einem Teil des Mehls zu einem dicken Brei verarbeitet. Darauf gibt man das in Stücke geschnittene, kalte Fett und die gemahlenen Mandeln (Haselnußkerne), bedeckt sie mit Mehl, drückt alles zu einem Kloß zusammen und verknetet von der Mitte aus alle Zutaten schnell zu einem glatten Teig. Sollte er kleben, stellt man ihn eine Zeitlang kalt. Der Teig wird dünn ausgerollt, mit beliebigen Formen (vor allem Tierformen) ausgestochen und auf ein gefettetes Backblech gelegt.

Backzeit: Etwa 10 Minuten bei starker Hitze.

Weihnachtsschnitten

Teig: 250 g Weizenmehl, 3 g (1 gestrichener Teel.) Dr. Oetker Backpulver „Backin", 200 g Zucker, 2 Tropfen Dr. Oetker Backöl Bittermandel, 2 gestrichene Teel. gemahlener Zimt, 2 Eier oder 1 Ei und 3 Eßl. Wasser, 50 g Mandeln, Haselnußkerne oder gebräunte Haferflocken, 30 g Zitronat.

Zum Bestreichen: Etwas Milch.

Zum Bestreuen: 15 g Mandeln, Haselnußkerne oder Haferflocken, 1 Päckchen Dr. Oetker Vanillin-Zucker.

Mehl und „Backin" werden gemischt und auf ein Backbrett gesiebt. In die Mitte wird eine Vertiefung eingedrückt, Zucker, Gewürze und Eier (Ei und Wasser) werden hineingegeben und mit einem Teil des Mehls zu einem dicken Brei verarbeitet. Darauf gibt man die mit der Schale gehackten Mandeln (Haselnußkerne, Haferflocken) und das in kleine Würfel geschnittene Zitronat. Man drückt alles zu einem Kloß zusammen und verknetet von der Mitte aus alle Zutaten schnell zu einem glatten Teig. Sollte er kleben, gibt man noch etwas Mehl hinzu. Man formt 3–4 etwa 3 cm dicke Teigrollen, drückt sie etwas platt, bestreicht sie mit Milch und bestreut sie mit in sehr feine Scheiben geschnittene Mandeln (Haselnußkernen, Haferflocken) und Vanillin-Zucker. Die Rollen werden nicht zu dicht nebeneinander auf ein gefettetes Backblech gelegt.

Backzeit: Etwa 20 Minuten bei guter Mittelhitze.

Sogleich nach dem Backen werden die Rollen in gut 1 cm breite gerade oder schräge Streifen geschnitten.

Gebäcke mit schaumig geschlagenem Ei oder Eiweiß

Früchtebrot

3 Eier, 125 g Zucker, 1 Päckchen Dr. Oetker Vanillin-Zucker, ½ Fläschchen Dr. Oetker Rum-Aroma, 1 Messerspitze Zimt, 60 g Mandeln, 125 g Haselnußkerne, 125 g Feigen, 125 g Zitronat, 250 g Rosinen, 125 g Weizenmehl, 3 g (1 gestrichener Teel.) Dr. Oetker Backpulver „Backin".

Man schlägt die Eier mit einem Schneebesen schaumig und gibt nach und nach den Zucker mit dem Vanillin-Zucker dazu. Danach schlägt man so lange, bis eine dicke, kremartige Masse entstanden ist (nach etwa 15 Minuten). Darunter gibt man die Gewürze, die gehackten Mandeln und Haselnußkerne, die gewaschenen, kleingeschnittenen Feigen, das in kleine Würfel geschnittene Zitronat, die gewaschenen Rosinen und das mit „Backin" gemischte und gesiebte Mehl. Der Teig wird in eine gefettete, mit gefettetem Papier ausgelegte Kastenform gefüllt.

Backzeit: 75–90 Minuten bei schwacher Mittelhitze.

Berliner Brot

Teig: 2 Eier, 2 Eßl. Wasser, 250 g Farinzucker oder Zucker, 65 g Apfelkraut, 1 Fläschchen Dr. Oetker Rum-Aroma, 1 Messerspitze Nelkenpfeffer, 1 schwach gehäufter Eßl. Zimt, 65 g geriebene Schokolade, 250 g Weizenmehl, 3 g (1 gestrichener Teel.) Dr. Oetker Backpulver „Backin", 125 g Mandeln oder Haselnußkerne, 35 g Zitronat (Sukkade).

Guß: 100 g Puderzucker, 1–2 Eßl. heißes Wasser.

Man schlägt Eier und Wasser mit einem Schneebesen schaumig und gibt nach und nach den Zucker hinzu. Danach schlägt man so lange, bis eine dicke, kremartige Masse entstanden ist. Darunter gibt man nach und nach das Apfelkraut, die Gewürze, die geriebene Schokolade, das mit „Backin" gemischte und gesiebte Mehl, die ganzen Mandeln (Haselnußkerne) und das in kleine Würfel geschnittene Zitronat. Der Teig wird gut ½ cm dick auf ein gefettetes Backblech gestrichen.

Backzeit: Etwa 20 Minuten bei starker Hitze.

Für den Guß wird der gesiebte Puderzucker mit so viel heißem Wasser glattgerührt, daß eine dickflüssige Masse entsteht. Damit bestreicht man das heiße Gebäck und zerschneidet es in etwa 2×5 cm große, rechteckige Schnitten.

▶ *Beachten Sie bitte die Backtabellen auf den Seiten 5 und 7*

Haferflockenplätzchen

4 Eßl. Öl oder 75 g Butter (Margarine), 125 g grobe Haferflocken, 75 g Zucker, 1 Ei, 3–5 Tropfen Dr. Oetker Backöl Bittermandel, 50 g Weizenmehl, 3 g (1 gestrichener Teel.) Dr. Oetker Backpulver „Backin".

Die Haferflocken werden mit dem Fett unter ständigem Rühren leicht gebräunt. Zum Schluß rührt man 1 Eßl. von dem Zucker darunter, läßt noch etwas damit bräunen und stellt sie kalt.

Das Ei wird mit einem Schneebesen schaumig geschlagen. Man gibt nach und nach den Rest des Zuckers und das Backöl hinzu. Danach schlägt man so lange, bis eine dicke, kremartige Masse entstanden ist. Das mit „Backin" gemischte und gesiebte Mehl und die völlig erkalteten Haferflocken werden eßlöffelweise darunter gerührt. Man setzt mit 2 Teelöffeln walnußgroße Häufchen auf ein gefettetes Backblech.

Backzeit: Etwa 25 Minuten bei guter Mittelhitze.

Nürnberger Elisenlebkuchen

Teig: 2 Eier, 200 g Farinzucker oder Zucker, 1 Päckchen Dr. Oetker Vanillin-Zucker, 1 Messerspitze gemahlene Nelken, 1 gestrichener Teel. gemahlener Zimt, ½ Fläschchen Dr. Oetker Rum-Aroma, 1–2 Tropfen Dr. Oetker Backöl Zitrone, 75 g Orangeat oder Zitronat, 125 g Mandeln, 1 Messerspitze Dr. Oetker Backpulver „Backin", 75–125 g Haselnußkerne*).

Etwa 40 Oblaten (Durchmesser 6 cm).

Heller Guß: 100 g Puderzucker, 1–2 Eßl. heißes Wasser.

Dunkler Guß: 100 g Puderzucker, 15 g Kakao, 1–2 Eßl. heißes Wasser, ½ Eßl. zerlassenes Kokosfett (nach Belieben).

*) Die erforderliche Menge Haselnußkerne hängt von der Größe der Eier ab.

Man schlägt die Eier mit einem Schneebesen schaumig und gibt nach und nach den Zucker mit dem Vanillin-Zucker dazu. Danach schlägt man so lange, bis eine dicke, kremartige Masse entstanden ist (nach etwa 15 Minuten!). Darunter gibt man die Gewürze, das in sehr kleine Würfel geschnittene Orangeat (Zitronat) und die mit der Schale gemahlenen und mit dem „Backin" gemischten Mandeln. Von den gemahlenen Haselnußkernen wird so viel darunter gerührt, daß der Teig noch streichfähig ist. Auf jede Oblate gibt man einen gehäuften Teelöffel des Teiges, streicht diesen mit einem in Wasser getauchten Messer bergförmig auf die ganze Oblate und legt sie dann auf ein Backblech.

Backzeit: 25–35 Minuten bei leichter Hitze.

Für den hellen Guß rührt man den gesiebten Puderzucker mit so viel heißem Wasser glatt, daß eine dickflüssige Masse entsteht.

Für den dunklen Guß rührt man den mit Kakao gesiebten Puderzucker mit so viel heißem Wasser und mit dem zerlassenen Kokosfett glatt, daß eine dickflüssige Masse entsteht. Sogleich nach dem Backen werden die Lebkuchen teils mit hellem, teils mit dunklem Guß bestrichen.

 Beachten Sie bitte die Backtabellen auf den Seiten 5 und 7 ◀

Springerle

Teig: 2 Eier, 200 g Puderzucker, 1 Päckchen Dr. Oetker Vanillin-Zucker, etwa 275 g Weizenmehl*), 1 Messerspitze Dr. Oetker Backpulver „Backin".

Zum Bestreuen des Backblechs: 5 g Anis.

*) Die erforderliche Menge Mehl hängt von der Größe der Eier ab.

Man schlägt die Eier mit einem Schneebesen schaumig und gibt nach und nach den gesiebten Puderzucker und den Vanillin-Zucker dazu. Danach schlägt man so lange, bis eine dicke, kremartige Masse entstanden ist (nach etwa 15 Minuten!). 225 g von dem Mehl werden mit dem „Backin" gemischt und gesiebt. Man rührt so viel davon unter den Eierkrem, daß ein fester Brei entsteht. Den Rest von den 225 g Mehl schüttet man auf ein Backbrett, gibt den Brei darauf, bedeckt ihn mit Mehl und verknetet ihn zu einem glatten Teig. Sollte er kleben, knetet man noch bis zu 50 g gesiebtes Mehl hinein. Man rollt den Teig etwa 1 cm dick aus, schneidet Rechtecke in Größe des Formholzes heraus, bestäubt sie mit Mehl und drückt sie in die bemehlte Form; dann werden sie abgehoben und in die aufgeprägten Rechtecke zerschnitten. Man legt die Springerle auf ein gefettetes, mit Anis bestreutes Backblech und läßt sie in einem mäßig warmen Raum 24 Stunden trocknen (Bleche nicht aufeinander setzen!).

Backzeit: Etwa 30 Minuten bei leichter Hitze.

Da die Oberfläche des Gebäcks weiß bleiben soll, schiebt man nach dem Aufgehen (wenn sich ein kleiner Sockel abgesetzt hat) ein kaltes Backblech oben in den Ofen. Nach dem Backen läßt man die Springerle einige Tage offen (nicht in einer Blechdose!) an der Luft stehen, damit sie weich werden. Erst dann gibt man sie in eine Blechdose und bewahrt sie darin auf.

Gewürzplätzchen

3 Eier, 200 g Zucker, 1 Päckchen Dr. Oetker Vanillin-Zucker, ½ Fläschchen Dr. Oetker Rum-Aroma, 1 gestrichener Teel. gemahlener Kardamom, 1 gestrichener Teel. gemahlene Nelken, 1 gestrichener Teel. gemahlener Zimt, 200 g Weizenmehl, 1 Messerspitze Dr. Oetker Backpulver „Backin".

Man schlägt die Eier mit einem Schneebesen schaumig und gibt nach und nach den Zucker und die Gewürze dazu. Die Masse wird so lange geschlagen, bis sie dick und kremartig ist (nach etwa 15 Minuten!). Dann rührt man eßlöffelweise das mit „Backin" gemischte und gesiebte Mehl darunter und streicht den Teig möglichst dünn und gleichmäßig (dünner als ½ cm!) auf ein gut gefettetes Backblech. Der Teig reicht für 2 Bleche in der Größe von 32 × 46 cm.

Backzeit: Etwa 15 Minuten bei starker Hitze.

Nach 10 Minuten Backzeit wird das Gebäck in Rechtecke in einer Größe von 2½ × 6 cm zerschnitten. Man läßt es weiterbacken und nimmt die gebräunten Plätzchen nach und nach vom Blech. Das Gebäck darf dabei nicht abkühlen, es zerbricht sonst. Es wird in gut schließenden Blechdosen aufbewahrt.

Zimtsterne (Eiweißverwendung)

Teig: 3 Eiweiß, 250 g Puderzucker, 1 Päckchen Dr. Oetker Vanillin-Zucker, 3 Tropfen Dr. Oetker Backöl Bittermandel, 1 gestrichener Teel. gemahlener Zimt, 275–325 g Mandeln oder Haselnußkerne*).

Zum Ausrollen: Gemahlene Mandeln (Haselnußkerne) oder etwas Puderzucker.

*) Die erforderliche Menge Mandeln (Haselnußkerne) hängt von der Größe der Eier ab.

▶ *Beachten Sie bitte die Backtabellen auf den Seiten 5 und 7*

Das Eiweiß wird zu steifem Schnee geschlagen, dann gibt man unter ständigem Schlagen nach und nach den gesiebten Puderzucker dazu. Der Schnee muß so fest sein, daß ein Schnitt mit einem Messer sichtbar bleibt. Zum Bestreichen der Sterne nimmt man 2 schwach gehäufte Eßlöffel Eierschnee ab; unter den übrigen rührt man die Gewürze und etwa die Hälfte der mit der Schale gemahlenen Mandeln (Haselnußkerne). Von dem Rest der gemahlenen Mandeln knetet man so viel darunter, daß der Teig kaum noch klebt. Auf einem mit gemahlenen Mandeln oder gesiebtem Puderzucker dicht bestreuten Backbrett rollt man den Teig gut ½ cm dick aus, sticht Sterne daraus, legt sie auf ein mit gut gefettetem Pergamentpapier bedecktes Backblech und bestreicht sie sorgfältig mit dem zurückgelassenen Eierschnee. Die Glasur muß so sein, daß man sie glatt auf das Gebäck streichen kann; andernfalls rührt man einige Tropfen Wasser darunter.

Backzeit: 30–45 Minuten bei leichter Hitze.

Das Gebäck muß sich beim Herausnehmen noch etwas weich anfühlen. Man bewahrt es am zweckmäßigsten in Blechdosen auf.

Vanillebrezeln (Eigelbverwendung)

Teig: 375 g Weizenmehl, 6 g (2 gestrichene Teel.) Dr. Oetker Backpulver „Backin", 150 g Zucker, 2 Päckchen Dr. Oetker Vanillin-Zucker, 3 Eigelb, 3 Eßl. Milch, 150 g Butter oder Margarine.

Zum Bestreichen: Etwas mit Milch verquirltes Eigelb oder Milch.

Zum Bestreuen: Hagelzucker.

Mehl und „Backin" werden gemischt und auf ein Backbrett gesiebt. In die Mitte wird eine Vertiefung eingedrückt, Zucker, Vanillin-Zucker, Eigelb und Milch werden hineingegeben und mit einem Teil des Mehls zu einem dicken Brei verarbeitet. Darauf gibt man das in Stücke geschnittene, kalte Fett, bedeckt es mit Mehl, drückt alles zu einem Kloß zusammen und verknetet von der Mitte aus alle Zutaten schnell zu einem glatten Teig. Sollte er kleben, stellt man ihn eine Zeitlang kalt.

Man formt aus dem Teig daumendicke Rollen und schneidet etwa 5 cm lange Stücke davon ab. Diese werden weiter ausgerollt (etwa bleistiftdick), zu Brezeln geformt, mit verquirltem Eigelb bestrichen und mit Hagelzucker bestreut. Man legt sie auf ein Backblech.

Backzeit: Etwa 15 Minuten bei starker Hitze.

Veränderung: Wünscht man helle und dunkle Brezeln, so knetet man unter die Hälfte des Teiges 65 g geriebene Schokolade.

Zitronenherzen (Eigelbverwendung)

Teig: 3 Eigelb, 120 g Zucker, 1 Päckchen Dr. Oetker Vanillin-Zucker, 3 Tropfen Dr. Oetker Backöl Zitrone, 1 Messerspitze Dr. Oetker Backpulver „Backin", 200-250 g Mandeln oder Haselnußkerne*).

Zum Ausrollen: Gemahlene Mandeln (Haselnußkerne) oder gesiebter Puderzucker.

Zitronenguß: 100 g Puderzucker, 1–1½ Eßl. Zitronensaft.

*) Die erforderliche Menge Mandeln (Haselnußkerne) hängt von der Größe der Eier ab.

Man schlägt das Eigelb mit dem Zucker und dem Vanillin-Zucker so lange schaumig, bis eine kremartige Masse entstanden ist. Darunter rührt man das Backöl, das „Backin" und so viel von den mit der Schale gemahlenen Mandeln (Haselnußkernen), daß ein fester Brei entsteht. Von dem Rest der gemahlenen Mandeln knetet man so viel darunter, daß der Teig kaum noch klebt. Auf einem mit gemahlenen Mandeln oder gesiebtem Puderzucker dicht bestreuten Backbrett rollt man den Teig gut ½ cm dick aus, sticht Herzen daraus und legt sie auf ein mit gut gefettetem Pergamentpapier bedecktes Backblech.

Backzeit: 10–15 Minuten bei starker Hitze.

Für den Guß rührt man den gesiebten Puderzucker mit so viel Zitronensaft glatt, daß eine dickflüssige Masse entsteht. Damit werden die Plätzchen sofort nach dem Backen bestrichen.

Baiser

4 Eiweiß, 200 g feiner Zucker.

Das Eiweiß wird zu steifem Schnee geschlagen. Er muß so fest sein, daß ein Schnitt mit einem Messer sichtbar bleibt. Darunter schlägt man nach und nach eßlöffelweise den Zucker.

Die Baisermasse wird in einen Spritzbeutel gefüllt und in verschiedenen Formen auf ein gefettetes, mit Mehl bestäubtes Backblech gespritzt oder mit 2 Teelöffeln auf das Blech gesetzt.

Das Backblech muß in einen fast kalten Backofen geschoben werden, das Gebäck darf nur leicht aufgehen und sich schwach gelblich färben.

Backzeit: Etwa 90 Minuten bei leichter Hitze.

Mandelmakronen

2 Eiweiß, 100 g feiner Zucker, 1 Messerspitze Zimt, 2 Tropfen Dr. Oetker Backöl Bittermandel, 100 g abgezogene, gemahlene Mandeln, 75 g abgezogene, gehackte Mandeln.

Das Eiweiß wird zu steifem Schnee geschlagen. Er muß so fest sein, daß ein Schnitt mit einem Messer sichtbar bleibt. Darunter schlägt man nach und nach eßlöffelweise den Zucker, den Zimt und das Backöl. Die Mandeln werden langsam unter den Eierschnee gehoben. Mit 2 Teelöffeln setzt man kleine Teighäufchen auf ein gefettetes Backblech.

Backzeit: Etwa 35 Minuten bei leichter Hitze.

Kokosmakronen

4 Eiweiß, 200 g feiner Zucker, 1 Messerspitze Zimt, 2 Tropfen Dr. Oetker Backöl Bittermandel, 200 g Kokosraspeln.

Das Eiweiß wird zu steifem Schnee geschlagen. Er muß so fest sein, daß ein Schnitt mit einem Messer sichtbar bleibt. Darunter schlägt man nach und nach eßlöffelweise den Zucker, den Zimt und das Backöl. Die Kokosraspeln werden langsam unter den Eierschnee gehoben. Mit 2 Teelöffeln setzt man kleine Teighäufchen auf ein gefettetes Backblech.

Backzeit: Etwa 35 Minuten bei leichter Hitze.

► *Beachten Sie bitte die Backtabellen auf den Seiten 5 und 7*

Wespennester

3 Eiweiß, 250 g feiner Zucker, 1 Päckchen Dr. Oetker Vanillin-Zucker, 30 g Kakao, 250 g Mandeln.

Das Eiweiß wird zu steifem Schnee geschlagen. Er muß so steif sein, daß ein Schnitt mit einem Messer sichtbar bleibt. Darunter schlägt man nach und nach eßlöffelweise den Zucker mit dem Vanillin-Zucker. Der Kakao wird auf den Eierschnee gesiebt, darauf werden die gehackten, abgezogenen Mandeln gestreut. Man hebt Kakao und Mandeln unter den Eierschnee und setzt mit 2 Teelöffeln kleine Teighäufchen auf ein gefettetes Backblech.

Backzeit: Etwa 30 Minuten bei leichter Hitze.

G • HEFEGEBÄCKE

Die Herstellung von Gebäcken mit Hefe ist schwieriger und zeitraubender als die mit Backpulver „Backin", denn die Hefe ist ein Lebewesen und verlangt deswegen eine besondere Behandlung, damit sie den Teig in gewünschter Weise lockern kann.

Während bei „Backin"-Gebäcken die Temperatur der Zutaten und des Raumes eine unwesentliche Rolle spielt – abgesehen davon, daß keine heißen Zutaten verwendet werden dürfen –, hängt das Gelingen von Hefegebäcken mit von der richtigen Temperatur der Zutaten und des Raumes ab. Eine Temperatur, die um 37° C liegt, ist am günstigsten für die Hefe.

Wie jedes Lebewesen braucht die Hefe, wenn sie arbeiten soll, Nahrung. Diese besteht aus Zucker, Mehl oder Stärke, also Kohlenhydraten, die sie im Teig findet. Sie wandelt sie in Kohlensäure und Alkohol um, die die Lockerung des Teiges bewirken. Am schnellsten kann sie Zucker verarbeiten, während sie Mehl und Stärke vorher abbauen muß. Fett und Salz liegen ihr dagegen „schwer im Magen", sie hemmen ihre Lebenstätigkeit.

Weiterhin ist wichtig, daß Hefeteige erst dann in den Backofen gesetzt werden, wenn sie bereits genügend aufgegangen sind. Wenn nämlich der Hefeteig in den Backofen kommt, stirbt die Hefe infolge der Hitze ab, und eine weitere Lockerung des Teiges geht nicht mehr vor sich.

Bei der Verwendung von Hefe muß man sich also merken: Hefe niemals mit zu kalten oder zu warmen Zutaten in Berührung bringen!

Wenn Hefe besonders schnell arbeiten soll, rührt man sie nicht nur mit lauwarmer Milch an, sondern setzt noch etwas Zucker zu. Man vermeidet aber auf jeden Fall, daß Hefe unmittelbar mit Fett oder Salz in Berührung kommt.

Hefeteige erst dann in den Backofen schieben, wenn sie ungefähr die Höhe des fertigen Gebäckes erreicht haben. Hierbei muß jedoch berücksichtigt werden, ob es sich um flache oder hohe Gebäcke handelt. Teige für hohe Gebäcke dürfen noch nicht so stark aufgegangen sein, da sie sich langsamer als flache Gebäcke im Backofen erwärmen. Die Hefe hat bis zu ihrem Absterben mehr Zeit und kann den Teig während des Backprozesses noch stärker lockern.

 Beachten Sie bitte die Backtabellen auf den Seiten 5 und 7

Hefe-Napfkuchen

30 g Hefe, 1 Teel. Zucker, 1/5 l lauwarme Milch; 500 g Weizenmehl, 150 g Zucker, 1 Päckchen Dr. Oetker Vanillin-Zucker, 4 Tropfen Dr. Oetker Backöl Zitrone, etwas Salz, 2 Eier, 125 g Butter, Margarine oder Schweineschmalz, 50 g Mandeln, 125–175 g Rosinen, 50 g Zitronat.

Die Hefe und der Teel. Zucker werden mit 5 Eßl. von der lauwarmen Milch angerührt. Man siebt das Mehl in eine Rührschüssel, drückt in die Mitte eine Vertiefung ein, gibt die aufgelöste Hefe hinein und bestreut sie etwa ½ cm dick mit Mehl. Der Zucker, die Gewürze, die Eier und das aufgelöste, lauwarme Fett werden an den Rand des Mehls gegeben (diese Zutaten dürfen mit der Hefe nicht unmittelbar in Berührung kommen!).

Sobald das auf die Hefe gestreute Mehl stark rissig wird, verrührt man von der Mitte aus die Hefe mit dem Mehl und den übrigen Zutaten und gibt nach und nach so viel von der übrigen Milch hinzu, daß der Teig schwer vom Löffel fällt. Der Teig wird mit dem Rührlöffel so lange geschlagen, bis er Blasen wirft. Dann hebt man die abgezogenen, gehackten Mandeln, die gewaschenen Rosinen und das in kleine Würfel geschnittene Zitronat darunter und läßt den Teig an einem warmen Ort so lange stehen, bis er etwa doppelt so hoch ist. Er wird gut durchgerührt und in eine gut gefettete Napfkuchenform gefüllt. Der Teig muß nochmals so lange an einem warmen Ort stehen, bis er etwa um die Hälfte höher ist; erst dann kommt er in den Backofen.

Backzeit: Etwa 50 Minuten bei schwacher Mittelhitze.

Butter- oder Zuckerkuchen auf dem Blech

Teig: 20 g Hefe, 1 Teel. Zucker, ¼ l lauwarme Milch; 500 g Weizenmehl, 75–100 g Zucker, 3 Tropfen Dr. Oetker Backöl Bittermandel, etwas Salz, 50 g Butter, Margarine, Schweineschmalz oder 3 Eßl. Öl.

Belag: 50–125 g Butter oder Margarine, 75 g Zucker, 1 Päckchen Dr. Oetker Vanillin-Zucker, 50 g Mandeln oder Haselnußkerne (nach Belieben).

Die Hefe und der Teel. Zucker werden mit 5 Eßl. von der lauwarmen Milch angerührt. Man siebt ⅔ des Mehls in eine Rührschüssel, drückt in die Mitte eine Vertiefung ein, gibt die aufgelöste Hefe hinein und bestreut sie etwa ½ cm dick mit Mehl. Der Zucker, die Gewürze und das aufgelöste, lauwarme Fett oder das Öl werden an den Rand des Mehls gegeben (diese Zutaten dürfen mit der Hefe nicht unmittelbar in Berührung kommen!).

Sobald das auf die Hefe gestreute Mehl stark rissig wird, verrührt man von der Mitte aus die Hefe mit dem Mehl und den übrigen Zutaten und gibt nach und nach die übrige Milch hinzu.

Der Teig wird mit dem Rührlöffel so lange geschlagen, bis er Blasen wirft. Dann knetet man das restliche Drittel Mehl darunter. Sollte der Teig kleben, wird noch etwas Mehl hinzugegeben (aber nicht zu viel, Teig muß weich bleiben!).

Man läßt den Teig an einem warmen Ort so lange stehen, bis er etwa doppelt so hoch ist. Er wird dann gut durchgeknetet und auf einem gefetteten Backblech ausgerollt. Damit der Teig an der offenen Seite des Blechs nicht auslaufen kann, legt man ein mehrfach umgeknifftes, gefettetes Papier vor den Teig.

Für den Belag kann man das Fett in kleinen Flöckchen gleichmäßig auf den Teig setzen oder zerlassen darauf streichen. Der Zucker, der Vanillin-Zucker und die feingehackten, abgezogenen Mandeln (Haselnußkerne) werden gemischt und gleichmäßig auf den Teig gestreut. Der Teig muß nochmals so lange an einem warmen Ort stehen, bis er wieder doppelt so hoch ist; erst dann kommt er in den Backofen.

Backzeit: Etwa 25 Minuten bei starker Hitze.

Bienenstich auf dem Blech

Teig: 20 g Hefe, 1 Teel. Zucker, $\frac{1}{4}$ l lauwarme Milch; 500 g Weizenmehl, 75–100 g Zucker, 3 Tropfen Dr. Oetker Backöl Bittermandel, etwas Salz, 50 g Butter, Margarine, Schweineschmalz oder 3 Eßl. Öl.

Belag: 100 g Butter oder Margarine, 200 g Zucker, 1 Päckchen Dr. Oetker Vanillin-Zucker, 2 Eßl. Milch; 125–200 g Mandeln, Haselnußkerne oder 150 g Haferflocken.

Die Herstellung und die weitere Verarbeitung des Teiges erfolgen nach den Angaben für Butter- oder Zuckerkuchen (S. 147).

Für den Belag zerläßt man das Fett mit Zucker, Vanillin-Zucker und Milch, mengt die abgezogenen, gehackten Mandeln (Haselnußkerne) oder die Haferflocken darunter und stellt alles kalt. Die gut abgekühlte Masse wird gleichmäßig auf dem mit Teig belegten Backblech verteilt. Sollte sie zu fest sein, gibt man etwas Milch hinzu.

Backzeit: Etwa 30 Minuten bei starker Hitze.

Streuselkuchen

Teig: 20 g Hefe, 1 Teel. Zucker, $\frac{1}{4}$ l lauwarme Milch; 500 g Weizenmehl, 75–100 g Zucker, 3 Tropfen Dr. Oetker Backöl Bittermandel, etwas Salz, 50 g Butter, Margarine, Schweineschmalz oder 3 Eßl. Öl, 75–100 g Rosinen.

Streusel: 200 g Weizenmehl, 100–125 g Zucker, 1 Päckchen Dr. Oetker Vanillin-Zucker, 1 Messerspitze Zimt, 100–125 g Butter oder Margarine.

Die Herstellung und die weitere Verarbeitung des Teiges erfolgen nach den Angaben für Butter- oder Zuckerkuchen (S. 147).

Die gewaschenen Rosinen werden mit dem restlichen Drittel Mehl unter den Teig geknetet.

Für den Streusel wird das Mehl in eine Schüssel gesiebt und mit Zucker, Vanillin-Zucker und Zimt vermischt. Man gibt das Fett in kleinen Flöckchen dazu und vermengt alle Zutaten mit den Händen oder mit 2 Gabeln zu Streuseln. Sie werden gleichmäßig auf dem mit Teig belegten Backblech verteilt.

Backzeit: Etwa 25 Minuten bei starker Hitze.

Obstkuchen auf dem Blech

Teig: 20 g Hefe, 1 Teel. Zucker, $\frac{1}{5}$ l Milch; 500 g Weizenmehl, 75 g Zucker, 1 Päckchen Dr. Oetker Vanillin-Zucker, etwas Salz, 50 g Butter, Margarine, Schweineschmalz oder 3 Eßl. Öl.

Belag: 1–1 $\frac{1}{2}$ kg Äpfel oder Pflaumen.

Zum Bestreuen: Etwas Zucker.

Die Herstellung und die weitere Verarbeitung des Teiges erfolgen nach den Angaben für Butter- oder Zuckerkuchen (S. 147).

Für den Belag werden die Äpfel geschält und in dicke Scheiben geschnitten oder die Pflaumen gewaschen und entsteint. Man legt das Obst gleichmäßig auf den Teig (Pflaumen stets mit der Innenseite nach oben legen!). Der Teig muß nochmals so lange an einem warmen Ort stehen, bis er wieder doppelt so hoch ist, erst dann kommt er in den Backofen.

Backzeit: Etwa 25 Minuten bei starker Hitze.

Nach dem Backen bestreut man den etwas ausgekühlten, vom Blech genommenen Kuchen mit Zucker.

Wer den Boden dünner liebt, nimmt nur ¾ der Zutaten für den Teig.

Gefüllter, aufgeschnittener Kranz

Teig: 20 g Hefe, 1 Teel. Zucker, ⅕ l lauwarme Milch; 500 g Weizenmehl, 100 g Zucker, 3 Tropfen Dr. Oetker Backöl Zitrone, etwas Salz, 1 Eiweiß, 65 g Butter, Margarine, Schweineschmalz oder 4 Eßl. Öl.

Füllung: 25 g Butter oder Margarine, 50 g Zucker, 1 Päckchen Dr. Oetker Vanillin-Zucker, 75 g Korinthen, 75 g Rosinen, 30–50 g Mandeln.

Zum Bestreichen: 1 Eigelb, ½ Eßl. Milch.

Die Hefe und der Teel. Zucker werden mit 5 Eßl. von der lauwarmen Milch angerührt. Man siebt ⅔ des Mehls in eine Rührschüssel, drückt in die Mitte eine Vertiefung ein, gibt die aufgelöste Hefe hinein und bestreut sie etwa ½ cm dick mit Mehl. Der Zucker, die Gewürze, das Eiweiß und das aufgelöste, lauwarme Fett oder das Öl werden an den Rand des Mehls gegeben (diese Zutaten dürfen mit der Hefe nicht unmittelbar in Berührung kommen!).

Sobald das auf die Hefe gestreute Mehl stark rissig wird, verrührt man von der Mitte aus die Hefe mit dem Mehl und den übrigen Zutaten und gibt nach und nach die restliche Milch hinzu. Der Teig wird mit dem Rührlöffel so lange geschlagen, bis er Blasen wirft. Dann knetet man das restliche Drittel Mehl darunter. Sollte der Teig kleben, wird noch etwas Mehl hinzugegeben. Man läßt den Teig an einem warmen Ort so lange stehen, bis er etwa doppelt so hoch ist. Er wird gut durchgeknetet und zu einem Rechteck in der Größe von etwa 50 × 55 cm ausgerollt.

Für die Füllung zerläßt man das Fett und streicht es, wenn es abgekühlt, aber noch flüssig ist, auf das Teigrechteck. Der Zucker, der Vanillin-Zucker, die gewaschenen Korinthen und Rosinen sowie die abgezogenen, gehackten Mandeln werden miteinander vermengt und gleichmäßig auf den Teig gestreut. Man rollt den Teig von der längeren Seite her auf, schneidet die Rolle der Länge nach in der Mitte durch und schlingt die beiden Teile so umeinander, daß jeweils der Teig nach unten und die Füllung nach oben kommt. Der Teig wird anschließend zu einem Kranz geformt, auf ein gefettetes Backblech gelegt und mit verquirlter Eigelbmilch bestrichen. Der Kranz muß nochmals so lange an einem warmen Ort stehen, bis er etwa um die Hälfte höher ist, erst dann kommt er in den Backofen.

Backzeit: Etwa 25 Minuten bei guter Mittelhitze.

Zopf

Teig: 20 g Hefe, 1 Teel. Zucker, 1/5 l lauwarme Milch, 550 g Weizenmehl, 75 g Zucker, 1 Päckchen Dr. Oetker Vanillin-Zucker, 2 Tropfen Dr. Oetker Backöl Bittermandel, etwas Salz, 1 Eiweiß, 65 g Butter, Margarine, Schweineschmalz oder 4 Eßl. Öl, 75 g Rosinen, 25 g Korinthen.

Zum Bestreichen: 1 Eigelb, ½ Eßl. Milch.

Die Hefe und der Teel. Zucker werden mit 5 Eßl. von der lauwarmen Milch angerührt. Man siebt ⅔ des Mehls in eine Rührschüssel, drückt in die Mitte eine Vertiefung ein, gibt die aufgelöste Hefe hinein und bestreut sie etwa ½ cm dick mit Mehl. Der Zucker, die Gewürze, das Eiweiß und das aufgelöste, lauwarme Fett oder das Öl werden an den Rand des Mehls gegeben (diese Zutaten dürfen mit der Hefe nicht unmittelbar in Berührung kommen!).

Sobald das auf die Hefe gestreute Mehl stark rissig wird, verrührt man von der Mitte aus die Hefe mit dem Mehl und den übrigen Zutaten und gibt nach und nach die übrige Milch hinzu.

Der Teig wird mit dem Rührlöffel so lange geschlagen, bis er Blasen wirft. Dann knetet man das restliche Drittel Mehl und die gewaschenen Rosinen und Korinthen darunter. Sollte der Teig kleben, wird noch etwas Mehl hinzugegeben.

Man läßt den Teig an einem warmen Ort so lange stehen, bis er etwa doppelt so hoch ist. Er wird dann gut durchgeknetet. Aus ⅔ des Teiges formt man drei etwa 45 cm lange Rollen, legt sie als Zopf auf ein gefettetes Backblech, drückt der Länge nach mit einem Rollholz eine Vertiefung ein und bestreicht die Vertiefung mit verquirlter Eigelbmilch. Der Rest des Teiges wird in 3 gleichmäßig große Stücke geteilt und zu etwa 40 cm langen Rollen geformt. Man macht einen Zopf daraus, legt ihn auf den größeren und bestreicht ihn mit verquirlter Eigelbmilch. Der Zopf muß nochmals so lange an einem warmen Ort stehen, bis er wieder doppelt so hoch ist; erst dann kommt er in den Backofen.

Backzeit: Etwa 35 Minuten bei guter Mittelhitze.

H • FÜLLUNGEN UND GÜSSE

für Kuchen, Torten und Kleingebäck

Füllungen

Zum Füllen und Garnieren von Torten und anderem Gebäck wird gern Butterkrem verwendet. Bei der Herstellung des Butterkrems, der aus Pudding und schaumig gerührter Butter oder Margarine besteht, muß unbedingt darauf geachtet werden, daß der Pudding keine Klumpen enthält. Sollte das einmal der Fall sein, muß er durch ein feines Sieb gestrichen werden, andernfalls entstehen beim Spritzen Schwierigkeiten; die Klümpchen verstopfen nämlich die Tülle. Aus demselben Grunde ist eine Hautbildung auf dem Pudding unerwünscht, man rührt ihn deswegen während des Erkaltens häufig um.

Der Zusatz von Kokosfett zum Butterkrem ist nicht unbedingt erforderlich. Der Krem gerät auch so, wird aber durch Kokosfett etwas fester. Man gibt das Kokosfett an den heißen Pudding und läßt es darin zergehen.

Die für den Krem angegebene Butter oder Margarine wird, bevor man den Pudding zugibt, schaumig gerührt. Sollte das Fett ziemlich fest sein, darf man es nicht zerlassen, sondern zerstößt es mit dem Rührlöffel in kleine Stücke und beginnt dann mit dem Rühren. Sobald das Fett wirklich schaumig ist – am herausgezogenen Rührlöffel bleibt das Fett mit kleinen Spitzen hängen –, rührt man eßlöffelweise den Pudding darunter. Und hier muß man sehr vorsichtig sein; der Pudding soll weder zu kalt noch zu warm sein, am besten hat er eine Temperatur von 20–22° C. Bei der Zugabe von zu kaltem Pudding tritt nämlich die sogenannte „Gerinnung" ein. Das Fett bleibt dann nicht geschmeidig, sondern setzt sich durch die Kälte des Puddings in kleinen Klümpchen ab. Sollte der Pudding zu warm sein, wird das Fett zu weich, unter Umständen sogar flüssig, und der Krem läßt sich nicht einwandfrei spritzen, sondern zerläuft.

Falls der Butterkrem trotz vorsichtigen Arbeitens einmal gerinnt, kann man ihn durch Wärme wieder in Ordnung bringen.

Wenn noch ein Rest Pudding vorhanden ist, erwärmt man diesen unter ständigem Rühren – er darf aber nicht zu warm werden – und gibt ihn dann in kleinen Mengen zum Butterkrem.

Man kann aber auch die Schüssel mit dem geronnenen Butterkrem auf Wasserdampf setzen, und zwar so lange, bis die Gerinnung verschwunden ist. Man muß aber ständig rühren, damit eine gleichmäßige Erwärmung des Krems vor sich geht.

1–2 Eßl. gelöstes, heißes Kokosfett, vorsichtig zum geronnenen Butterkrem gegeben, kann ihn ebenfalls in Ordnung bringen.

Bei der Herstellung von Butterkrem muß noch auf eine Fehlerquelle hingewiesen werden. In vereinzelten Fällen konnte beobachtet werden, daß Butterkrem nach kürzerem oder längerem Stehen anfing flüssig zu werden, sogar wenn die Gebäcke schon damit verziert waren. Hier wurde bei der Herstellung des Puddings die Unachtsamkeit begangen, daß man den Pudding mit einem Löffel in Berührung brachte oder umrührte, den man vorher im Mund gehabt hatte. Dadurch besteht nämlich die Gefahr, daß die im Pudding enthaltene Stärke abgebaut wird und eine Verflüssigung eintritt. Die Ursache dafür sind die im menschlichen Speichel enthaltenen Wirkstoffe (Enzyme), von denen schon ganz geringe Mengen die Beschaffenheit einer stärkehaltigen Speise völlig verändern können.

Also: Vorsicht beim Abschmecken!

Anregungen zum Spritzen von Butterkrem auf Torten findet man auf den Seiten 82—89.

Vanille-, Mandel-, Sahne-, Himbeer- oder Zitronen-Butterkrem

1 Päckchen Dr. Oetker Pudding-Pulver Vanille-, Mandel-, Sahne-, Himbeer- oder Zitrone-Geschmack, 75–100 g Zucker, ½ l Milch, 50 g Kokosfett (nach Belieben), 200 g Butter oder Margarine, einige Tropfen Dr. Oetker Rum-Aroma*).

*) bei Pudding-Pulver Zitrone-Geschmack einige Tropfen Dr. Oetker Backöl Zitrone zusetzen.

Das Pudding-Pulver und der Zucker werden mit 6 Eßlöffel von der Milch angerührt. Man bringt die übrige Milch zum Kochen, nimmt sie von der Kochstelle, gibt das angerührte Pudding-Pulver unter Rühren hinein und läßt noch einmal kurz aufkochen. Falls Kokosfett verwendet werden soll, gibt man es in den heißen Pudding. Damit sich keine Haut bildet, wird der Pudding während des Erkaltens häufig umgerührt.

Man rührt das Fett schaumig und gibt das Aroma und dann den erkalteten Pudding eßlöffelweise darunter (darauf achten, daß weder Fett noch Pudding zu kalt sind, da dann die sogenannte Gerinnung eintritt!).

Wenn man Fett sparen will, füllt man das betreffende Gebäck mit gut der Hälfte des Puddings, den Rest rührt man in 90–100 g schaumig gerührtes Fett, damit verziert man das Gebäck.

Rum-Butterkrem

1 Päckchen Dr. Oetker Pudding-Pulver Vanille-Geschmack, 75–100 g Zucker, ½ l Milch, 50 g Kokosfett (nach Belieben), 1 Fläschchen Dr. Oetker Rum-Aroma, 200 g Butter oder Margarine.

Das Pudding-Pulver und der Zucker werden mit 6 Eßlöffel von der Milch angerührt. Man bringt die übrige Milch zum Kochen, nimmt sie von der Kochstelle, gibt das angerührte Pudding-Pulver unter Rühren hinein und läßt noch einmal kurz aufkochen. Falls Kokosfett verwendet werden soll, gibt man es in den heißen Pudding. In den etwas abgekühlten Pudding wird das Rum-Aroma gegeben. Damit sich keine Haut bildet, wird der Pudding während des Erkaltens häufig umgerührt.

Man rührt das Fett schaumig und gibt den erkalteten Pudding eßlöffelweise darunter (darauf achten, daß weder Fett noch Pudding zu kalt sind, da dann die sogenannte Gerinnung eintritt!).

Schokoladen-Butterkrem

1 Päckchen Dr. Oetker Schokoladen-Pudding-Pulver, 100 g Zucker, ½ l Milch, 50 g Kokosfett (nach Belieben), 200 g Butter oder Margarine.

Das Pudding-Pulver und der Zucker werden mit 6 Eßlöffel von der Milch angerührt. Man bringt die übrige Milch zum Kochen, nimmt sie von der Kochstelle, gibt das angerührte Pudding-Pulver unter Rühren hinein und läßt noch einmal kurz aufkochen. Falls Kokosfett verwendet werden soll, gibt man es in den heißen Pudding. Damit sich keine Haut bildet, wird der Pudding während des Erkaltens häufig umgerührt.

Man rührt das Fett schaumig und gibt den erkalteten Pudding eßlöffelweise darunter (darauf achten, daß weder Fett noch Pudding zu kalt sind, da dann die sogenannte Gerinnung eintritt!).

An Stelle des Pudding-Pulvers kann man auch 50 g Dr. Oetker „Gustin" und 25 g Kakao nehmen.

Mokka-Butterkrem

½ l Milch, 1 Päckchen Dr. Oetker Pudding-Pulver Vanille- oder Sahne-Geschmack, 100–150 g Zucker, 50 g Kokosfett (nach Belieben), 1 Tube Nescafe (3,5 g), 200 g Butter oder Margarine.

Das Pudding-Pulver und der Zucker werden mit 6 Eßlöffel von der kalten Milch angerührt. Man bringt die übrige Milch zum Kochen, nimmt sie von der Kochstelle, gibt das angerührte Pudding-Pulver unter Rühren hinein und läßt noch einmal kurz aufkochen. Falls Kokosfett verwendet werden soll, gibt man es in den heißen Pudding.

Danach wird die Tube Nescafe sorgfältig unter den heißen Pudding gerührt. Damit sich keine Haut bildet, wird der Pudding während des Erkaltens häufig umgerührt.

Man rührt das Fett schaumig und gibt den erkalteten Pudding eßlöffelweise darunter (darauf achten, daß weder Fett noch Pudding zu kalt sind, da dann die sogenannte Gerinnung eintritt!).

Mokka-Schokoladen-Butterkrem

½ l Milch, 1 Päckchen Dr. Oetker Schokoladen-Pudding-Pulver, 150 g Zucker, 50 g Kokosfett (nach Belieben), 1 Tube Nescafe (3,5 g), 200 g Butter oder Margarine.

Das Pudding-Pulver und der Zucker werden mit 6 Eßlöffel von der kalten Milch angerührt. Man bringt die übrige Milch zum Kochen, nimmt sie von der Kochstelle, gibt das angerührte Pudding-Pulver unter Rühren hinein und läßt noch einmal kurz aufkochen. Falls Kokosfett verwendet werden soll, gibt man es in den heißen Pudding. Danach wird der Inhalt der Tube Nescafe sorgfältig unter den Pudding gerührt. Damit sich keine Haut bildet, wird der Pudding während des Erkaltens häufig umgerührt.

Man rührt das Fett schaumig und gibt den erkalteten Pudding eßlöffelweise darunter (darauf achten, daß weder Fett noch Pudding zu kalt sind, da dann die sogenannte Gerinnung eintritt!).

Nuß-Butterkrem

1 Päckchen Dr. Oetker Schokoladen-Pudding-Pulver oder Pudding-Pulver Vanille- oder Mandel-Geschmack, 100 g Zucker, ½ l Milch, 50 g Kokosfett (nach Belieben), 200 g Butter oder Margarine, 50 g gemahlene Haselnußkerne oder Mandeln.

Das Pudding-Pulver und der Zucker werden mit 6 Eßlöffel von der Milch angerührt. Man bringt die übrige Milch zum Kochen, nimmt sie von der Kochstelle, gibt das angerührte Pudding-Pulver unter Rühren hinein und läßt noch einmal kurz aufkochen. Falls Kokosfett verwendet werden soll, gibt man es in den heißen Pudding. Damit sich keine Haut bildet, wird der Pudding während des Erkaltens häufig umgerührt.

Man rührt das Fett schaumig und gibt den erkalteten Pudding eßlöffelweise darunter (darauf achten, daß weder Fett noch Pudding zu kalt sind, da dann die sogenannte Gerinnung eintritt!). Unter den fertigen Butterkrem gibt man die gemahlenen Haselnußkerne oder Mandeln.

Vanille- oder Mandelkrem

1 Päckchen Dr. Oetker Pudding-Pulver Vanille- oder Mandel-Geschmack, 75–100 g Zucker, ¾ l Milch, 3 gestrichene Teel. Dr. Oetker „Regina"-Gelatine gemahlen, weiß, 1 Eßl. kaltes Wasser.

Das Pudding-Pulver und der Zucker werden mit 6 Eßlöffel von der Milch angerührt. Man bringt die übrige Milch zum Kochen, nimmt sie von der Kochstelle, gibt das angerührte Pudding-Pulver unter Rühren hinein und läßt noch einmal kurz aufkochen. Die nach Vorschrift in dem Wasser gequollene Gelatine wird in den heißen Krem gegeben. Man rührt so lange, bis sich die Gelatine gelöst hat. Damit sich keine Haut bildet, wird der Krem während des Erkaltens häufig umgerührt.

Kaffeekrem

1 Päckchen Dr. Oetker Schokoladen-Pudding-Pulver, 75–100 g Zucker, ¾ l Milch, 3 gestrichene Teel. Dr. Oetker „Regina"-Gelatine gemahlen, weiß, 1 Eßl. kaltes Wasser, 1 Tube Nescafe (3,5 g).

Pudding-Pulver und Zucker werden mit 6 Eßl. von der Milch angerührt. Man bringt die übrige Milch zum Kochen, nimmt sie von der Kochstelle, gibt das angerührte Pudding-Pulver unter Rühren hinein und läßt noch einmal kurz aufkochen. Die nach Vorschrift in dem Wasser gequollene Gelatine wird mit dem Nescafe in den heißen Krem gegeben. Man rührt so lange, bis sich die Gelatine vollkommen gelöst hat. Damit sich keine Haut bildet, wird der Krem während des Erkaltens häufig umgerührt.

Vanille- oder Sahnekrem mit Früchten

1 Päckchen Dr. Oetker Pudding-Pulver Vanille- oder Sahne-Geschmack, 75 g Zucker, 1–2 Eier, ¾ l Milch, etwa 500 g rohes oder gekochtes Obst (Aprikosen, Birnen, Kirschen oder Pfirsiche).

Das Pudding-Pulver, der Zucker und das Eigelb werden mit 6 Eßlöffel von der Milch verquirlt. Man bringt die übrige Milch zum Kochen, nimmt sie von der Kochstelle, gibt das angerührte Pudding-Pulver unter Rühren hinein und läßt noch einmal kurz aufkochen. Das zu steifem Schnee geschlagene Eiweiß und das vorbereitete Obst werden unter den heißen Krem gehoben.

Zuckergüsse

Zum Überziehen der verschiedensten Gebäcke bereitet man Güsse, die aus Puderzucker und Flüssigkeit (Wasser, Milch, Zitronensaft, Kaffee) oder Eiweiß hergestellt werden. Ihren Geschmack kann man durch Zugabe der Dr. Oetker Aromen in verschiedenen Geschmacksarten oder durch Zusatz von Kakao verändern.

Um einen einwandfreien, glatten Guß zu erzielen, muß der Puderzucker vor der Verwendung gesiebt werden. Stark geklumpten Puderzucker gibt man vor dem Sieben auf Pergamentpapier und zerkleinert ihn mit einem Rollholz. Soll dem Guß Kakao zugesetzt werden, so siebt man ihn mit dem Puderzucker. Die Flüssigkeit gibt man am besten heiß zum Puderzucker, und zwar rührt man sie von der Mitte aus langsam in den Zucker. Wichtig dabei ist, daß die Flüssigkeit wirklich langsam und in kleinen Mengen (am besten teelöffelweise) zugesetzt wird. Zu flüssiger Guß läßt sich nur schwer in Ordnung bringen, da man zuviel Puderzucker braucht. Der Guß hat die richtige Beschaffenheit, wenn er dickflüssig ist. (Man kann dann Ringe damit schreiben, die nicht sofort wieder zerlaufen.) Zu flüssiger Guß läuft vom Gebäck herunter, zu dicker Guß läßt sich nicht richtig verstreichen. Um das Einsickern des Gusses in Biskuittortenböden zu vermeiden, bestreicht man sie vorher dünn mit glatter Marmelade (siehe das Überziehen der gefüllten Torte mit einem Guß S. 90).

Soll Zuckerguß gespritzt werden, muß man vor allen Dingen darauf achten, daß er nicht zu dünn ist. Man füllt ihn dann am besten in kleine Papiertüten, die man folgendermaßen herstellt:

Man nimmt ein quadratisch geschnittenes Blatt Pergamentpapier, legt es so übereinander, daß ein Dreieck entsteht, schneidet es in der geknifften Linie durch und dreht es nach der Angabe der Abbildung zu einer Tüte. Diese wird mit Guß gefüllt und verschlossen. Kurz vor dem Spritzen wird die Spitze der Tüte mit einer Schere abgeschnitten.

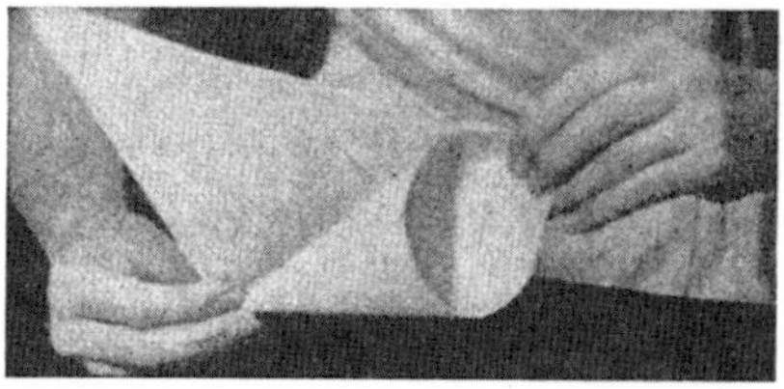

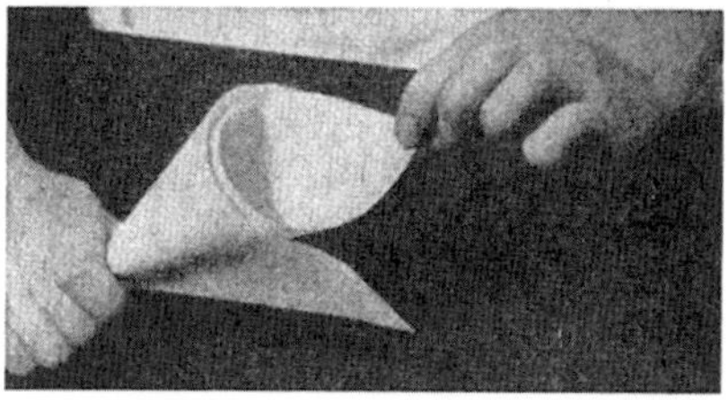

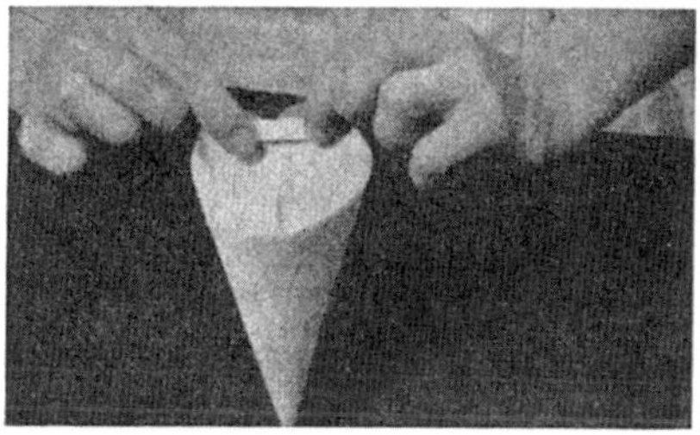

Sehr hübsch sieht Gebäck mit einem Schwarz-Weiß-Guß aus. Das Muster der abgebildeten Torte ist folgendermaßen entstanden:

Von dem weißen Guß, der für die Torte bestimmt ist, nimmt man 1 Eßlöffel ab, rührt 1 Teelöffel Kakao darunter (falls er zu dick wird, noch etwas Wasser zusetzen) und füllt ihn in die oben beschriebene Pergamenttüte. Die obere Seite der Torte wird mit dem weißen Guß bestrichen. Dann spritzt man in gleichmäßigen Abständen von der Mitte aus braune Ringe auf die Torte. Mit einem nassen Messer zieht man vom Rand aus zur Mitte (nach Belieben auch entgegengesetzt) leicht durch den Guß. Schnelles Arbeiten ist hierbei erforderlich, weil sonst der Guß zu trocken wird.

Zuckerguß

200 g Puderzucker, etwa 3 Eßl. heißes Wasser.

Man rührt den gesiebten Puderzucker mit so viel heißem Wasser glatt, daß eine dickflüssige Masse entsteht.

Rum-Zuckerguß

200 g Puderzucker, 1 Fläschchen Dr. Oetker Rum-Aroma, etwa 3 Eßl. heißes Wasser.

Man rührt den gesiebten Puderzucker mit dem Rum-Aroma und so viel heißem Wasser glatt, daß eine dickflüssige Masse entsteht.

Zitronen-Zuckerguß

200 g Puderzucker, etwa 3 Eßl. Zitronensaft oder etwa 3 Eßl. heißes Wasser und einige Tropfen Dr. Oetker Backöl Zitrone.

Man rührt den gesiebten Puderzucker mit so viel Zitronensaft oder heißem Wasser glatt, daß eine dickflüssige Masse entsteht. Der Guß, der mit Wasser hergestellt wurde, wird mit einigen Tropfen Backöl abgeschmeckt.

Kaffee-Zuckerguß

200 g Puderzucker, etwa 3 Eßl. starker heißer Kaffee.

Man rührt den gesiebten Puderzucker mit so viel heißem Kaffee glatt, daß eine dickflüssige Masse entsteht.

Roter Zuckerguß

Etwa 3 Eßl. heißes Wasser, 1 Messerspitze Dr. Oetker „Regina"-Gelatine gemahlen, rot, 200 g Puderzucker, ½ Fläschchen Dr. Oetker Backöl Zitrone oder Rum-Aroma.

Die Gelatine wird in dem heißen Wasser vollständig aufgelöst. Man rührt den gesiebten Puderzucker mit so viel von dem heißen Wasser glatt, daß eine dickflüssige Masse entsteht. Sie wird mit dem Backöl Zitrone oder dem Rum-Aroma abgeschmeckt.

Zuckerguß mit Fruchtsaft

200 g Puderzucker, etwa 3 Eßl. roter Fruchtsaft.

Man rührt den gesiebten Puderzucker mit so viel Fruchtsaft glatt, daß eine dickflüssige Masse entsteht.

Schokoladen-Zuckerguß

200 g Puderzucker, 30 g Kakao, etwa 3 Eßl. heißes Wasser oder heiße Milch.

Man rührt den mit Kakao gesiebten Puderzucker mit so viel heißer Flüssigkeit glatt, daß eine dickflüssige Masse entsteht.

Schokoladen-Zuckerguß mit Fettzusatz

200 g Puderzucker, 30 g Kakao, etwa 3 Eßl. heiße Milch, 25 g flüssige Butter oder Kokosfett.

Man rührt den mit Kakao gesiebten Puderzucker mit so viel heißer Milch und mit dem zerlassenen Fett glatt, daß eine dickflüssige Masse entsteht.

Feiner Schokoladenguß

125 g Schokolade, 25 g Butter oder Kokosfett.

Man läßt die geriebene Schokolade und das Fett unter Rühren auf Wasserdampf zergehen. Damit der Guß geschmeidig bleibt, läßt man ihn während des Gebrauchs auf Wasserdampf stehen.

Eiweiß-Zuckerguß

1 Eiweiß, 175 g Puderzucker, 1 walnußgroßes Stück Butter.

Man rührt das Eiweiß mit dem gesiebten Puderzucker glatt und gibt danach die zerlassene Butter hinzu. Sollte der Guß zu fest sein und sich schlecht verstreichen lassen, gibt man noch einige Tropfen Wasser hinzu.

Eiweiß-Spritzguß

Etwas Eiweiß, Puderzucker nach Bedarf.

Man rührt das Eiweiß mit so viel gesiebtem Puderzucker glatt, daß eine gut dickflüssige Masse entsteht.

Güsse zum Überbacken

Krem-Guß

$\frac{3}{4}$ l Milch, 1 Päckchen Dr. Oetker Pudding-Pulver Vanille-, Mandel- oder Sahne-Geschmack, 1–2 Eier, 75 g Zucker.

Von der Milch nimmt man 6 Eßlöffel ab und rührt damit das Pudding-Pulver, das Eigelb und den Zucker (1 Eßl. zurücklassen!) an. Das Eiweiß wird zu steifem Schnee geschlagen (er muß so steif sein, daß ein Schnitt mit einem Messer sichtbar bleibt!). Dann gibt man unter Schlagen nach und nach den zurückgelassenen Zucker dazu.

Die übrige Milch bringt man zum Kochen. Sobald sie kocht, nimmt man sie von der Kochstelle, gibt das angerührte Pudding-Pulver unter Rühren hinein und läßt noch einmal kurz aufkochen. Danach wird der steife Eierschnee unter den Krem gezogen. Man gibt den Guß über den fertigen Obstkuchen und überbackt ihn nach Möglichkeit bei Oberhitze.

Biskuit-Guß

2 Eier, 3 Eßl. warmes Wasser, 100 g Zucker, 1 Päckchen Dr. Oetker Vanillin-Zucker (nur bei „Gustin"), 125 g Dr. Oetker „Gustin" oder 1 Päckchen Dr. Oetker Pudding-Pulver Vanille-, Mandel- oder Sahne-Geschmack und 75 g Weizenmehl, 3 g (1 gestrichener Teel.) Dr. Oetker Backpulver „Backin".

Man schlägt Eigelb und Wasser mit einem Schneebesen schaumig und gibt nach und nach ⅔ des Zuckers gegebenenfalls mit dem Vanillin-Zucker dazu. Danach schlägt man so lange, bis eine kremartige Masse entstanden ist. Das Eiweiß wird zu steifem Schnee geschlagen. Dann gibt man unter ständigem Schlagen nach und nach den Rest des Zuckers dazu. Der Schnee muß so fest sein, daß ein Schnitt mit einem Messer sichtbar bleibt. Er wird auf den Eigelbkrem gegeben. Darüber wird das mit „Backin" gemischte „Gustin" oder das mit Pudding-Pulver und „Backin" gemischte Mehl gesiebt. Man zieht alles vorsichtig unter den Eigelbkrem, streicht den Guß auf den fertigen Kuchen und überbackt ihn.

Quark-Guß

1 kg Quark (Topfen)*), 2 Eier, 250 g Zucker, 1 Päckchen Dr. Oetker Pudding-Pulver Vanille-, Mandel- oder Sahne-Geschmack, 1 Päckchen Dr. Oetker Soßen-Pulver Vanille-Geschmack.

Der Quark wird durch ein feines Sieb gestrichen und mit Eigelb, Zucker, Pudding-Pulver und Soßen-Pulver verrührt. Man schlägt das Eiweiß zu steifem Schnee und zieht ihn unter die Quarkmasse. Man streicht sie auf den fertigen Kuchen und backt den Guß bei Oberhitze gar.

*) Wenn der Quark sehr trocken ist, rührt man ihn mit 2—5 Eßlöffel Milch glatt.

Schnee zum Überbacken (Baiser)

2 Eiweiß, 75–100 g feiner Zucker.

Das Eiweiß wird zu steifem Schnee geschlagen. Er muß so fest sein, daß ein Schnitt mit einem Messer sichtbar bleibt. Darunter schlägt man nach und nach eßlöffelweise den Zucker.

Die Baisermasse wird auf den fertigen Kuchen gestrichen oder in Form eines Gitters darauf gespritzt. Man läßt den Guß bei nicht zu starker Oberhitze trocknen und leicht bräunen.

Makronen-Guß

2 Eiweiß, 100 g feiner Zucker, 2–3 Tropfen Dr. Oetker Backöl Bittermandel, 100 g gemahlene, abgezogene Mandeln.

Das Eiweiß wird zu steifem Schnee geschlagen. Er muß so steif sein, daß ein Schnitt mit einem Messer sichtbar bleibt. Darunter schlägt man nach und nach eßlöffelweise den Zucker und das Backöl. Die gemahlenen Mandeln werden unter den Eierschnee gehoben. Man streicht oder spritzt den Guß auf das fertige Gebäck und backt ihn vorwiegend bei Oberhitze.

Gekochte Güsse für Obsttorten

Guß (mit Gelatine)

1 gestr. Teel. Dr. Oetker „Regina" Gelatine gemahlen, weiß, 2 Eßl. kaltes Wasser, 25 g Puderzucker, ½ Fläschchen Dr. Oetker Rum-Aroma.

Die gemahlene Gelatine wird mit dem kalten Wasser angerührt, 10 Minuten quellen gelassen, dann unter ständigem Rühren erwärmt, bis alles gelöst ist, mit dem gesiebten Puderzucker und Aroma verrührt und auf das heiße Gebäck gestrichen.

Aprikosen-Guß

1 Teel. Dr. Oetker „Regina"-Gelatine gemahlen, weiß, 2 Eßl. kaltes Wasser, 1–2 Eßl. glatte Aprikosenmarmelade.

Die gemahlene Gelatine wird mit dem kalten Wasser angerührt, 10 Minuten quellen gelassen, dann unter ständigem Rühren erwärmt, bis alles gelöst ist. Dann gibt man die Marmelade darunter und streicht den Guß auf das heiße Gebäck.

Gustin-Guß

¼ l Fruchtsaft oder Wein (evtl. mit Wasser verdünnt), etwas Zucker, 25 g Dr. Oetker „Gustin".

Man schmeckt die Flüssigkeit mit Zucker ab, rührt das „Gustin" damit an, bringt die Flüssigkeit unter ständigem Rühren zum Kochen und läßt sie einige Male aufkochen. Der etwas abgekühlte Guß wird auf die Obsttorte gegeben.

Dr. Oetker Tortenguß (klar)

1 Päckchen Dr. Oetker Tortenguß (klar), 20–40 g (1–2 schwach gehäufte Eßl.) Zucker, ¼ l kaltes Wasser, Fruchtsaft, Süßmost oder Wein.

Der Inhalt des Päckchens wird bei Wasser oder ungesüßtem Saft mit 40 g (2 schwach gehäuften Eßl.) Zucker, bei gesüßtem Saft mit 1 Eßl. Zucker in einer Tasse gut gemischt.

Von dem ¼ l kalten Wasser oder Saft nimmt man zunächst 1 Eßl. ab, gibt die Flüssigkeit in die Tasse und schlägt mit einer Gabel durch, bis keine Klümpchen mehr vorhanden sind. Dann werden noch weitere 3 Eßl. von dem Wasser oder Saft*) darunter gerührt. Man erhitzt die übrige Flüssigkeit. In die kochende, von der Kochstelle genommene Flüssigkeit wird die angerührte Mischung gegeben und unter Rühren einmal kurz aufgekocht. Man läßt den Guß gut 1 Minute abkühlen, dann gibt man ihn eßlöffelweise auf die mit kaltem Obst belegte Torte.

Die Torte kann nach 30–45 Minuten angeschnitten werden.

*) Bei Saft von eingemachten Aprikosen, Pfirsichen oder Pflaumen werden diese 3 Eßl. nicht von dem ¼ l abgenommen, sondern zusätzlich zugegeben.

Wichtige Winke zur Herstellung von Dr. Oetker Tortenguß (klar)

Da Dr. Oetker Tortenguß (klar) durch Zitronensaft dickflüssig bleiben kann, muß von einer derartigen Zugabe abgesehen werden. Im übrigen enthält der Guß Säure, so daß auch bei Verwendung von Wasser aus geschmacklichen Gründen kein Zitronensaft zugesetzt zu werden braucht.

Dr. Oetker Tortenguß (klar) geliert sehr schnell und ist von der Raumtemperatur nicht abhängig. Deswegen genügt es, den Guß nach dem Kochen nur gut 1 Minute beiseite zu stellen und ihn dann auf die Torte zu geben. Es empfiehlt sich, darauf zu achten, daß das Obst kalt ist und der Guß eßlöffelweise – von der Mitte der Torte aus beginnend – auf das Obst gegeben wird.

Sollte infolge des schnellen Gelierens der Guß einmal bereits im Topf fest geworden sein, erwärmt man ihn bei schwacher Hitze unter Rühren so lange, bis er wieder flüssig ist, und gibt ihn anschließend auf die Torte.

Der heiße Dr. Oetker Tortenguß wird eßlöffelweise auf die Torte gegeben

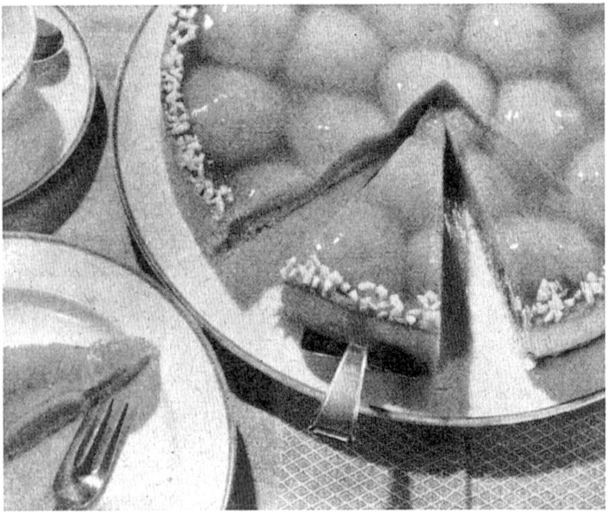

Pfirsichtorte mit dem schnittfesten Dr. Oetker Tortenguß

Inhaltsverzeichnis

Seite

Seite

Seite

G 360

Impressum

Bei Fragen oder Anregungen wenden Sie sich bitte
an folgende Telefonnummer
+49(0)89-5482515-0 oder an
redaktion-oetker@edel.com

Kaiserstraße 14b
D-80801 München

ISBN: 978-3-7670-1735-1
7. Auflage 2022

Druck und Bindung: Lanarepro, I-Lana

Die Bücher und E-Books unter der Marke Dr. Oetker Verlag
erscheinen als Lizenz in der Edel Verlagsgruppe GmbH.
www.oetker-verlag.de
www.facebook.de/Dr.OetkerVerlag